高等法律职业教育系列教材
GAODENGFALUZHIYEJIAOYUXILIEJIAOCAI

强制隔离戒毒矫治与管理实务

主　编◎李　岚　梁志东　张敏发

暨南大學出版社
JINAN UNIVERSITY PRESS

中国·广州

图书在版编目（CIP）数据

强制隔离戒毒矫治与管理实务/李岚，梁志东，张敏发主编. —广州：暨南大学出版社，2011.12（2018.7 重印）
（高等法律职业教育系列教材）
ISBN 978－7－5668－0015－2

Ⅰ.①强… Ⅱ.①李…②梁…③张… Ⅲ.①戒毒—工作—研究—中国 Ⅳ.①D669.8

中国版本图书馆 CIP 数据核字(2011)第 214416 号

内容简介

为了适应高职教育法律执行类相关专业教学改革和建设的需要，本教材依据专业人才培养目标、课程标准及行业需要，遵循强制隔离戒毒工作的规律，紧密结合行业实践和课程教学模式改革实际，以参与强制隔离戒毒工作应完成的主要任务及所需具备的管理、矫治能力要求来安排课程的基本理论性知识、工作过程的方法性知识和强制隔离戒毒特定事务的经验性知识等内容，以戒毒流程为载体构建学习内容和设计学习单元。

本教材分三个部分，第一部分为参与强制隔离戒毒工作所必须了解和掌握的强制隔离戒毒的基本知识；第二、三部分以工作过程为载体，围绕工作任务而设计相关的学习情境，明确具体的工作方法，训练相应的管理、矫治能力。

强制隔离戒毒矫治与管理实务
QIANGZHI GELI JIEDU JIAOZHI YU GUANLI SHIWU
主　编：李　岚　梁志东　张敏发

出 版 人：徐义雄
责任编辑：张仲玲　林芳芳
责任校对：曹　瑞　杨海燕
责任印制：汤慧君　周一丹

出版发行：暨南大学出版社（510630）
电　　话：总编室（8620）85221601
　　　　　营销部（8620）85225284　85228291　85228292（邮购）
传　　真：（8620）85221583（办公室）　85223774（营销部）
网　　址：http://www.jnupress.com
排　　版：广州市天河星辰文化发展部照排中心
印　　刷：湛江日报社印刷厂
开　　本：787mm×1092mm　1/16
印　　张：14.5
字　　数：317 千
版　　次：2011 年 12 月第 1 版
印　　次：2018 年 7 月第 5 次
印　　数：5001—6500 册
定　　价：32.00 元

目 录
CONTENTS

总 序……………………………………………………………………………………001

序 ……………………………………………………………………………………001

第一部分 强制隔离戒毒工作基础理论知识

单元一 强制隔离戒毒矫治与管理的一般原理

项目一 强制隔离戒毒矫治与管理概述 ……………………………………003
项目二 强制隔离戒毒矫治与管理的研究对象 ……………………………013
项目三 强制隔离戒毒矫治与管理的研究意义 ……………………………014

单元二 毒品成瘾、禁毒、戒毒及相关的法律制度

项目一 毒品成瘾的形势、危害及其原因分析 ……………………………017
项目二 国际禁毒立法情况和主要国家及地区戒毒矫治工作执法和管理模式 ……………………………………………………………………026
项目三 我国禁毒、戒毒法律制度 …………………………………………035

第二部分 戒毒场所内工作流程

单元三 强制隔离戒毒收治编队

项目一 强制隔离戒毒收治流程及分类、分期管理 …………………………057
项目二 生理脱毒期教育矫治与管理 ………………………………………061

单元四 常规管理与教育矫治

项目一 康复期教育矫治与管理 …… 068
项目二 康复期的心理治疗 …… 084

单元五 巩固期矫治与管理

项目一 回归社会准备期戒毒人员的心理特点及教育管理 …… 104
项目二 预防复吸的心理技能训练及操作实例 …… 137
项目三 强制隔离戒毒效果评估体系和标准 …… 163
项目四 解除强制隔离戒毒 …… 178

第三部分 后续照管工作流程

单元六 强制隔离戒毒人员回归社会后的管理与教育

项目一 社区康复工作 …… 183
项目二 社会帮教工作 …… 199
项目三 强制隔离戒毒人员回归社会后的复吸预防 …… 211

参考文献 …… 221

后 记 …… 223

总 序

高等法律教育职业化已成为社会的广泛共识。2008 年，由中央政法委等 15 部委联合启动的全国政法干警招录体制改革试点工作，更成为中国法律职业化教育发展的里程碑。这也必将带来高等法律职业教育人才培养机制的深层次变革。顺应时代法治发展需要，培养高素质、技能型的法律职业人才，是高等法律职业教育亟待破解的重大实践课题。

目前，受高等职业教育大趋势的牵引、拉动，我国高等法律职业教育开始了教育观念和人才培养模式的重塑。改革传统的理论灌输型学科教学模式，吸收、内化“校企合作、工学结合”的高等职业教育办学理念，从办学“基因”——专业建设、课程设置上“颠覆”教学模式：“校警合作”办专业，以“工作过程导向”为基点，设计开发课程，探索出了富有成效的法律职业化教学之路。为积累教学经验、深化教学改革、凝缩教育成果，我们着手推出“基于工作过程导向系统化”的法律职业系列教材。

《国家（2010—2020 年）中长期教育改革和发展规划纲要》明确指出，高等教育要注重知行统一，坚持教育教学与生产劳动、社会实践相结合。该系列教材的一个重要出发点就是尝试为高等法律职业教育在“知”与“行”之间搭建平台，努力对法律教育如何职业化这一教育课题进行研究、破解。在编排形式上，打破了传统篇、章、节的体例，以司法行政工作的法律应用过程为单元设计体例，以职业岗位的真实任务为基础，突出职业核心技能的培养；在内容设计上，改变传统历史、原则、概念的理论型解读，采取“教、学、练、训”一体化的编写模式。以案例等导出问题，根据内容设计相应的情境训练，将相关原理与实操训练有机地结合，围绕关键知识点引入相关实例，归纳总结理论、分析判断解决问题的途径，充分展现法律职业活动的演进过程和应用法律的流程。

法律的生命不在于逻辑，而在于实践。法律职业化教育之舟只有融入法律实践的海洋当中，才能激发出勃勃生机。在以高等职业教育实践性教学改革为平台进行法律职业化教育改革的路径探索过程中，有一个不容忽视的现实问题，高等职业教育人才培养模式主要适用于机械工程制造等以“物”作为工作对象的职业领域，而法律职业教育主要针对的是司法机关、行政机关等以“人”作为工作对象的职业领域，这就要求在法律职业教育中要对高等职业教育人才培养模式进行“辩证”的吸纳与深化，而不是简单、盲目地照搬照抄。我们所培养的人才不应是“无生命”的执法机器，而是有法律智慧、正义良知、训练有素的有生命的法律职业人员。但愿这套系列教材能为我国高等法律职业化教育改革作出有益的探索，为法律职业人才的培养提供宝贵的经验、借鉴。

张少锋

2010 年 11 月 15 日

序

2008 年 6 月 11 日，我国颁布了《中华人民共和国戒毒法》，这是为适应我国禁毒斗争的实际需要，在系统总结禁毒、戒毒工作实践经验，合理吸收已有法律法规，广泛听取多方意见的基础上制定的第一部全面规范我国禁毒、戒毒工作的重要法律。根据《禁毒法》的规定，将公安机关的“强制戒毒”和司法机关的“劳教戒毒”两种措施统一整合为“强制隔离戒毒”。其中，劳教场所接收强制隔离戒毒人员，是党和政府对司法行政机关多年来开展劳教戒毒矫治工作的充分肯定，是当前禁毒新形势下赋予劳教工作人员的新职责。充分发挥劳教场所戒毒工作的优势，提高强制隔离戒毒矫治与管理水平，对改善矫治效果和提升工作水平，帮助吸毒成瘾人员成功戒除毒瘾、回归社会具有十分重要的意义。《强制隔离戒毒矫治与管理实务》这本教材是适应司法警官高职高专教育法律执行类相关专业教学改革和建设的需要，依据专业人才培养目标、教学要求及行业需要，遵循强制隔离戒毒工作的规律，紧密结合强制隔离戒毒实践和课程教学模式改革需要，以参与强制隔离戒毒工作应完成的主要任务及所需具备的管理矫治能力要求来安排理论知识，并以工作流程和具体案例为主体，以戒毒流程、任务为载体构建学习内容和进行单元设计，其编写内容、课程安排十分符合高职高专的教学规律。

何流明

2011 年 3 月 16 日

第一部分

强制隔离戒毒工作基础理论知识

单元一
强制隔离戒毒矫治与管理的一般原理

强制隔离戒毒矫治与管理，是国家和强制隔离戒毒工作执行机关（即强制隔离戒毒场所）依据《禁毒法》和相关法律法规的规定，通过计划、协调、组织、领导和控制被强制隔离戒毒人员，采取教育矫治、心理矫治等各种综合性的矫治手段和措施，以有效实现戒毒人员康复为目标的行政执法活动。

本单元学习的目的和要求是：通过本单元学习，了解和掌握强制隔离戒毒矫治与管理的概念、性质、功能、原则、目标、内容、研究对象及研究意义，对强制隔离戒毒矫治与管理有一个全面、清晰的认识。

项目一　强制隔离戒毒矫治与管理概述

【知识目标】

通过本项目内容的学习，了解和掌握强制隔离戒毒矫治与管理的概念、性质、功能和原则。

【能力目标】

能明确强制隔离戒毒矫治与管理的概念、性质、功能、原则、目标和内容等一般性的原理，并能运用于指导具体实践中的强制隔离戒毒矫治与管理工作。

一、强制隔离戒毒矫治与管理的概念

强制隔离戒毒矫治是从社会稳定和健康发展的需要出发，对强制隔离戒毒人员进行各种教育、心理矫正和挽救的过程，其目的在于矫正行为、转变观念、提高认识、塑造社会所期待的人格，将其造就成为社会的守法公民和有用之才。

管理是社会稳定不可或缺的因素，是人类文明的有力保证。依据管理学中关于管理的定义，管理是通过计划、组织、领导和控制，协调以人为中心的组织资源与职能活动，以有效实现管理目标的活动。

据此，所谓强制隔离戒毒矫治与管理，就是国家和强制隔离戒毒工作执行机关依据《禁毒法》和相关法律法规的规定，通过计划、协调、组织、领导和控制被强制隔离戒毒人员，采取教育矫治、心理矫治等各种综合性的矫治手段和措施，以有效实现戒毒人员康复为目标的行政执法活动。就其内涵来说，有四个层次的含义：首先，它是国家对强制隔离戒毒工作实施行政管理的总称。这主要是国家通过设置相应的各级行政机关，实施对强制隔离戒毒工作的全面管理。其次，它是强制隔离戒毒场所的全

部行政事务管理，如收容、教育、生活卫生、生产习艺、戒毒等方面的管理。再次，它是强制隔离戒毒场所对戒毒人员的管理。最后，它是指强制隔离戒毒场所依法通过行政强制措施，对强制隔离戒毒人员在一定时期内进行生理脱毒、心理矫治、适度劳动、身体康复，开展法律、道德教育等各种综合矫治措施的活动。

强制隔离戒毒是有期限的。《禁毒法》规定，强制隔离戒毒的期限为两年。而且执行强制隔离戒毒一年后，经诊断评估，对于戒毒情况良好的戒毒人员，强制隔离戒毒场所可以提出提前解除强制隔离戒毒的意见，报强制隔离戒毒的决定机关批准。但强制隔离戒毒期满前，经诊断评估，对于需要延长戒毒期限的戒毒人员，由强制隔离戒毒场所提出延长戒毒期限的意见，报强制隔离戒毒的决定机关批准。强制隔离戒毒的期限最长可以延长一年。

强制隔离戒毒人员在强制隔离戒毒期间享有以下待遇：

1. 接受戒毒康复治疗

强制隔离戒毒场所应当根据强制隔离戒毒人员吸食、注射毒品的种类及成瘾程度等，对强制隔离戒毒人员进行有针对性的生理、心理治疗和身体康复训练。

2. 参加劳动并领取劳动报酬

根据戒毒的需要，强制隔离戒毒场所可以组织强制隔离戒毒人员参加必要的生产劳动，对强制隔离戒毒人员进行职业技能培训。组织强制隔离戒毒人员参加生产劳动的，应当支付劳动报酬。

3. 分别管理

强制隔离戒毒场所应当根据强制隔离戒毒人员的性别、年龄、患病情况等，对其实行分别管理。

4. 治疗其他疾病

强制隔离戒毒场所对有严重残疾或疾病的戒毒人员，应当给予必要的看护和治疗；对患有传染病的戒毒人员，应当依法采取必要的隔离、治疗措施；对可能发生自伤、自残等情形的戒毒人员，可以采取相应的保护性约束措施。

5. 人格尊严不受侵犯

强制隔离戒毒场所管理人员不得体罚、虐待或侮辱强制隔离戒毒人员。

6. 接受探访

强制隔离戒毒人员的亲属和所在单位或者就读学校的工作人员，可以按照有关规定探访强制隔离戒毒人员。

7. 外出探亲

强制隔离戒毒人员经强制隔离戒毒场所批准，可以外出探视其配偶和直系亲属。

8. 通信自由

依法保护强制隔离戒毒人员的通信自由和通信秘密。

9. 法律救济

强制隔离戒毒期间，需要在一定程度上限制强制隔离戒毒人员的人身自由，限制人身自由的目的是强迫这些人脱离毒品。因为强制隔离戒毒不需要通过诉讼程序，公安机关自己就可以作出决定，这一制度的出台，很可能被公安机关中的个别不法分子所利用，借戒毒制度非法侵犯公民的人身自由，因此，《禁毒法》同时规定了法律救济措施。《禁毒法》第四十条规定，公安机关对吸毒成瘾人员决定予以强制隔离戒毒的，应当制作《强制隔离戒毒决定书》，在执行强制隔离戒毒前送达被决定人，并在送达后二十四小时以内通知被决定人的家属、所在单位和户籍所在地公安派出所。被决定人对公安机关作出的强制隔离戒毒决定不服的，可以依法申请行政复议或者提起行政诉讼。这一规定是为了限制公安机关非法将非吸毒人员关进戒毒所，利用职权之便，以权谋私。

二、强制隔离戒毒矫治与管理的性质①

（一）强制隔离戒毒矫治与管理的性质和目的

《禁毒法》第三十八条规定，“吸毒成瘾人员有下列情形之一的，由县级以上人民政府公安机关作出强制隔离戒毒的决定”，明确了公安机关是强制隔离戒毒的决定机关，被决定人对公安机关作出的决定不服的，可以依法申请行政复议或者提起行政诉讼。由此可以看出，强制隔离戒毒矫治与管理是一种行政措施，因为它符合行政行为的五大要素：① 行政行为的主体要素。强制隔离戒毒决定由公安机关作出，公安机关是这一行政行为的主体。② 行政行为的对象要素。强制隔离戒毒的对象是吸毒成瘾人员，吸毒成瘾人员是这一行政行为的对象要素。③ 行政行为的内容要素。强制隔离戒毒是对吸毒成瘾人员作出的决定，《禁毒法》第四十一条规定，“对被决定予以强制隔离戒毒的人员，由作出决定的公安机关送强制隔离戒毒场所执行”，对强制隔离戒毒人员的人身自由进行了限制，规定了其接受戒毒的义务。④ 行政行为的形式要素。《禁毒法》第四十条规定，公安机关作出强制隔离戒毒决定的，必须制作“强制隔离戒毒决定书”，这是强制隔离戒毒的形式要素。⑤ 行政行为的依据要素。《禁毒法》是强制隔离戒毒的法律依据，而该法第三十八条规定的情形是强制隔离戒毒的事实依据。因此，强制隔离戒毒是一种行政措施，与劳动教养戒毒相似，具有行政性。

从强制隔离戒毒矫治与管理的内容要素看，对被决定予以强制隔离戒毒的人员，将由公安机关送强制隔离戒毒场所执行，它是一种限制强制隔离戒毒人员人身自由的行政强制措施，因此，它与劳动教养戒毒一样，具有强制性。

值得注意的是，强制隔离戒毒矫治与管理并不是处罚，不具有惩罚性。而劳动教养戒毒管理则带有一定的惩罚性，如 1995 年 2 月在《国务院关于进一步加强监狱管理和劳动教养工作的通知》中指出，“劳动教养所是国家治安行政处罚的执行机关”，这是强制隔离戒毒与劳动教养戒毒在性质上的明显区别。因此，在开展强制隔离戒毒工作时，要进行创新，在管理和教育方法上要与劳动教养有所区别。

首先，《禁毒法》规定，强制隔离戒毒矫治与管理是对吸毒成瘾的人员作出的保护性强制行政措施，在法律性质上是属于国家强制性的治安管理措施，却又不同于一般的“治安管理处罚”。强制隔离戒毒本质上不是对吸毒者的行政处罚，而是一种挽救吸毒者的行政强制措施。

其次，实施强制隔离戒毒矫治与管理措施的目的在于帮助吸毒成瘾人员戒除毒瘾、摆脱痛苦。行政处罚是通过处罚施加于吸毒人员身体上的痛苦，对其产生威慑和教育作用，从而使其远离毒品，不再重犯吸毒行为，本质上是以惩罚为手段达到禁止吸毒

---

① 资料来源于铁血网．http：//bbs. tiexue. net/post. 3073959 – 1. html.

人员吸毒的目的。强制隔离戒毒矫治与管理包含国家对吸毒成瘾人员的人文关怀，其出发点和落脚点都是为了帮助吸毒者戒除毒瘾、摆脱痛苦。这种措施不是简单的关押看管、强制隔离，而是强制隔离之外辅之以教育、治疗及行为矫治等多种方法并用的综合性戒毒措施。目的是帮助吸毒人员有效戒毒，摆脱毒品的迫害。因此，强制隔离戒毒矫治与管理不具惩罚性。

再次，强制隔离戒毒矫治与管理的具体措施具有人性化的特征。依照《禁毒法》的规定，强制隔离戒毒场所应当根据强制隔离戒毒人员吸食、注射毒品的种类及成瘾程度等，对强制隔离戒毒人员进行有针对性的生理、心理矫治和身体康复训练。根据戒毒的需要，强制隔离戒毒场所可以组织强制隔离戒毒人员参加必要的生产劳动，对强制隔离戒毒人员进行职业技能培训。组织强制隔离戒毒人员参加生产劳动的，应当支付劳动报酬。强制隔离戒毒场所还应当根据强制隔离戒毒人员的性别、年龄、患病情况等，对强制隔离戒毒人员实行分别管理。此外，强制隔离戒毒场所对有严重残疾或疾病的强制隔离戒毒人员，应当给予必要的看护和治疗；对患有传染病的戒毒人员，应当依法采取必要的隔离、治疗措施；对可能发生自伤、自残等情形的强制隔离戒毒人员，可以采取相应的保护性约束措施。所有这些具体的方法都体现了国家对于吸毒者的人文关怀。

《禁毒法》第三十条规定，国家采取各种措施帮助吸毒人员戒除毒瘾，教育和挽救吸毒人员，对吸毒成瘾人员进行戒毒治疗。强制隔离戒毒是《禁毒法》规定的戒毒措施之一，其主要目的也是为了帮助吸毒人员戒除毒瘾。

（二）强制隔离戒毒场所的性质

《禁毒法》规定，强制隔离戒毒场所的职能是对强制隔离戒毒人员进行有针对性的生理、心理治疗和身体康复训练。强制隔离戒毒矫治与管理的性质决定了强制隔离戒毒场所具有以下特征：

第一，它是司法行政执法机构。《禁毒法》规定，被决定强制隔离戒毒的戒毒人员必须进入强制隔离戒毒场所，因此，强制隔离戒毒场所是执行强制隔离戒毒的专门机关，具备司法监管场所的基本要素。

第二，它是戒毒治疗康复机构。将吸毒成瘾人员限制在强制隔离戒毒场所的根本目的，是把吸毒成瘾人员限定在一个专门的无毒品的环境中，帮助其戒除毒瘾，使其能够重返社会。

（三）强制隔离戒毒场所管理人员的性质①

《禁毒法》明确规定，强制隔离戒毒必须配备两类人员：一类是管理人员，另一类是执业医师。笔者认为，两类人员具有不同的性质：第一，作为管理人员，其应当是人民警察，并纳入公务员管理。因为《禁毒法》赋予了管理人员检查、管理、评估等行政执法职能，履行司法行政管理职能的人员应当是人民警察。也正是强制隔离戒毒场所的管理人员从事了司法行政管理活动，《禁毒法》第四十四条又特别强调了“管理人员不得体罚、虐待或者侮辱戒毒人员”。第二，作为执业医师，在强制隔离戒毒场所工作，其主要职能应当是对强制隔离戒毒人员进行治疗和对戒毒情况进行评估。由于

① 资料来源于杜新忠戒毒禁毒专业网。

执业医师工作区域的特殊性和从事医疗业务与行政执法职能难以完全割裂（如评估），强制隔离戒毒场所执业医师应当是具有医生执业许可的人民警察，并应纳入公务员管理。需要指出的是，《禁毒法》第十条规定，国家鼓励志愿人员参与戒毒宣传教育和戒毒社会服务工作，实际上是排斥了志愿人员进入强制隔离戒毒场所，这也从另一个角度说明强制隔离戒毒场所的管理人员和执业医师应当是人民警察。

三、强制隔离戒毒矫治与管理的功能

强制隔离戒毒矫治与管理工作是强制隔离戒毒场所内保持秩序稳定和强制隔离戒毒人员实现戒毒矫治目标的有力保证。强制隔离戒毒中的“强制”，应当是指进入强制隔离戒毒场所的强制隔离戒毒人员有配合强制隔离戒毒场所进行戒毒的义务，国家强制力要求强制隔离戒毒人员必须履行这种义务；“隔离”是指强制隔离戒毒场所有不允许毒品进入的义务，国家采用强制力保证强制隔离戒毒场所依法拥有履行这种义务的权利，任何个人和单位都不得侵犯这种权利；“戒毒”是指强制隔离戒毒场所的中心工作是治疗，强制隔离戒毒场所对强制隔离戒毒人员的管理和教育都要以“治疗”为主。

强制隔离戒毒矫治与管理的目的是为了教育、挽救吸毒成瘾的强制隔离戒毒人员，使他们尽快脱离毒品，戒除毒瘾，康复身心，减少本人及其家庭的痛苦，净化社会环境，构建和谐社会。因此，强制隔离戒毒矫治与管理具有以下功能：

（一）生理（身体）脱毒①

让吸毒成瘾人员在生理上断绝毒瘾，是强制隔离戒毒的第一步。生理脱毒治疗是指强制隔离戒毒场所采用各种方法和使用不同种类的药物，以消除或减轻毒品成瘾依赖人员急性戒断症状为主要目的的治疗过程。在治疗结束后，达到基本解决身体上的急性戒断症状或仅残留少量的轻度戒断症状，消除痛苦的功效。生理脱毒期一般需要10～30天的时间。

当前国际和国内主要生理脱毒治疗方法有药物脱毒法和非药物脱毒法。药物脱毒法包括药物替代递减、中枢α2受体激动剂疗法、阿片受体拮剂疗法；非药物脱毒法包括“冷火鸡”法以及物理脱毒法（包括针灸、戒毒仪）、镇静催眠药疗法、中医中药疗法。国际上急性脱毒治疗的研究中也相继开展河豚毒素脱毒治疗法、脑外科手术、免疫戒毒、全麻下快速脱毒等，但因诸多原因均未能得到推广。

从事强制隔离戒毒工作的医务人员会根据强制隔离戒毒人员吸食毒品的种类、成瘾程度、身体状况等个体情况的不同，综合分析，采用科学的生理脱毒治疗方法。在强制隔离戒毒实践中，有部分强制隔离戒毒人员通过自然戒断法、韩氏治疗仪、正确的心理疏导、暗示疗法、注意力转移以及体能康复训练等方法就可以取得生理脱毒效果。而有些强制隔离戒毒人员在进行必要的药物脱毒治疗后，也可以达到生理脱毒效果。另外，有些强制隔离戒毒人员则需要采用对症逐日递减用药的方法（如采用美沙酮、丁丙诺啡、可乐定等药物进行递减疗法），让身体不再依赖毒品，同时还要采用睡眠疗法、心理疗法和中医药治疗等辅助方法，才能最终达到预期的生理脱毒效果。

---

① 刘爱军．强制隔离戒毒工作中的急性脱毒方法应用研究．http：//www. jslj. gov. cn/jdzx/jdyj/201005/t20100522_ 38 510. htm.

（二）心理脱毒[①]

吸毒成瘾者对毒品的精神依赖性称为心理依赖性，俗称“心瘾”。毒瘾难戒关键在于心瘾难除。许多人二次、三次甚至终身复吸，就是因为摆脱不了心瘾。而心瘾是药物成瘾过程中的自然产物，强制隔离戒毒人员在使用戒毒药品戒毒成功后，只是消除了戒毒过程中的生理戒断症状，并不能恢复他们的神经与心理功能，心瘾通常仍会持续存在。因为吸毒成瘾者在吸毒时所获得的欣快感会长时间留在其脑海中，无法磨灭，使其处于一种追求使用毒品的强烈欲念下，强迫吸毒者不顾一切地去寻求毒品，以满足自己的欲望，心瘾难以消除。有些戒毒人员在碰到与从前使用毒品有关的生活模式及生活情境时，会产生与之有关的大量联想，从而刺激或是自动激发出心瘾。同时，经过了急性戒断期的脱毒治疗所带来的戒断反应，再加上毒品对大脑功能的损害，他们往往不愿去承受戒断所带来的痛苦，而且还会出现如焦虑、紧张、失眠、抑郁等稽延性戒断症状，渴望通过再吸毒来消除上述症状的想法依然强烈。如此一来，就形成了吸毒—强戒—复吸的恶性循环。因此，必须从心理上医治吸毒成瘾的强制隔离戒毒人员的疾病。心理脱毒治疗主要是通过帮助、解决、辅导、治疗的方法使吸毒成瘾的强制隔离戒毒人员摆脱在戒毒过程中产生的心理障碍、心理问题和心灵困惑，恢复其心理的宁静、和谐、健康。开展心理脱毒治疗，既是强制隔离戒毒的重要任务和功能，也是社会文明进步的体现，是强制隔离戒毒矫治与管理的重要环节。

对吸毒成瘾的强制隔离戒毒人员开展心理脱毒治疗，没有固定的模式，但需要讲究治疗原则。在治疗方式的选择上，要根据强制隔离戒毒人员的成瘾程度、所遇到的不同问题、不同病情选择最合适的方式；还要根据心理治疗的进展情形，及时改进治疗方式。心理脱毒治疗是一项非常专业的工作，需要由经过专业训练的人员操作完成，而且需要吸毒成瘾的强制隔离戒毒人员的配合。

（三）身体康复

通过开展身体康复训练，增强吸毒成瘾的强制隔离戒毒人员的体质，促使他们养成健康的生活习惯，起到调节情绪、缓解压力、放松心情的作用。完整意义上的身体康复训练，应当包括康复训练计划、健康生活方式教育、康复个别指导和建立康复系统工程等。实践中，强制隔离戒毒的康复训练一般是指在帮助吸毒成瘾的强制隔离戒毒人员戒毒的过程中，开展一些轻度体育运动（如广播操），开展唱歌、绘画、读书、表演等文化娱乐活动，开展以行为养成为主的队列训练，开展适度的劳动锻炼等，帮助恢复和改善吸毒成瘾的强制隔离戒毒人员的身体素质。

（四）培训就业技能

吸毒成瘾的强制隔离戒毒人员大多属于不学无术、贪图享受、身无一技之长的行列。强制隔离戒毒矫治与管理期间，要教会强制隔离戒毒人员一至两门技艺，增长其劳动技能，提高其谋生能力，以便使他们在解除强制隔离戒毒回到社会后，能够谋得一份正当的职业，自力更生、自给自足，承担起养家糊口的家庭责任，实现其价值和尊严。

---

① http：//www. hljfz. gov. cn/view. do？view Type = zwww View Detail & flowsort = 20070526112042100.

四、强制隔离戒毒矫治与管理的原则

所谓原则，是指高度概括、符合规律及本源性的价值规律，是说话和行事所依据的规则、法则和标准。一项制度或一项工作都有其内在的原则，否则就容易造成本末倒置或南辕北辙。强制隔离戒毒矫治与管理的原则是指关于强制隔离戒毒矫治与管理工作高度概括的、内在的、本源性的规定，是强制隔离戒毒矫治与管理工作应当始终遵守的基本准则和尺度。它包括以下六个方面：

（一）依法实施原则

依法实施原则是整个强制隔离戒毒矫治与管理工作过程中必须遵循的首要原则。它要求矫治与管理严格依照国家《禁毒法》以及有关戒毒法律法规和政策来进行。管理主体、管理程序、管理方法和管理内容等方面做到有法可依、有法必依、执法必严、违法必究，这是我国宪法规定的社会主义法制基本原则在强制隔离戒毒领域的具体体现，也是当前强制隔离戒毒矫治与管理工作必须遵守的基本行为准则。它要求广大干警在执法过程中，始终保持严肃认真的态度和作风，一丝不苟，严格把握执法标准，严明公正地处理法律问题。广大干警在对强制隔离戒毒人员进行矫治与管理过程中，必须克服法律意识淡薄，法制观念不强，执法活动粗暴、打骂、体罚、虐待、侮辱强制隔离戒毒人员等不文明行为，以及抵抗力不强，受到引诱，贩毒、传毒给强制隔离戒毒人员的违法违纪行为。

要贯彻落实好依法实施这一原则，需要做好以下三个方面的工作：

（1）大力提高广大干警对贯彻依法实施这一原则的认识。依法治所、依法执行既是新时期党和国家对广大干警的根本要求，也是广大干警做好强制隔离戒毒矫治与管理工作的基本职责。强制隔离戒毒矫治与管理是一项严肃的行政执行活动，这项工作能否严格依法进行，既关系到强制隔离戒毒矫治与管理机关的形象问题，也涉及强制隔离戒毒人员的有效矫治和人权保障问题，更重要的是关系到国家法律的尊严和社会的长治久安。所以，对这样一项严肃的行政执法活动必须严格依法实施，决不允许有丝毫的懈怠和随意。

（2）强制隔离戒毒矫治与管理必须以国家相关的禁毒、戒毒法律法规为依据，并严格依照法律法规规定的内容和程序执行。依法实施的前提是广大干警对法律法规的精神内容、原则要求有完整、准确的认识。因此，必须切实加强干警的学习、教育工作，决不允许曲解法律法规，更不能随意在法律法规的执行方面根据个人好恶进行取舍、打折扣，于己有利的就执行，不利的就不执行。

（3）贯彻依法实施原则，这要求广大干警在强制隔离戒毒矫治与管理活动中，必须切实加强法律监督工作，对一切违法行为依法予以查处和严惩，决不姑息迁就，构成犯罪的，依法移送司法机关处理，以维护法律的尊严并对其他不稳定的人起到警戒作用。

（二）以人为本原则

《禁毒法》强调了矫治与管理的民警及执业专职医师均是医护人员，强制隔离戒毒人员是病人身份的本质，矫治与管理的民警及执业专职医师与强制隔离戒毒人员之间更多的是康复治疗、教育矫治的关系，从而要求广大干警在矫治与管理工作中要用更耐心细致的关怀、更科学的治疗方法、更有效的治疗手段来实现强制隔离戒毒人员生理、心理康复目标。同时要明确强制隔离戒毒矫治与管理的目的是实现康复治疗。因此，强制隔离戒毒场所的一切活动，包括强制性的体能训练、强制性的教育培训、组织开展的生产劳动等都必须有利于康复治疗这一目的，从人本主义的角度出发，对染上毒品的患者予以关怀和治疗，树立服务于人、以人为本的管理理念。以理念上的人性化推进管理工作的文明化。坚持以强制隔离戒毒人员的戒毒为本，尊重其人格，关心其生活，诚心实意地解决他们在强制隔离戒毒过程中遇到的困难和问题，为他们今后的生活出路指明方向。

（三）科学原则

《禁毒法》对强制隔离戒毒工作提出了不同以往的新高度和新要求。在治疗领域，要求强制隔离戒毒工作必须配备现代化的医疗资源和一支专业的医疗队伍，以实现科学戒毒，提高治愈率；在教育领域，要求强制隔离戒毒工作树立“大教育”的理念，培养适用的教育方法和一支专业的教师队伍，配备现代化的教育设备，以吸毒人员的自我完善、自我成长、自我重建为根本，降低复吸率。因此，新时期的强制隔离戒毒矫治与管理工作必须在科学发展观的指导下，不断加强基础建设、专业队伍建设，按照科学、客观、标准和可操作性的原则，不断完善戒毒工作流程；从实践和理论上积极探索强制隔离戒毒的管理、教育和戒毒治疗模式；选调有执业资格的医护人员从事强制隔离戒毒人员的医疗工作；加强对管理、教育、卫生部门干警的相关业务培训，认真研究强制隔离戒毒工作的新情况，解决新问题，提高综合素质，适应戒毒工作需要；根据强制隔离戒毒和康复场所的工作特点及相关要求，建立健全强制隔离戒毒和康复场所各项制度；加强职业技能教育和就业指导，为强制隔离戒毒人员和戒毒康复人员回归社会奠定基础。

（四）强制性原则

在管理要求上要体现隔离戒毒的强制性。吸毒成瘾的强制隔离戒毒人员进入强制隔离戒毒场所，除极少数是自愿进入外，绝大多数是因戒毒实际需要由政府作出的强制性隔离行为。由此，强制隔离戒毒场所有必要制定一系列强制性规定来保证强制性隔离戒毒治疗计划目标的实现。它包括区域的限制、行为和生活规范、治疗手段的强制实施途径、安全检查措施落实的保证、民警管理行为的安全保障、强制隔离戒毒人员的约束性保护等。总之，我们可以在法律的框架下采取所有有利于康复治疗的强制性手段，包括强制性的体能训练、教育培训和生产劳动等。

（五）综合矫治原则

许多吸毒人员“一朝吸毒，十年戒毒，终生想毒”。“毒难戒”是世界普遍面临的科学难题。我国强制隔离戒毒的目的就是要用一切的科学办法教育、挽救吸毒成瘾人员。在强制戒毒过程中，我们依法坚持使用各种矫治措施，包括生理、心理、医疗、行政、道德、法律等综合矫治手段，既矫治其思想，也矫治其行为，并在实践中不断地探索新模式、新方法，力求在法定时间内有效戒除其毒瘾，帮助其恢复身体健康，顺利回归社会。

（六）关怀救助原则

强制隔离戒毒人员一方面是社会的危害者，另一方面也是毒品的受害者，从医学角度来说，他们还是病人。对强制隔离戒毒人员，我们要着重教育和救治。因此，在强制隔离戒毒工作中，要本着人文关怀精神，带着感情对待强制隔离戒毒人员，关心、帮助他们；鼓励强制隔离戒毒人员进行戒毒治疗，帮助其进行体能和心理康复训练，引导其改变不良习惯，树立上进、自立、勤劳、守法爱己、乐于付出、有益社会的观念，逐步培养起正确的人生观、世界观、价值观、交友观，增强自立能力，最终成为能够完全自控、彻底远离毒品的人；帮助他们提高劳动技能，为其培训一两门技术，助其提高劳动技能，便于其回归社会后谋得一份正当的职业，使其能自力更生、自给自足，承担起养家糊口的家庭责任，远离高危环境，实现其价值和尊严。

五、强制隔离戒毒矫治与管理的目标

（一）严格履行执法职责

强制隔离戒毒是我国《禁毒法》明文规定的一种戒毒措施。因此，强制隔离戒毒矫治与管理首先表现为实施和执行国家法律法规的职能活动。这种执法职能活动是将国家关于强制隔离戒毒的法律法规贯彻落实到强制隔离戒毒矫治与管理全过程的每一环节，是国家的相关法律法规付诸实现、体现国家意志的过程。强制隔离戒毒场所应严格履行执法职责，切实做到有法必依、执法必严、违法必究。

（二）为戒毒康复提供良好的秩序环境

强制隔离戒毒场所要为戒毒人员提供良好的秩序环境。首先，要营造一个与周边社会相对隔离的所内环境。其次，通过强制手段将戒毒人员限制在强制隔离戒毒场所内戒毒，防止他们逃离强制隔离戒毒场所。最后，戒毒的全过程包括习艺劳动、学习教育、生活娱乐等过程都要有良好的秩序，通过制定和实施一系列规章制度，确保所内秩序的稳定，防止干扰戒毒场所秩序的事件、突发事件和恶性事件的发生。

（三）实行戒毒康复教育等矫治措施，促进强制隔离戒毒人员身心康复

强制隔离戒毒矫治与管理工作主要是通过教育矫治、心理矫治、管理等综合性手段，使强制隔离戒毒人员在生理和心理上完全摆脱对毒品的依赖，帮助吸毒成瘾的强制隔离戒毒人员实现身心康复，顺利回归社会，做守法的公民。

（四）发挥强制隔离戒毒矫治与管理各项工作的矫正作用

强制隔离戒毒矫治与管理工作主要是通过其矫正作用来促进和达成强制隔离戒毒工作的最终目标。强制隔离戒毒矫治与管理工作的矫正功能体现在：① 外部环境的保护和约束作用；② 行为矫正作用；③ 激励和督促作用。

六、强制隔离戒毒矫治与管理的内容

（一）强制隔离戒毒人员出入所管理

1. 收治管理

收治是指强制隔离戒毒场所依法将被决定强制隔离戒毒的人员收进强制隔离戒毒场所内并开始执行强制隔离戒毒的活动。

收治是强制隔离戒毒人员执行强制隔离戒毒活动的开始。要做好以下环节的工作：

（1）严格审查收治戒毒人员的法律文书。对没有法律文书或与事实不符的，不予收治。

（2）审查收治戒毒人员是否符合年龄、身体条件。经审查发现不符合相关年龄、

身体条件的，不予收治。

（3）健康检查和安全检查。对新收治强制隔离戒毒人员，必须检查其健康状况，审查其是否患有性病、HIV 感染等传染性疾病，为日后的安排劳动、分类管理和治疗提供依据。此外，还要检查其物品是否夹带有毒品和危害场所安全的器具或其他违禁品。

（4）填写入所登记表，办理收治手续。被收治的强制隔离戒毒人员要填写登记表，并按指纹，贴附免冠半身相片。此外，戒毒人员符合收治条件的，强制隔离戒毒场所负责收治的民警应当在《强制隔离戒毒决定书》上“接收人员”一栏签字，写上日期，予以接收；具有依法不得强制隔离戒毒情形的，强制隔离戒毒场所应当出具《不予接收强制隔离戒毒人员通知书》，不予接收。

2. 分类分级管理

《禁毒法》第四十四条规定，强制隔离戒毒场所应当根据戒毒人员的性别、年龄、患病情况等，对戒毒人员进行分别管理。这里所说的“分别管理”，是指根据戒毒人员的性别、年龄、患病情况等，编入不同的所、队，让其在不同的场所或区域生活、劳动，接受治疗和康复训练，并由不同的管理人员根据其特点实施不同的管理。还要把戒毒人员纳入不同的管理级别，在管理强度、教育内容、要求、习艺劳动安排、生活待遇等方面，分别情况，区别对待。分级分类管理主要体现为四个特点：一是针对性突出；二是个别性明显；三是政策性强；四是激励性强。

3. 解除强制隔离戒毒的管理

解除强制隔离戒毒分为三种情形：① 强制隔离戒毒的期限已满。《禁毒法》规定的强制隔离戒毒期限为两年，如果公安机关《强制隔离戒毒决定书》规定的期限已执行完毕，应当解除对戒毒人员的强制隔离戒毒。强制隔离戒毒的执行时间，以戒毒人员收到《强制隔离戒毒决定书》之日起计算，戒毒人员被先行羁押的，羁押一日折抵强制隔离戒毒期一天。② 提前解除强制隔离戒毒。《禁毒法》规定，执行强制隔离戒毒一年后，经诊断评估，对于戒毒情况良好的戒毒人员，强制隔离戒毒场所可以提出解除强制隔离戒毒的意见，报强制隔离戒毒的决定机关批准。③ 由于严重疾病等原因改为社区戒毒。《禁毒法》对此没有作出详细具体的规定。这里主要是指戒毒人员由于患病等原因，强制隔离戒毒场所无法治疗，吸毒人员此时已不符合强制隔离戒毒场所所需的身体健康等收治条件，故解除强制隔离戒毒的意见，改为社区戒毒。

（二）强制隔离戒毒场所安全管理

强制隔离戒毒是让强制隔离戒毒人员在一个相对封闭、与社会相对隔离的无毒环境下解除毒瘾。这就需要一个安全、稳定的场所秩序。强制隔离戒毒场所安全管理，主要是通过防范强制隔离戒毒人员逃离、毒品流入、重大恶性事故和所内违法犯罪来实现。场所的安全防范管理工作有四方面的内容：① 内部安全检查管理防范。实现 24 小时干警治病制度，由戒毒所干警负责所内戒毒人员学习、劳动和生活三大现场的安全检查管理工作，预防和控制违法犯罪行为的发生。② 外围警戒防范。主要是由警戒护卫队负责场所的大门警卫、巡逻等工作。③ 完善安全防范设施、设备。主要包括围墙、电子监控设备、通信联络设备及警备交通工具等的完好。④ 预案管理。建立安全防范的各种预案，在出现制度恶性事故时启动预案，及时控制事态的发展，并尽可能减少损失。

（三）强制隔离戒毒人员习艺劳动管理

对强制隔离戒毒人员的习艺劳动管理，体现在以下四个方面：① 组织生产劳动，立足于习艺，着重职业技能的培养，为戒毒人员解除强制隔离戒毒后的就业提前做准备。② 通过管理，实现生产习艺与思想教育转化两个目的。不能只追求生产的经济效益，只顾赚钱。应根据强制隔离戒毒人员的性别、年龄及技术特长等情况，合理确定生产劳动的岗位和定额。③ 坚持警察管理与强制隔离戒毒人员的民主管理相结合的原则，加强对强制隔离戒毒人员的生产现场管理。严格出工、收工和点名制度。不安排超时、超体力的劳动。④ 建立健全生产习艺等各项制度，如岗位责任制、安全生产制度等。

（四）强制隔离戒毒矫治工作管理

强制隔离戒毒矫治工作管理是指基于教育和心理治疗、咨询、辅导等的矫正、治疗工作。要做好此项工作，必须做到：① 科学制订教育和心理治疗计划。科学的计划表现在必须贴近强制隔离戒毒人员的实际，反映强制隔离戒毒人员的实际需要；否则是不科学的。② 合理采用教育和心理治疗的组织形式。强制隔离戒毒场所的教育一般以分类共同教育为主，以个别教育、社会帮教为辅。在心理治疗的形式上，以集体心理治疗为主，个体心理治疗为辅；在条件许可的情况下，可更多地采用个别教育、个体心理治疗的形式，以提高教育和治疗的效果。

（五）强制隔离戒毒生活卫生管理

强制隔离戒毒的生活卫生管理是指强制隔离戒毒场所对强制隔离戒毒人员的生活作息、伙食、医疗、卫生等方面的管理。生活卫生管理工作应体现以人为本精神、文明执法原则。它在稳定强制隔离戒毒人员的情绪和维护强制隔离戒毒场所的秩序方面有很大作用。强制隔离戒毒生活卫生管理主要有两方面的内容：首先是生活管理方面，包括强制隔离戒毒人员的作息时间管理、被服管理和伙食管理；其次是卫生管理方面，包括强制隔离戒毒人员的日常卫生管理、饮食卫生管理、防病治病管理以及劳动保护和劳动卫生管理。

知识链接

国际禁毒日

1987 年6 月，联合国在奥地利首都维也纳召开了“麻醉品滥用和非法贩运问题国际会议”。会议专门讨论了毒品滥用和非法贩运问题，通过了禁毒的《综合性多学科纲要》，并向各国政府和组织提出了禁毒综合治理的建议。会议提出了“珍爱生命，远离毒品”的口号。6 月26 日大会结束，与会代表一致通过决议，确定将每年的6 月26 日定为国际禁毒日，以引起世界各国对毒品问题的重视。

项目二　强制隔离戒毒矫治与管理的研究对象

【知识目标】

通过本项目内容的学习，了解和掌握强制隔离戒毒矫治与管理的研究对象。

【能力目标】

能明确分析强制隔离戒毒矫治与管理的研究对象，并能运用该知识学习强制隔离戒毒矫治与管理实务。

任何一门学科，都有自己特定的研究对象，如逻辑学是研究人类思维规律的，犯罪学是研究犯罪现象的产生原因、变化规律及其犯罪的预防的，等等。

强制隔离戒毒矫治与管理是以强制隔离戒毒矫治与管理现象及其规律性为研究对象，大致包含以下三个方面：

（一）研究强制隔离戒毒矫治与管理的基本理论

强制隔离戒毒矫治与管理首先要研究的是其概念、性质、功能、目标和原则等反映强制隔离戒毒矫治与管理现象的基础理论问题。

（二）研究强制隔离戒毒矫治与管理的基本内容

强制隔离戒毒矫治与管理活动纷繁复杂，多种多样。不可能也不应该对全部活动给予全面解释和详细说明，但对其基本内容则必须充分展示，进行科学的概括论述，得出规律性的认识，实现矫治管理的目标，提高工作效率。

强制隔离戒毒矫治与管理的内容包括以下五个方面的内容：

（1）强制隔离戒毒人员出入所管理。

（2）强制隔离戒毒场所安全管理。

（3）强制隔离戒毒人员的习艺劳动管理。

（4）强制隔离戒毒矫治工作管理。

（5）强制隔离戒毒生活卫生管理。

（三）研究强制隔离戒毒矫治与管理的基本方法和措施

方法和措施是发挥功能的手段，是实现目标的途径。强制隔离戒毒矫治与管理理论通过方法和措施这个中介桥梁，才能起作用并导向于强制隔离戒毒矫治与管理实践的肥沃、坚实土壤。有理论、有方法、有措施、有成功的实践应用，强制隔离戒毒矫治与管理学科才能建立并完善。

项目三　强制隔离戒毒矫治与管理的研究意义

【知识目标】

通过本项目内容的学习，了解、掌握强制隔离戒毒矫治与管理研究的理论意义和实践意义。

【能力目标】

能对强制隔离戒毒矫治与管理研究的理论意义和实践意义进行全面的分析。

一、强制隔离戒毒矫治与管理研究的理论意义

（一）为强制隔离戒毒矫治与管理学学科的建立奠定基础

任何一门学科都有自己的研究对象。强制隔离戒毒矫治与管理学是一门有待建立和完善的学科。强制隔离戒毒矫治与管理学是一门以强制隔离戒毒矫治与管理活动及

其规律为研究对象，以对强制隔离戒毒人员的矫治、管理、康复为核心的综合性、交叉性、应用性科学。目前，我国禁毒、戒毒形势严峻，自2008年6月1日《禁毒法》颁布生效以后，作为最主要同时也最有力的戒毒措施——强制隔离戒毒刚刚推出不久，这方面的理论研究还未形成体系，不能满足实际工作的需求，从事强制隔离戒毒矫治与管理的从业人员的理论知识与实践工作不相适应，严重影响这项工作的实效和发展。强制隔离戒毒矫治与管理领域及相关学科的理论研究者应努力积极探索、勇于创新，为强制隔离戒毒矫治与管理学科的建立奠定基础、作出贡献。

（二）有利于认识强制隔离戒毒矫治与管理活动的规律性

强制隔离戒毒矫治与管理的研究以强制隔离戒毒矫治与管理活动为对象，目的就是要探索强制隔离戒毒矫治与管理活动的规律，通过研究，了解其性质、特征、内容、原则等一般原理，分析各种现象产生的原因，揭示强制隔离戒毒矫治与管理活动的规律，探讨工作方法和措施，进一步提高强制隔离戒毒矫治与管理工作的科学性、规范性和可操作性。

（三）有利于促进相关学科的发展与完善

强制隔离戒毒矫治与管理的理论和实践研究对相关学科的发展与完善起到了积极的推动作用。首先，对矫治教育学的发展和完善具有积极意义；其次，对矫治心理学的研究具有重要的意义；最后，对推动矫治管理学的发展具有特殊意义。

二、强制隔离戒毒矫治与管理研究的实践意义

（一）为制定科学的强制隔离戒毒矫治与管理政策法律提供依据

不同的国家在不同的历史时期，对戒毒矫治与管理活动的相关政策法律的内容会有不同的侧重，制定和调整政策法律所依据的社会客观事实及认识的真理性程度也不尽相同。而强制隔离戒毒矫治与管理政策法律的有效性在很大程度取决于对强制隔离戒毒矫治与管理活动自身规律的认识和把握。

（二）有利于减轻毒品成瘾造成的各种危害，促进社会的发展和进步

毒品具有严重的危害性。毒品给个人、国家和社会造成的各种危害，使其成为全世界共同关注的公共与社会问题。强制隔离戒毒矫治与管理的根本目的，就是通过揭示强制隔离戒毒矫治与管理活动的规律，探索科学的矫治技术和措施，对强制隔离戒毒人员在治疗、教育矫治、心理矫治和身体康复等方面进行全面、科学的综合性矫治，提高戒断率，降低复吸率，促进强制隔离戒毒人员形成健全的人格，实现再社会化，顺利回归社会，使其成为自食其力、遵纪守法的合格社会公民。因此，强制隔离戒毒矫治与管理的研究能够最大限度地使强制隔离戒毒人员重新回归社会，保障社会和谐发展所需的人力资源，预防和降低违法犯罪行为，减少国家财力支出，促进社会和谐运行和协调发展。

（三）有利于维护强制隔离戒毒场所的安全与稳定

预防各类突发事件及危险事件的发生，确保场所的安全与稳定是强制隔离戒毒机关的首要任务，也是我们实施管理、教育、治疗和矫治等工作手段的必需前提。在强制隔离戒毒期间，强制隔离戒毒人员容易发生自杀、脱逃、暴力及所内吸毒藏毒等危

险事件。实践中对突发事件及危险事件的预测多凭直觉和经验，缺乏科学的分析和预测，尽管广大矫治与管理干警尽了最大的努力，但仍然收效甚微，预防处置效果并不理想。开展强制隔离戒毒矫治与管理的研究，可以使强制隔离戒毒矫治与管理干警及时、准确地了解和掌握强制隔离戒毒人员的心理动向和潜在危险，通过应用研究所提供的心理训练、咨询、预测技术、防范措施和方案，有针对性地做好工作，起到矫治的作用和化解矛盾、消除心理障碍、预防和减少突发及危险事件的发生，维护强制隔离戒毒场所的安全与稳定的作用。

（四）有利于强制隔离戒毒场所各项矫治与管理工作的顺利开展，提高教育矫治与管理质量，提高戒断率，降低复吸率，促进强制隔离戒毒人员顺利回归社会

强制隔离戒毒矫治与管理研究为强制隔离戒毒场所这个禁毒、戒毒的主战场提供综合运用各种教育矫治的方法和手段，不仅帮助一大批强制隔离戒毒人员提升了法律道德意识和对毒品给个人、家庭及社会造成严重危害的认知水平，而且不断促使他们自觉地改变不良心理，增强自觉抵制毒品和适应社会的能力，戒除毒瘾，回归社会，过上了守法公民的正常健康生活。充分体现了党和政府以人为本，以教育矫治挽救吸毒人员的精神，其中教育矫治的引导、感化发挥着越来越巨大的作用。为充分调动强制隔离戒毒人员自觉接受戒治的积极性和主动性，要不断创造浓郁的教育矫治氛围，切实提高强制隔离戒毒人员的戒治实效。

（五）有利于提高强制隔离戒毒场所工作人员（干警）的素质

强制隔离戒毒场所在开展强制隔离戒毒人员教育矫治与管理工作中，必须着力打造一支由教育类、管理类、心理矫治类、戒毒医学类组成的专家型民警队伍，这样才能发挥强制隔离戒毒教育矫治与管理的独特优势。通过进一步深化教育矫治与管理的各项工作，必然会使广大干警的从业素质（包括政治素质、理论素质、业务素质、身体素质和心理素质等）得到全面提高。

知识链接

世界“三大毒源”

世界上毒品种植和生产主要集中在三个地区。“金三角”和“金新月”主要生产鸦片，分别地处东南亚和西南亚；“银三角”主要生产可卡因，地处南美。

(1)“金三角”地区。位于老挝、泰国、缅甸三个国家的接壤地区。因盛产鸦片，以“金三角”之名在世界著称。金三角的毒品主要产于缅甸，缅甸与我国有漫长的边境线，是我国海洛因的主要毒源地。

(2)“金新月”地区。位于西南亚的阿富汗、巴基斯坦、伊朗三国接壤地区，是世界鸦片生产的另一大产地。

(3)“银三角”地区。位于南美，盛产古柯、可卡因。因可卡因为白色粉末，人们便将该地区称为“银三角”。

单元二

毒品成瘾、禁毒、戒毒及相关的法律制度

毒品是指鸦片、海洛因、甲基苯丙胺（冰毒）、吗啡、大麻、可卡因以及国家规定管制的其他能够使人形成瘾癖的麻醉药品和精神药品。吸毒危害社会，危害家庭，危害个人。吸毒成瘾问题是世界公害，究其原因，往往是心理因素与社会因素、生物因素与环境因素相互作用的结果。包括我国在内的许多国家对禁毒、戒毒都有相应的法律制度，相继形成了各具特色的戒毒矫治工作执法和管理模式。

本单元学习的目的和要求是：通过本单元学习，了解和掌握毒品及其成瘾形势、吸毒危害及其原因，世界各国和我国关于禁毒、戒毒工作的执法和管理模式及相关的法律制度。对毒品及禁毒、戒毒执法工作有一个全面的认识。

项目一　毒品成瘾的形势、危害及其原因分析

【知识目标】

通过本项目内容的学习，了解和掌握毒品的概念、毒品成瘾特征及其认定、毒品成瘾的形势、毒品造成的危害及毒品成瘾的原因。

【能力目标】

能够认清毒品，会认定毒品成瘾行为，能对毒品成瘾的形势、危害和原因进行全面具体的分析，进而全面把握强制隔离戒毒矫治与管理实务工作的大方向。

一、毒品成瘾的形势

（一）认识毒品

1. 毒品的概念①

毒品一般是指使人形成瘾癖的药物，根据《中华人民共和国禁毒法》第二条规定，毒品是指鸦片、海洛因、甲基苯丙胺（冰毒）、吗啡、大麻、可卡因以及国家规定管制的其他能够使人形成瘾癖的麻醉药品和精神药品。2007 年国家公布的《麻醉药品及精神药品品种目录》中列明了 123 种麻醉药品和 132 种精神药品。根据国际公约和我国相关法律法规的规定，毒品的分类方法不尽相同，种类很多，范围也很广。常见的传统毒品有鸦片、吗啡、海洛因、大麻、杜冷丁、古柯、可卡因、可待因、那可汀、盐

① http://baike.baidu.com/view/26889.html.

酸二氢埃托啡等。常见的新型毒品有冰毒、摇头丸、K粉、咖啡因、三唑仑、安钠咖、氟硝安定、麦角乙二胺、安眠酮、丁丙诺啡、地西泮及有机溶剂和鼻吸剂等。①

2. 常见毒品的识别

(1) 海洛因。海洛因是吗啡的半成品，俗称白面、白粉、四号等，是鸦片类毒品中危害最大的品种，多为白色、无色、浅灰褐色或褐色粉末，目前被世界各国列为"头号毒品"。我国以吸食海洛因为主的吸毒者大约占吸毒人员总数的70%以上。

(2) 鸦片。鸦片俗称大烟、烟土，呈条状、板块状，光滑柔软，有油腻感，呈黄色或金黄色。其原植物是国家法律严禁非法种植的罂粟。罂粟一般高1.5米左右，春、夏季开花，花朵颜色极为艳丽。花瓣脱落后十余天，球状或椭圆形状的蒴果成熟，果内白色浆汁是加工鸦片的原料。割过浆的罂粟壳也是国家规定管制的麻醉药品。近年来，我国一些地方仍有非法种植罂粟的行为，一些不法商人把罂粟壳用做火锅底料，使人食后成瘾。

(3) 吗啡。吗啡是由鸦片提取而成。呈白色、浅黄色、棕色或无色的结晶性粉末状，味苦，能溶于水。

(4) 冰毒。冰毒的化学成分为甲基苯丙胺。因其形状与冰块相似，故俗称为"冰毒"。冰毒具有强烈的中枢兴奋作用，能引起人焦虑、紧张及被迫害的感觉并进而引发暴力行为；饮食冰毒会导致记忆力减退和长久性失眠；过量服用将引发全身性衰竭甚至死亡。

(5) 摇头丸。摇头丸又称"狂欢丸"、"狂喜丸"等，是致幻型苯丙胺类兴奋剂的统称，也是近年来在世界范围内流行的新型毒品之一。摇头丸通常为丸剂、片剂，形状多种多样，五颜六色，图案繁多，具有强烈的中枢兴奋作用。服用后，它作用于人的中枢神经系统，使人极度兴奋或产生错觉，摇头不止，行为失控，极易诱发精神分裂症，引发对自身的伤害，并导致危害社会的行为发生。

(6) 氯胺酮。氯胺酮俗称K粉，属于其他合成类的新型毒品。滥用后，易导致迷幻，产生错觉，麻痹人的神经系统。近年来在一些歌厅、舞厅等娱乐场所发现了氯胺酮滥用的现象。

(7) 大麻。大麻分大麻烟、大麻脂、大麻油。大麻脂略带黏性，大麻油为黑黏稠的液体。用者初期会产生错觉，情绪激动，行动异常，好斗；继而产生焦虑和猜疑，呈倦怠昏睡之状。吸食过量通常导致精神失常，因而常常诱发车祸和暴力犯罪。

另外，纯度在99%以上的毒品被称为"美金"②。

（二）吸毒成瘾特征及其认定③

毒品具有成瘾性、危害性和非法性三个特征。吸毒，是指非医疗用途，强迫性地连续或定期使用毒品或麻醉药品与精神药品的行为，是一种慢性中毒的成瘾状态。毒品成瘾是指人对毒品产生强烈的渴求，并反复地使用毒品，以取得快感，或避免出现痛苦，使吸毒者处在一种特殊的精神和身体病态。吸毒成瘾的人主要具有以下三个

① http://www.docin.com/p-13961184.html.

② http://www.hdsq.cc/viewthread.php?tid=73978.

③ 禁毒法知识问答. www.xcsf.gov.cn/xcpfw/index3.jsp?entityid..., 2010-05-13；吸毒原因分析. 广东禁毒网，2005-11-17.

特征：

（1）药物耐受性。即指不断地使用同一种药物以后其效果的退化，需要加大剂量才能获得与以前同样或相似的效果。

（2）身体上的依赖性，又称生理依赖。即指在某一段时间内不断服用某种药物带来的生理上的变化，需要继续服用这种药物来维持身体的要求；一旦停止服用后，生理功能就会发生紊乱，出现一系列严重反应。

（3）精神上的依赖性，亦称心理依赖性，俗称“心瘾”。即指某人精神上需要某种毒品，一般就是习惯。毒品使用者处于一种追求使用毒品的强烈欲念下，有一种“渴求”，这种欲念强迫吸毒者不顾一切地去寻求毒品，以满足自己的欲望。

从实践中的情况来看，凡是吸毒成瘾者，其症状普遍表现为身体虚弱，面色蜡黄，精神颓废，萎靡不振，一旦毒瘾发作，有的涕涎交流，捶胸顿足；有的站立不起，咳血不止；有的乱碰乱撞，啃墙吃土；有的满地打滚，哭天喊地。种种丑态，难以形容。

在我国，吸毒并染上毒瘾者一般有以下迹象：

（1）无故旷工、旷课，工作表现、纪律或学业成绩突然变差。

（2）在家中或单位偷窃钱财、物品，或突然频繁地向父母或朋友索要或借钱。

（3）长时间躲在自己的房间内，或远离家人和其他人，不愿与人接触。

（4）外出行动表现神秘鬼祟。

（5）藏有毒品及吸毒工具（如注射器、锡纸、切断的吸管、匙羹、烟斗等）。

（6）遮掩收缩的瞳孔，在不适当的场合佩戴太阳镜。

（7）为掩盖手臂上的注射针孔，长期穿着长袖衬衣。

（8）面色灰暗、眼睛无神、食欲不振、身体消瘦。

（9）情绪不稳定，异常的发怒、发脾气，坐立不安、睡眠质量差。

（10）经常无故出入偏僻的地方，与吸毒者交往并作出违法行为。

吸毒方式有口服、鼻吸、烫吸、烟吸以及将毒品溶解后做皮下、肌肉和静脉注射等。对于吸毒成瘾人员，根据《禁毒法》的规定，公安机关依法作出责令其接受社区戒毒或者强制隔离戒毒的措施，至于吸毒成瘾的标准，《禁毒法》则授权国务院卫生行政部门、药品监督管理部门、公安部门共同规定。2011 年 4 月 1 日以前，我国吸毒成瘾的认定依据仍然是《公安部关于对吸食、注射毒品人员成瘾标准界定问题的批复》（公复字〔1998〕3 号）。其主要内容为：“有证据证明其吸毒，且查获时尿样毒品检测为阳性的，认定为成瘾；对曾经吸过毒，但有证据证明其没有继续吸毒，且查获时尿样毒品检测为阴性的，不认定为成瘾。对尿样毒品检测呈阳性，但吸毒证据不足的，应进行尿样复检和进一步调查取证，有条件的可做药品（纳洛酮）催瘾医学试验，然后作出确认。”2011 年 4 月 1 日开始，则实施由公安部、卫生部联合发布的《吸毒成瘾认定办法》（以下简称《办法》）。该《办法》明确规定，吸毒人员同时具备以下情形的，公安机关方可认定其吸毒成瘾：一是经人体生物样本检测证明其体内含有毒品成分；二是有证据证明其有使用毒品行为；三是有戒断症状或有证据证明其有吸毒史，包括曾经因使用毒品被公安机关查处或曾经进行自愿戒毒等情形。戒断症状的具体情形参照卫生部制定的《阿片类药物依赖诊断治疗指导原则》和《苯丙胺类药物依赖诊断治疗指导原则》确定。《办法》规范了吸毒成瘾认定工作，较前相比，更科学地认定吸毒成瘾人员。

（三）吸毒成瘾的形势①

吸食毒品成瘾问题是世界公害，在过去几十年中，毒品成瘾问题就像瘟疫一样在全球迅速蔓延，速度之快、波及人群之广已远远超过地球上曾经发生过的任何一种瘟疫。全球吸毒人数近2.2亿，每年有10万人因吸毒死亡，1 000万人因吸毒丧失劳动力。任何国家、社会毫不例外地受到了吸毒成瘾问题的影响，吸毒成瘾已经成为威胁全球人类生存的最严重的医学和社会问题之一。

全世界吸毒人数远远超过各国官方统计的数字。据估计，目前全世界至少有5 000万人注射毒品，而以吞、吸、饮、嚼的方式吸毒的人数则更多。世界上大约每100个人中，就有1个"瘾君子"。

现在，西方各国吸毒现象泛滥成灾，毒品像癌症一样，扩散到西方社会的各个细胞，搅乱了社会秩序。

在美国，目前毒品早已不限于纽约、洛杉矶等一些大城市，其范围之广泛、形势之严峻，美国政府与人民无不为之忧心忡忡。美国毒品市场每年消费总额约占世界毒品贸易总额的60%以上。近年来，美国每年消费的毒品数量为：大麻1.5万~2万吨，海洛因30~40吨，可卡因70~80吨。各大城市特别是在美国南海岸的佛罗里达州，更是毒品走私者和嗜毒者的天堂。美国从十来岁的孩童到硅谷（美国的一个高科技中心）的科学家，从华尔街的证券交易经纪人到好莱坞的电影明星，从穷困潦倒的失业者到腰缠万贯的百万富翁，吸毒之风"盛况空前"。在上流社会的社交界正流行着一种时髦风尚，那就是鸡尾酒会的第一道"菜"是一份可卡因。有的美式足球明星是吸食可卡因的"好汉"，著名的拳击手也是毒品的"崇拜者"，甚至一些科学家把可卡因视为"灵感"的源泉。在硅谷，每年可卡因消费量高达1吨。毒品已渗透到美国各行各业，就连警察和军队也难以幸免。华盛顿警察局一年就开除了45名吸毒和参与毒品活动的警察。而在军队中，滥用毒品现象也十分普遍。1983年，美国海军中有5 704名官员因吸毒被革除军职；滥用毒品而未受司法惩罚者达到24 064人，占美国海军总人数的5%。驻欧洲各国的美军官兵吸毒者更达到惊人的程度，高达31.4%；而年轻士兵中吸毒比例更为严重，高达40%。驻防英国的9个美军基地被人们讥讽为"驻欧美军的毒品总部"。美国女性吸毒者的数量也正迅速增多。从20世纪60年代到80年代，女性在吸毒者中的比例从14%上升到30%；90年代，大约40%的吸毒者为女性。现在的美国女孩15岁就开始非法使用毒品的可能性是她们母亲的15倍。目前，美国青少年中非法使用毒品的人数急剧上升。到1995年止，美国全国中学生中有41.7%的人至少用过一次毒品。1991—1995年间，大、中学生中吸毒人数5年里增长100%。最近几年，初中和小学学生吸食毒品的人数也逐渐增多。

在被称为保守国度的英国，20世纪50年代毒品仅在首都伦敦的某些地区流行，吸毒者大约300人。到了60年代，毒品流行地区扩大，吸毒人数增多，1969年有记录的"瘾君子"达到2 882人。到了80年代，吸毒人数猛增到10万人。目前全国吸食毒品的人数据估计已超过500万人。或者说，每12个英国人中，便有1人非法使用过毒品。总之，"吸毒的风气已经遍及英国所有的社会阶级、阶层"。更为严峻的是，原来吸食

① 资料来源于广东禁毒网. http：//www.gdjd.gov.cn/html/1/arcotent/20091127/20091127085324.htm.

毒品的多数是男性，但近年来女性吸食者逐渐增多。例如，在对1万多名15～24岁女性的调查中表明，她们中5%使用过海洛因，22%使用过大麻。70年代前半期，海洛因毒瘾者占吸毒总人数的25%，到80年代上升到了30%。更为糟糕的是，吸毒之风也吹向了青少年。早在1973年英国广播公司所作的一项调查表明，英国17～34岁的青年中，39%使用过大麻，25%使用过海洛因。进入90年代，这一比例更高了。据英国《每日快报》1992年12月9日报道，在过去的3年时间里，英国青年中吸毒的人数几乎翻了一番。1989年25岁以下的青年中只有15%吸过毒，1992年15～25岁的青年中近30%的人承认自己吸过毒。毒品甚至还在现役军人中扩散，1980年没收的现役军人使用的毒品仅22公斤，而1994年已经达到了2 654公斤；1990年军队中发生的与毒品有关的案件达708起，1994年更上升到1 050起。

其他如法国，1969年查出吸毒者210人，20年后的1989年，吸毒人数上升到90万。西德1988年发现的吸毒者比1987年增加60%。瑞典850万人中，有2万人吸毒。在意大利，全国吸毒者保守估计为30多万，1988年意大利毒品成交金额达300亿美元，每年因吸毒死亡的人数达1 000人。亚洲毒品蔓延最快的国家是巴基斯坦。1980年以前，巴基斯坦很少有人吸食海洛因。但随着阿富汗战争的爆发和大批难民涌入巴基斯坦，海洛因也乘机进入了该国的市场。1988年，吸毒人口已达220万，而且这一数字还在增加，1990年据官方估计达250万人，其中100多万是年轻人。

据香港警方统计，20世纪70年代初期，全香港共有“瘾君子”8万名，占当时香港总人口的2.5%，其中6万人吸食海洛因，2万人吸食鸦片。到1986年，吸毒者已增加到30万人，占香港总人口的比例上升到5.6%。

在拉丁美洲，来自政府、教会和科研机构的数字表明，吸毒人数也在迅速增加。1989年以来，委内瑞拉一种被称为“火箭筒”的膏状可卡因的消费人数已增加了3倍；智利可卡因“瘾君子”护理中心首次出现了排队等候治疗的现象；在波哥大，11%的童工抽火箭筒烟；在巴拿马科隆港生活和工作的男子中，几乎15%吸食可卡因或“克拉克”。在马那瓜，1992年因过度注射毒品死亡者的人数比1991年翻了一番，即由27人增至55人。

在巴西，由圣保罗医学院对巴西公民在10年内的调查表明，每4个大学生就有1个吸大麻或可卡因至少一次，预言家表示，在巴西青年中吸毒增长的速度将是每两年增长25%。此外，里约热内卢国立大学的一项研究表明，1980年这个城市每百名大学生中只有3个违法吸毒，在短短的二十几年间，就增加到每百名中有20人。

我国从20世纪80年代起，毒品开始死灰复燃。从1984年至2004年底，累计登记在册的吸毒成瘾人员由79.1万人增长为114.04万人，增长44.2%；涉毒地区已发展到全国2 000多个县（市、区），占全国县（市、区）总数的2/3以上；吸毒成瘾人群逐渐呈现低龄化，青少年吸毒成为严峻问题；吸毒成瘾人员成分也日趋复杂，既有无业人员和个体户，也有汽车司机、供销采购人员、工人和农民，还有一些党政干部、社会名流、体育及文娱界明星和曾经的先进模范人物等。我国已由毒品过境国转变为毒品过境与毒品消费并存的毒品受害国。

目前，全球禁毒形势依然严峻。联合国毒品与犯罪问题办公室近日发布的报告显示，虽然海洛因、可卡因等传统毒品的消费呈下降趋势，但各种人工合成类毒品消费的增长势头却越来越猛。全球吸食安非他明类合成毒品的人数高达3 000万~4 000万人，且这一数字还在不断增长。

二、毒品造成的危害

【引例】

据石家庄市调查分析，石家庄市一名一般成瘾的吸毒人员，每天需耗资300元左右，一年达10万元，石家庄在册吸毒人员近2 000名，这样每天耗资60万元，一年耗资2.2亿元，而石家庄市最大企业“华×制药集团”2001年年利润才3亿元。有的吸毒人员日耗资近千元，如陈×（男，45岁）1992年在广州做生意时染上毒瘾，当时他月收入3万余元，但吸毒成瘾后每天要吸食3克海洛因，日耗资千元。一百余万的家产吸光后，又把价值27万元的房子低价卖掉，现欠外债30余万元，妻子与其离婚，父母、兄弟与其断绝关系，每天靠扒窃维持吸毒（现已被劳教）。又如吕×（男，42岁），其早在20世纪80年代投资房地产，赚得近千万元的家产，1992年染上毒瘾后，随着吸毒时间不断延长，其吸毒量也不断增加。到2001年被抓获时，巨额家产已被其挥霍一空。他说，有一次毒瘾发作，手头没钱，便把自己近百万元的“凯迪拉克”豪华轿车以36万元的低价卖掉，而这36万元他仅3个月就都吸毒花掉了。①

1997年，毕业于中央戏剧学院的电影演员朱×因吸毒过量死亡，年仅28岁。梁×丽，21岁，贵州人，一个聪慧、漂亮的女孩，染上毒瘾后，靠卖淫维持吸毒，因注射毒品过量死于南宁市街头。云南吸毒人员刘×彬，原是某银行系统工作人员，因染上毒瘾，利用职务之便，贪污公款达74万元，被判处无期徒刑。天津吸毒人员荣×强因吸毒且无经济来源，便偷窃出租车司机驾驶证照后进行敲诈。安徽马鞍山吸毒人员李×东、张×夫妇吸掉20万元家产后，伙同吸毒人员吴×华大肆进行抢劫、盗窃等犯罪活动，1997年先后抢劫盗窃作案18起，最终锒铛入狱。1994年11月25日深夜，吸毒人员周×民、白×杰为弄钱吸毒，闯入陕西省著名画家秦××家，将其一家4口人全部杀害。

毒品也危及孩子的身体及其幼小的心灵。广西南宁市一名妇女因怀孕期间吸食毒品，胎儿在母体中深受其害，导致其一出世就呈现窒息、痉挛状态，此后，母亲哺乳前必须吸食毒品，婴儿才肯进食，否则哭闹不止，严重危及生命。宁夏一对夫妻吸毒败家，将5岁孩子托付给一名男子，孩子惨遭毒打。3岁的丢丢没有父亲，被吸毒并卖淫的母亲郭某抵押给吸毒者林×、王×和王×妹三人，仅仅一个多月，狠毒的林×、王×等人每逢毒瘾发作，便将无辜的孩子当成发泄的对象，对其肆意捆绑、踢打，并用打火机烧、烟头烫。他们的人性完全泯灭在吸毒后的狂躁与暴虐之中。

问题：吸毒到底有哪些危害？你从中得到了什么启示呢？

毒品具有严重的危害性：危害个人，危害家庭，危害社会。说起毒品的危害，可以概括为“毁灭自己，祸及家庭，危害社会”十二个字。②

① http://www.he.xinhuanet.com/, 2004-06-24.

② http://www.ydjzz.com/Resource/ReadWenzhai.asp?id=1092.
http://amuseum.cdstm.cn/AMuseum/zhiwu/static/65/69/465.html.
http://ljzhudao.blog.sohu.com/117337421.html.

（一）吸毒对身心健康的危害

吸毒摧残人的健康，使人百病丛生。“吸进的是白色粉末，吐出来的却是自己的生命。”毒品对人体的毒副作用表现为：

（1）损害人的大脑，影响中枢神经系统的功能。海洛因等毒品及其所含的杂质对血管壁产生化学刺激并继发感染，造成局部血管甚至深部较大血管的阻塞。血管硬结不仅影响美观，还可能继发引起脑栓塞、大动脉栓塞，甚至造成坏死性的脉管炎。

（2）影响心脏功能。吸毒者的常规心电图检查显示，海洛因可直接影响人的心脏，所以常出现心脏传导阻滞、心律不齐的现象。静脉感染之后所引起的急性或亚急性心内膜炎的病人比同龄人多得多。

（3）对呼吸系统的损害。吸食海洛因等毒品对人的支气管和咽部会造成直接的刺激，并有明显抑制呼吸中枢及咳嗽中枢的作用。咳嗽是人本能的自我保护机制，可帮助排出气管内分泌物和外来细菌等。吸毒后机体失去原有的功能，所以吸毒者中患慢性咽喉炎、气管炎者很多。不少原来没有哮喘病的人吸毒后患上哮喘，原因是毒品及其中所含杂质导致人体变态反应性的疾病。由于长期吸毒造成的营养不良和防御机制下降，吸毒者也成为肺结核菌的侵害对象。美国有调查发现，新近出现的肺结核，尤其是难治性肺结核中不少为吸毒者。

（4）对消化系统的损害。由于海洛因等毒品使胃肠蠕动减慢，消化液分泌大减，胃肠道水分回收增大等药理作用，吸毒者多表现出食欲下降、消化力差、长期排便困难，造成营养不良。此外，海洛因等毒品及各种内含的有害物质对肝脏有直接毒害作用，也由于吸毒者常共用不洁针头和注射器，直接造成了传染性肝病，使消化系统受损更加严重，并影响其他系统所需能量和人体基本能量的提供。

（5）对视觉神经的损害。吸毒者常见双眼浑浊，直至染上各种眼疾乃至失明。

（6）对神经系统的损害。吸毒所致最突出的精神障碍是幻觉和思维障碍。长期滥用，会导致情绪失控或判断失误，产生暴力倾向和暴力犯罪。还会引起心理混乱、抑郁、失眠、焦虑、精神错乱和苯丙胺精神病。

（7）对生殖系统的损害。影响正常的生殖能力，吸毒者或其配偶生下畸形儿、怪胎的现象屡见不鲜。

总之，吸毒会造成人的免疫力下降，容易感染各类疾病。百年前就有诗曰“剜骨剥髓不用刀，请君夜吸相思膏（相思膏即鸦片）”。吸毒的这些人往往面色蜡黄、身体消瘦、嘴唇焦黑、神色漠然。严重的则丧失劳动能力，以致日渐衰竭而死亡。据国内相关资料和国外有关部门统计，吸毒人群的死亡率较一般人群高15倍。吸毒者的平均寿命较一般人群短10～15年。吸毒者多数短命，一般寿命不超过40岁。25%的吸毒成瘾者会在开始吸毒10～20年后死亡。也就是说，约1/4的吸毒者会在30～40岁死于与吸毒相关的疾病。

造成吸毒者死亡率高于一般人群的原因大致可归纳为以下六种：

（1）吸毒过量死亡。

（2）吸毒者的自杀率远远高于一般人群。

（3）吸毒者参与各种犯罪死于非命。

（4）吸毒者死于各种吸毒引致的并发症。

（5）吸毒者患病后不积极求治导致死亡。

(6) 吸毒者死于各种意外事件。①

(二) 吸毒对家庭的危害

吸毒对家庭的危害无穷无尽。究其原因，主要有以下三点：

(1) 吸毒的费用是一个"无底洞"，普通的工资收入根本不能满足吸毒者的需要。即使有一定的经济基础也只能维持一时。毒瘾永远不可能得到满足，一个人一旦吸毒成瘾，就会人格丧失、道德沦落，为购买毒品耗尽正当收入后，必然就会变卖家产、四处借债，最后的结果只能是倾家荡产。

(2) 许多吸毒者为满足毒瘾六亲不认，不惜遗弃老人、买卖子女，甚至胁迫妻女卖淫以获取毒资，直至妻离子散、家破人亡。正如一首民谣所唱，"烟瘾一来人似狼，卖儿卖女不认娘"。

(3) 一个人一旦染上毒瘾，就会失去义务或责任观念，做丈夫的不能尽丈夫的职责，做妻子的不能尽妻子的义务，最终必然导致婚姻关系的破裂。

(4) 吸毒严重危及下一代的健康。怀孕的妇女吸毒将严重影响胎儿的正常发育，大多数结局就是致使新生儿先天畸形或一出生就染上毒瘾。

总之，家庭中只要有了一个吸毒者，全家从此就会永无宁日，就意味着这个家庭贫穷和矛盾的开始。倾家荡产、妻离子散、家破人亡往往是吸毒者家庭的结局。

(三) 对社会的危害

(1) 吸毒传染各种疾病。静脉注射、肌肉或皮下注射的吸毒方式，最容易传染各种皮肤病、性病、艾滋病。据统计，吸毒者因使用不洁注射器而被感染乙肝或丙肝的，感染率分别高达22%和68%。截至1998年3月，我国检测发现，9 970例艾滋病感染者中，66%是使用不洁注射器的吸毒者。

(2) 吸毒与犯罪如一对孪生兄弟。吸毒者为获取毒资往往置道德、法律于不顾，不惜铤而走险，越轨犯罪，进行以贩并吸、贪污、诈骗、盗窃、抢劫和凶杀等违法犯罪活动，严重危害人民生命与社会治安。据报道，在英国有一半吸毒者是靠犯罪获得毒资。美国政府的调查则表明，吸毒者约94%的毒资来自刑事犯罪活动。

(3) 吸毒者丧失工作能力与正常生活能力，对社会生产力有巨大破坏；社会为吸毒者付出的各种医疗费用，缉毒、戒毒力量的投入，药物滥用防治工作的开展，都给社会经济造成严重的损失。

(4) 毒品破坏生态环境，造成环境恶化，缩小人类的生存空间。因为毒品种植多是在山林和低地丛林，树木的毁坏造成土壤流失进而引起山洪暴发、土质受损。且森林的乱砍滥伐使人类失去了宝贵的森林资源，造成不少稀有植物品种的消失。毁林的同时也使得动物种群的生存受到严重的影响，破坏了生态平衡。若砍树开荒采用火烧的野蛮方式，还会严重污染空气。最后，毒品种植过程中使用的化肥、杀虫剂等，以及加工提炼毒品使用的汽油、乙醚、硫酸、氨、碳酸钠、碳酸钾、石灰等化学物质和倾倒或渗入河流的其他化学废料，不仅造成河水污染，影响水中生物的生存，而且危害当地居民的身体健康。

(5) 吸毒败坏社会风气，腐蚀人的灵魂，摧毁民族精神。吸毒者特别是女性吸毒

① 资料来源于中广网、海珠禁毒网、湖北禁毒网。

者毒瘾发作时，大都会不顾廉耻，丧失自尊，人格扭曲，难以自拔。即使是很有才华的人，一旦吸毒，都不可避免走向堕落的深渊，从而毁掉自己的生活和前途。据调查，我国80%的女吸毒人员靠卖淫等色情服务维持吸毒消费。

如今，吸毒成为社会痼疾，在全世界蔓延，人类社会因此背上了沉重的包袱。

三、毒品成瘾的原因分析①

【引例】

一位从事戒毒工作的年轻女医生想：许多药品，不就是医生们先在自己身上试验，然后才找到对症下药的方法吗？她自认为自己的毅力总比一般吸毒者强，而且从事的就是戒毒工作，便立志要找到戒毒的良方。她让吸毒者当场吸给她看，接着自己也试吸了几次。岂知，她从此便上了瘾，而且再也离不开毒品，彻底成了毒品的俘虏。先是与丈夫离婚，接着是变卖了所有值钱的东西，再后来是出卖肉体。她成了十足的晚期吸毒者，骨瘦如柴，绝经，乳房彻底萎缩，甚至头发也脱光，饮食不思，体表所有可以注射的大小静脉均被扎过针并结痂。最后，她走上了割脉自杀的绝路，并在留下的遗书上呼吁："别学我"、"千万不能吸第一口啊!"

问题：毒品究竟是凭着什么使吸毒者欲罢不能的呢?

俗话说："一朝吸毒，十年戒毒，终生想毒。"为什么毒品能使人成瘾，且难以戒断呢？经研究发现毒品成瘾的原因如下：

（1）生理因素。人脑中本来就有一种类吗啡肽物质维持着人体的正常生理活动。吸毒者吸了海洛因或外来的类吗啡肽物质进入人体后，减少并抑制了自身类吗啡肽的分泌，最后达到靠外界的类吗啡肽物质来维持人体的生理活动，自身的类吗啡肽物质完全停止分泌。那么，一旦外界停止供应类吗啡肽物质，人的生理活动就会出现紊乱，即医学上说的"反跳"或"戒断症状"，此时，只有再供给类吗啡肽物质，才可能解除这些戒断症状，这就是所谓的"上瘾"。

（2）社会因素。包括社会环境能否获得毒品，社会动荡不安对人的影响，社会文化背景决定哪些人易成为毒品的俘虏，社会法律对毒品的态度等。

（3）个人的心理因素。研究结果倾向于认为在不同性格的人当中易冲动、对社会常规模式具有反抗性以及对挫折忍受能力差这三类人，有着相对较高的危险度，即具有较高的滥用药物成瘾的易感性。

总之，毒品成瘾问题，往往是心理因素与社会因素、生物因素与环境因素相互作用的结果。

我国有一些研究学者这样描述毒品上瘾的过程：第一步：当条件反射中的神经细胞释放神经传递素多巴胺进入伏隔核和其他脑区的时候，我们感觉良好。第二步：系统中的神经细胞向神经轴突端输出电流信号，信号通过神经键传递给下一个神经细胞。第三步：多巴胺被释放到神经键中，经过下一个神经元与感受器结合在一起，让人体产生快感。其他的神经细胞释放出Y—氨基丁酸来抑制感受器神经受到过度刺激。第四步：致瘾性物质数量的增加使多巴胺数量增加，并增强人体的快感。重复使用这些

① 海剑，高叙法．毒品成瘾之谜．http：//dailynews. sina. com. cn，1999－06－25.

上瘾物质便会打乱大脑正常的记忆和认知平衡，并最终导致对毒品等物品的上瘾。

此外，经过调查发现，染上毒品的初始主要原因，一般来说有以下九种：

①盲目好奇；②爱慕虚荣、赶时髦；③追求刺激和享乐；④无知和轻信；⑤赌气或逆反心理；⑥诱骗胁迫；⑦自暴自弃；⑧排忧解愁；⑨治病解痛。

知识链接

怎样识别火锅和食物中加了罂粟壳

第一，从外观上识别。罂粟壳外形为枣核形，如鸽子蛋大小，一头尖，另一头呈9~12瓣冠状物，其壳体上往往有人为切割的多道刀痕。

第二，初吃加了罂粟壳的火锅和卤制品后，一般有心跳加快、脸微红、口感舒服，吃后不易入睡等感觉。

第三，如觉得吃的火锅和卤制品可疑，要揭露这种犯罪，就需要留下不少于50ml的火锅汤（最好取下层含油少的汤），送到当地的毒品检测机构或公安局的刑事技术化验室进行成分分析。

项目二　国际禁毒立法情况和主要国家及地区戒毒矫治工作执法和管理模式

【知识目标】

通过本项目的学习，了解和掌握国际禁毒立法现状以及主要国家和地区戒毒矫治工作执法和管理模式的情况。

【能力目标】

能正确分析、认识国际禁毒立法情况及其特点，全面掌握主要国家和地区戒毒矫治工作执法和管理模式概况。

一、国际禁毒立法情况介绍

国际禁毒立法始于鸦片泛滥的近代。1909年2月在上海召开的万国禁烟大会成为国际禁毒领域的第一个多边会议，促成了1911年海牙国际禁毒会议的召开以及第一个国际禁毒公约《海牙禁毒公约》（以下简称《公约》）的草签。此后，缔约的其他国家根据《公约》的精神相继制定了禁毒法规，如美国1914年《哈里森麻醉品法》、德国1920年《鸦片管理法》等。

“二战”以后，针对国际毒潮泛滥，联合国先后制定了三个禁毒国际公约，即《经修订的1961年麻醉品单一公约》（即61公约）、《1971年精神药物公约》（即71公约）和《联合国禁止非法贩运麻醉药品和精神药物公约》（即88公约）。其中，61公约和71公约的宗旨是关怀人类的健康和福利，防止滥用麻醉药品和精神药物危害人类。主要内容包括缔约国政府必须严格管制麻醉药品和精神药物的合法生产、制造、销售和使用，采取措施禁止非法制造和贩卖活动；联合国设置国际麻醉品管制局，各缔约国应采取立法和行政措施并设立法定管理机构，以便执行公约的各条规定。目前，世界上已有179个国家加入这两个公约，我国于1985年6月加入。88公约的宗旨是促进缔约国之间的合作，以有效打击国际毒品犯罪。其主要内容包括对毒品犯罪制裁、管辖权、引渡、国际合作等进行具体规定；对毒品犯罪的非法收益应制定必要可行的措施予以没收；在缉毒执法中采用“控制下交付”技术；对于经常用于麻醉药品和精神药物的物质（易制毒化学品）加强管制等。目前，世界上已有180个国家加入88公约，我国于1989年9月加入。

加入上述公约的国家普遍加快了禁毒立法步伐，形成了各具特色、相对完备的禁毒法律体系。根据笔者搜集的世界上近30个国家和地区禁毒立法的有关资料和赴国外实地考察了解到的情况，各国禁毒立法的基本制度和共同规范主要体现在以下方面：

（1）世界各国禁毒立法的主要形式和体例。各国禁毒立法主要有三种形式：一是集刑事、行政、实体、程序等于一体的综合性禁毒法，如美国、德国、奥地利、瑞士、葡萄牙、加拿大、泰国、新加坡、日本、菲律宾、马耳他、赞比亚等。二是刑事或行政、组织等专门性禁毒法，如英国针对刑罚和程序的《毒品交易法》、针对行政处罚的《滥用药物法》以及俄罗斯、吉尔吉斯、丹麦、芬兰、爱尔兰、澳大利亚、韩国、哥伦比亚、南非等。三是个别国家禁毒法律规定散见于有关法律中，如法国有关禁毒的法律规定散见于《刑事诉讼法典》、《法国刑法典》、《公共卫生法典》及《道路法》等法律中。

关于禁毒立法的形式和体例，联合国禁毒立法专家主要有两种观点：多数专家主张禁毒法律应包括行政处罚、刑事处罚、诉讼、管理、戒毒、预防教育和机构等，形成一个整体。理由是利用国际互联网进行毒品交易、贩毒与腐败的关系、加强国际合作、控制下交付及收缴毒品犯罪收益等带有禁毒工作特点的内容，难以在《刑法》等其他法律中作具体完整的规定，写在《禁毒法》中效果更好。少数专家强调，鉴于联合国禁毒公约、反腐败公约、打击有组织犯罪公约等都存在对同一行为作出法律规定的问题，禁毒立法应注意与各国已经制定的其他法律相衔接，不要对一个行为在多部法律里都作规定，专门的《禁毒法》只规定其他法律没有的内容。

（2）国际禁毒立法主要规范的内容。各国禁毒立法普遍注重与本国批准加入的国际禁毒公约相衔接。20世纪70年代至80年代制定的禁毒法律主要依据联合国61公约和71公约精神，20世纪90年代以后制定的禁毒法律主要依据联合国88公约精神。联合国禁毒机构还根据国际禁毒公约和国际禁毒立法经验，组织专家编写了《联合国禁毒法律范本》，给各国禁毒立法时提供参考。这套法律范本内容非常全面，包括对麻醉药品、精神药物和易制毒化学品的分类管制的法律范本，关于打击毒品犯罪的法律范本，关于戒毒的法律范本，关于打击贩运毒品和易制毒化学品的国际司法合作的法律范本，关于涉及毒品犯罪洗钱及收益没收的国际合作法律范本等。联合国专家建议各国在立法时要结合国情，不必照搬范本，但在专门的禁毒法律中，有五点是必须要有的：一是要涉及组织机构，明确协调跨部际、多部门活动的专门机构和职责，这是禁毒工作的保证；二是要有对麻醉药品和精神药物根据医疗使用价值和滥用危害性分类管制的规定；三是要对涉毒财产和资金的追缴作出具体规定，“让毒犯失去财产比失去自由更有效”；四是要有对药物滥用和戒毒的规定，应当为吸毒成瘾者提供必要的医疗康复服务；五是要有国际合作的规定。

多数国家的禁毒法律涵盖了毒品管制、戒毒、预防、国际合作、刑事处罚及行政处罚等专项内容，有效保障了打击毒品违法犯罪的需要。比如泰国现行禁毒法律有综合性的《禁毒法》，还有《精神药物法》、《麻醉品法》、《打击毒品犯罪措施法》、《打击海上犯罪法》、《反洗钱法》和《麻醉品成瘾康复法》等专门法律，并有大量关于禁毒事务的“总理令”作为立法补充，形成了完整的禁毒法律体系。《俄罗斯批准联邦国家禁毒委员会章程的总统令》中不仅规定了禁毒机构和组织形式，还批准了禁毒机构的4万名编制人员，其中中央机构编制人员1 980名。

（3）国际禁毒立法的主要特点。一是从本国国情、毒情出发，及时修订、完善禁毒法律。多数国家根据毒情变化及时修订、补充、完善禁毒法律，如《联邦德国麻醉品交易法》是在1920年《鸦片管理法》的基础上多次修改并于1982年制定的，至今已多次修订，最近一次修订是在2004年。美国于1970年制定了联邦《全面预防和控制滥用毒品法》，又于1986年和1988年分别通过了《反毒品走私法》和《反毒品滥用条例》，进一步完善了对毒品犯罪进行惩罚的规定。1996年，美国在修改《全面预防和控制滥用毒品法》的基础上公布了《受控物质管制法》，该法集行政、刑事于一体，在《美国联邦法规大典》中自成体系，并规定各州禁毒立法可以制定比联邦立法更为严厉的处罚规定。二是普遍规定将缉毒罚没及缴获毒资、毒贩财产全部用于禁毒工作。多数国家规定将没收的毒犯财产、毒资及收益全部用于禁毒；为保证上述资产专用于禁毒工作，不少国家还按照联合国的倡议，设立专项“禁毒基金”进行管理。如泰国《打击毒品犯罪的措施法》规定，除缴获的毒资和没收的毒犯财产及收益等全部投入禁毒基金外，还有政府专项补贴和社会各界捐助予以保障。三是针对毒品案件的特殊性，对禁毒执法作了特别规定。联合国禁毒法范本和不少国家法律中就执法机关对侦查活动中使用控制下交付、卧底、监听等技术手段，对侦查员和证人的保护，以及对犯罪的推定等作了具体规定。如联合国关于控制与毒品有关犯罪的法律范本对侦查毒品犯罪案件使用控制下交付、秘密行动、邮件监控、监控银行账户、监控电话和计算机系统等方面的内容作了规定。美国、新加坡、马来西亚等国法律都规定在船只、汽车等运输工具中发现藏匿毒品，若无相反证据，则推定船长、车主或相关人员对此明知。

二、主要国家和地区戒毒矫治工作执法和管理模式简介①

吸毒是一个全球性的生活问题，对于社会可持续发展的影响日益突出，由吸毒引发的犯罪、艾滋病传播等问题尤为严重，已经成为影响经济发展、公共卫生健康和社会治安的严重社会问题。目前，世界各国除了减少毒品非法供应、大力开展禁毒宣传教育活动之外，主要通过立法手段加强对吸毒者的惩罚和救治，保护国民身心健康。下面介绍一些主要国家和地区的戒毒矫治工作执法和管理模式的概括。

（一）强制型矫治模式

1．日本

日本将吸毒者视为违法犯罪者，警察和麻醉品监控官员可以根据相关法律逮捕吸毒者。这是强制型矫治模式的主要特征。其对吸毒人员的矫治情况概括如下：

① 施红辉，李荣文，蔡燕强．毒品成瘾矫治概论．北京：科学出版社，2009．

（1）治疗。药物依赖治疗的重点是长期滥用苯丙胺性药品后引起的苯丙胺性精神病的治疗。主要以药物治疗为主，辅以心理辅导，住院时间一般为两个月。同时开展以预防复吸为目的的随访工作。只要药物依赖者在治疗期间能够很好地与医生配合，出院后并非必须服刑。医生们普遍赞成这种强制性法律和自愿式戒毒的体制，认为强制机制可以保证治疗工作正常进行。同时，对依赖者本人而言，随时服刑的压力是保持操守的一种动力。目前，日本社会医疗保险负责苯丙胺性精神治疗的全部开支。日本没有美沙酮维持治疗，即使提供治疗也只是短期的替代递减治疗，而且治疗后大都移送司法部门继续服刑。

（2）康复。康复治疗多在监狱中开展，但监狱里的康复治疗工作并不充分，滥用者没有得到真正意义上的康复，反而与其他刑事犯或滥用者建立了不健康的联系。由于没有专业的康复治疗机构，故针对滥用者的康复工作非常薄弱。

（3）预防。目前预防教育的方针已经有了重大调整。从过去药物滥用者的宣传教育转向健康人群的预防教育，预防教育的重点人群是青少年。中小学的防毒教育从小学开始，授课老师需经过特别培训。中学或“麻控局”具有授课资格的教师定期应邀到大学、社区开展讲座。教学内容丰富多彩，除介绍毒品知识和滥用毒品的危害外，还设计各种可能受到毒品诱惑的场景，学生参与实地操练如何拒绝毒品。而大学或学院则没有专门的防毒教育人员和课程。非政府组织在预防宣传中担任重要角色，活动经费大部分来自民间团体和个人的捐款，部分来源于政府机构。

2．新加坡

与日本相似，新加坡采取公众教育、严刑峻法及加强执法行动来对付毒品，确保滥用毒品的情况受到控制。矫治工作控制情况如下：

（1）制订综合性治疗计划。新加坡戒毒所隶属监狱部门管理，吸毒者在戒毒所接受戒毒的时间为6个月至3年不等。戒毒所对吸毒者实行的计划包括以下内容：①解除毒瘾。用的是一种古老的叫做“冻火鸡”的戒断方法，让吸毒者在没有药物协助下忍受一定痛苦以解退毒瘾。②康复。毒瘾消退后，组织吸毒者进行一定时间的休能训练，以恢复和增强体魄。③组织参与有规律的工作活动，进行工作态度和纪律训练。④技能训练、善后辅导和工作安排。

（2）对戒毒出院后的定期检查和监督。戒毒人员出来后两年内，必须接受政府的管理和监督。这两年时间内，须定期到就近的警察署接受尿检，还要接受各种禁毒机构的各种教育。复吸者须重新送去戒毒所，逃避者将被逮捕。

（3）为防止滥用，有关部门长期开展各种教育活动。

（二）自愿型矫治模式

1．德国

（1）预防和宣传教育。对毒品问题以预防为主。利用各种传媒，广泛开展打击毒品的警示教育，通过典型案例，使人们意识到毒品的危害性，自觉对毒品交易进行抵制，使吸毒者逐步降低对毒品的需求和依赖性。

（2）矫治工作开展情况。建立戒毒中心，为吸毒人员提供免费的戒毒治疗；发展高质量和个性化的戒毒治疗援助体系；戒毒治疗。

戒毒治疗可以划分为以下阶段：

①接触和激励。激励工作的时间可持续2~6周。主要是在顾问中心、戒毒中心或

戒毒医院，由多种专业人员组成的团体对处于停止服药阶段的治疗者进行接触和开展激励工作。

② 戒毒和康复。戒毒后进行一段时间的康复能够使接受治疗者控制、稳定和克服毒瘾。吸毒者的康复期平均需要6个月，随后还需要4个月的调整阶段。康复可以在专门诊所、治疗组织或精神病治疗医院的相关部门进行。

③ 继续治疗和后续照顾。继续治疗和后续照顾是帮助那些有物质依赖的人融入社会的手段之一。这项工作提出始于调整阶段之后，在这段时期，主要是让患者走出医疗机构，融入到工作和社会当中去。就业部门的专家和养老项目的提供者会支持他们。德国扩大了后续照顾服务的范围，努力帮助戒毒者再就业。此外，政府还在个别毒品犯罪比较严重的城市设立合法的公共吸毒场所，对吸毒者进行登记和身体检查，定期免费提供一定剂量的毒品或毒品替代品及注射用具，这样一方面为了防止吸毒者使用不洁针头注射导致交叉感染艾滋病等病毒，另一方面也可防止吸毒者因无钱购买毒品铤而走险进行犯罪活动。1995年开始，德国还实施了监督个案管理方案。它是以患者为导向，对门诊患者实施护理，和那些因喝酒和吸毒而生活变得难以自理者保持联系，目标是与患者共同制订综合性、个性化的治疗方案，并且提供可利用的服务，协调各种医疗和社会援助，加强地区合作和服务的网络化。

2. 荷兰

荷兰的毒品法律政策较“温和”，被冠以“荷兰模式”。该模式着眼于“维护公共安全，减少伤害”。荷兰矫治工作开展情况大致如下：

（1）毒品买卖合法化。在毒品供应问题上，一方面坚决打击种植、制造和贩卖毒品犯罪活动，遵守国际公约，履行国际义务；另一方面有灵活变通的做法，允许设立咖啡馆销售大麻，但必须严格按规定每天向每人仅售5克，不得向未成年人销售，不得做广告宣传等。在毒品需求方面，荷兰对持有硬毒品（荷兰法律规定冰毒、摇头丸、可卡因、海洛因等属硬毒品）和软毒品（大麻、麻药等属软毒品）的数量、使用目的、使用后果的规定不尽相同。总之，荷兰毒品法律政策的一个重要特点是主张市场分隔，允许咖啡馆按规定销售大麻，认为这样会减少接触硬毒品的机会，降低尝试硬毒品的几率，且软毒品使用者也不至于被边缘化。荷兰对毒品采取了宽容、务实的政策，体现出荷兰人的经济意识、务实精神和现实主义态度。

（2）实行登记管理制度。海洛因吸食者都是保证登记在册的，当他们毒瘾发作时，便移交给合适的照管人员或戒毒中心。把“瘾君子”纳入由警察、自愿者组织和市立健康服务局联合管理的特殊计划之下。计划的目的一是为吸毒者提供监控点，二是确保吸毒者能有一个安全和干净的地方落脚。此外，荷兰还为吸毒者建立了一个“在押中”管教系统。

（3）推行海洛因分发计划。这项计划的帮助对象为毒瘾严重的人，欲加入者必须在吸毒年限、身体健康状况方面符合数项标准。计划的服务目标为较难用其他方式恢复健康的老年吸毒者。荷兰政府认为这种方法能以一种安全的方式有效改进吸毒者的身心健康。

3. 瑞士

瑞士的毒品政策由各州自行掌握。法语区总的来说主张预防与压力并举，使吸毒者“无所作为”，以减少毒品对社会的危害。德语区大多数对毒品采取比较宽容的政策，认为吸毒者只要不对别人构成危害，就应当有吸毒的权利。双方谁也无法说服对方，各州为防止吸毒者交叉感染，设立了多处专门的注射器交换站。

目前瑞士治理吸毒分三级机构，采用预防、治疗、减少危害和制裁“四大支柱”的方法，促使专业机构与治疗中心相互协调、配合，根据吸毒者个人的具体情况，制订治疗方案。

（1）“四大支柱”的概念。在瑞士，戒毒组织的各州方式采用“四大支柱”概念：

① 预防。它是指广义的瘾症预防，包括上网成瘾、看电视成瘾、打游戏机成瘾、吃巧克力成瘾、酗酒、吸毒等成瘾，属第一、二级戒毒组织的工作，主要由专业机构负责。

② 治疗。由社会工作者、心理学家及理疗学家等根据患者病情制订治疗方案。

③ 减少危害。对那些严重吸毒成瘾的人，经过治疗无效而采取的一种安抚措施，减少或避免他们通过贩毒、非法卖淫等手段换取毒品，危害社会治安。

④ 制裁。对因吸毒而引发的犯罪行为进行打击，并对给社会造成危害者进行惩处。多由警察机关负责。

（2）OASE 戒毒组织。OASE 属于瑞士第一级戒毒组织，隶属联邦政府卫生部，是总体项目 Voilade 的一个组成部分，德文全称是 Suchtpravention und Gesundheitsfoerung in Jugendorganisationen im Kanton Luzern，意在预防吸毒，促进健康；加强性格培养，使其对坏事、坏影响以及恶习具有分辨和抵抗的能力。1996 年，吸毒成灾现象引起瑞士社会和政府的关注，一些长期做“瘾君子”工作的社会工作者们提出了处理 OASE 的建设性方案。随着时间的推移，它的力量逐渐强大起来，最终发展成今天如此规模的组织。

（三）复合型矫治模式

1. 英国

（1）拘留变更执行令。在英国，吸毒依法应被拘留，但根据《拘留变更执行令》，他们可以选择拘留的变更执行方式：到戒毒机构接受治疗。根据英国内部最新公布的拘留变更执行报告，62% 的吸毒者为了不被拘留，宁愿选择到戒毒机构接受治疗。从被拘留到接受治疗，《拘留变更执行令》为吸毒者架起了一座回归社会的桥梁，政府希望越来越多的吸毒者选择到戒毒机构接受治疗，努力帮助吸毒者摆脱吸毒生涯。

（2）毒品奖励戒毒者戒毒措施。英国一些戒毒所实施了“毒品奖励戒毒者”的戒毒措施。凡参加政府资助戒毒计划的海洛因和可卡因上瘾者，只要保持一段时间不沾海洛因和可卡因这类毒品，就可获得毒品替代品（如美沙酮等）的奖励。

（3）物质奖励戒毒措施。2007 年 7 月 28 日，英国卫生与临床学会宣布，英国政府将给予戒毒者“物质奖励”，以帮助他们戒除毒瘾。有关措施规定，戒毒成功者可获得“奖励”，但其生活起居将一直受到监控，以确保他们不再复吸。如果接种疫苗，吸毒者还可能得到购物券或其他“奖励”。

（4）社区矫治戒毒。社区矫治戒毒是指将符合社区矫治戒毒条件的戒毒人员置于社区内，由专门的机构在相关社会团体和民间组织以及社会自愿者的协助下，在判决、裁定或决定规定的期限内，矫正其犯罪心理和行为恶习，并促进其顺利回归社会的执行方式。这种刑罚方式主要针对罪刑轻微、主观恶性不大的吸毒人员，通常包括义务劳动、社区管束、心理治疗、戒毒、戒酒及参加有针对性的矫正项目等内容，根据具体犯罪行为的不同情况确定其在社区服刑的内容。社区服刑的时间最长可达 3 年。社区服刑期间，服刑人要定期向其监督者汇报服刑情况。未能按要求服刑或在服刑期间再次犯罪的，法庭将根据情节轻重，重新宣判，改为监禁刑或延长社区服刑期限、增加服刑内容。

2. 美国

美国经过几十年的不断摸索，目前已经形成了比较成熟的戒毒防治模式。从20世纪70年代至今，开发了各种各样的戒毒模式，其中影响最大的有四种，分别是门诊美沙酮维持治疗、长期居住式治疗、门诊心理社会治疗和短期住院治疗。

（1）以心理行为治疗为重点。在美国，心理咨询、心理治疗和其他行为治疗是药物依赖治疗的一个重要环节，目前比较流行的戒毒心理治疗模式有集体心理治疗、认知行为治疗、预防复吸、家庭治疗、奖惩性处置、打击强化治疗、心理分析治疗等。戒毒治疗机构有专门的心理学家，对吸毒者进行各种心理行为治疗，其目的是帮助他们加强治疗动机、学习拒绝毒品的技能、发展其他替代吸毒的活动和兴趣爱好、提高解决问题的能力、学习保持稳定的情绪状态和应付外在压力的方法等。大多数住院戒毒治疗采用等级计分管理来矫正吸毒者的行为问题。处理心理治疗和心理咨询，有的吸毒者还需要接受药物治疗，如海洛因依赖者的脱毒治疗、吸毒者的抑郁等精神疾病的治疗以及躯体疾病的治疗等。

（2）美沙酮维持治疗。美国许多州开设了美沙酮社区门诊，吸毒者凭登记卡每天可到美沙酮门诊免费领取一日剂量的美沙酮口服液。美沙酮门诊还提供心理咨询和心理辅导服务，进行家庭、职业辅导和危机干预、开展HIV预防教育项目等。许多研究表明，美沙酮维持治疗可降低犯罪率，改善家庭和社会功能，降低艾滋病和其他传染疾病的传播，保持正常的工作能力等。

（3）社区治疗。社区治疗（TC）为一种居住性治疗环境，主要通过吸毒者自助和互助来矫正自己的人格问题，改善人际关系，树立为自己行为负责的观念。戒毒者在社区中住半年到两年的时间，在这期间，他们将接受各种辅导（如心理辅导、职业辅导、教育辅导等），学习各种知识，接受技能训练，在社区中实现重新社会化。研究显示，70%完成了社区治疗程序者可脱离毒品。

（4）在监狱等改造场所对药物滥用者的治疗。美国大部分监狱都有专门的心理学家，对药物滥用者进行筛查和评估，并在专业机构的协助下，在监狱内对药物依赖问题进行相应的心理行为干预；情况特殊者，可转诊到专业机构接受治疗。

（5）社区的戒毒者自治组织。美国大部分社区都成立了戒毒者自治组织，这是一个主要由吸毒者参与的非政府机构，也是戒毒康复的一个重要组织。吸毒者在戒毒治疗后定期集体应用宗教理念，分享戒毒体验，通过互相帮助、互相鼓励达到长期戒断的目标。其中，匿名戒毒会（NA）是一个具有国际影响的戒毒者自治治疗集体组织，其成员是一些有志于彻底摆脱毒品或正在康复的吸毒者。NA最初由几名吸毒者于1953年创立，到了20世纪70年代初，其分支机构扩展到北美的其他城市以及澳大利亚。1983年，全球共有2 500个NA组织，到1993年底已发展到54个国家共22 000个NA组织。

NA康复程序的核心是一系列按照所谓“十二步戒毒法”进行的活动，这些活动包括承认问题的存在、产生求助的要求和愿望、对自己给予公正客观的评价、自我开放、对已经给他人造成的伤害给予补救、帮助其他吸毒者、通过助人达到自助的目的等。

NA 在美国和加拿大具有很高的知名度，有些人称其为“药物依赖者的救星”、“戒毒史上的一大奇迹”。

(6) 戴托普（DAYTOP）。DAYTOP 于 1963 年由美国国立精神卫生研究所拨款创建，它是美国成立最早和最大的非政府药物依赖社区治疗机构。DAYTOP 的经费主要来源于失业救济金、居住者家庭提供、社会捐助和政府提供四个方面。1965 年，DAYTOP 倡导成立药物滥用者“父母协会”，让家庭在治疗康复过程中发挥作用。此举不仅使成千上万的父母增长了有关药物滥用的知识，获得帮助，而且大大促进了滥用者的康复。1967 年，DAYTOP 在纽约首先创建流动康复中心，主要接纳老年滥用者。此外，流动中心还开展下列工作：① 对希望寻求帮助的街头滥用者进行面试，决定是否接纳他们到 DAYTOP 进行治疗。② 为滥用者家人、亲戚及公众提供参加与药物滥用有关活动的场所。③ 赢得公众的支持。

（四）综合治理型矫治模式

1. 中国香港地区的戒毒模式

香港特区政府采取强制与自愿相结合、矫正与康复以及特区政府主导与非政府参与相结合的多元化服务方式，对于解决药物滥用问题起着重要作用。尤其值得借鉴的是，香港的戒毒服务通常都与治疗者重返社会、回归正常生活相联系。香港特区政府推行的治疗和康复服务根据其对象、目标以及实施者的不同，主要有强迫戒毒计划、自愿住院治疗和康复计划以及美沙酮计划等形式。

(1) 惩教署推行的强迫戒毒计划。由惩教署推行的强迫戒毒计划的对象是曾经犯轻微罪行而经法庭裁定适合接受这种治疗的药物依赖者，但他们所犯罪行不一定与毒品有关。计划的目的是协助犯人彻底戒除毒瘾，重新投入社会。惩教署下设有两间戒毒所。犯人的羁押时间为 2～12 个月。犯人在康复后必须接受强制监管，被发现在监管期服用违禁药物的，可召回戒毒所再次接受治疗。这项深度戒毒计划包括详细的体格检验和治疗、工作治疗、个别和小组辅导，以及获释后的就业住宿安排，旨在协助犯人彻底康复。

(2) 卫生署提供的美沙酮自愿门诊诊疗计划。这是为照顾那些有意戒除海洛因或其他阿片类药物毒瘾，但又不愿或无法住院接受治疗的药物滥用者而设的。1972 年底，香港首次以门诊方式为吸食阿片类药物者提供美沙酮门诊治疗。现在，美沙酮门诊治疗已经成为香港最庞大的戒毒治疗计划。服用美沙酮一向受到严格管制，所有戒毒者必须在配药人员面前服用，不得将美沙酮带走。

(3) 香港明爱会、香港戒毒会、香港基督教服务处和其他非政府机构，包括多间福音戒毒机构推行的自愿住院戒毒计划。该计划旨在满足自愿住院戒毒、康复和重返社会的药物依赖者的需要。由于药物依赖者背景不同、需求各异，这些机构发展了一系列适用不同治疗模式的戒毒和康复计划。

此外，明爱容圃中心、香港基督教服务部、路德会青欣中心及青怡中心和东华三院越峰成长中心为滥用精神药物者提供的辅导服务包括为滥用精神药物者提供有关资讯，并适时给予辅导、戒毒治疗和康复服务；同时，辅导中心也为在工作上可能接触到滥用药物者的专业人士提供资讯和资源上的支援。还有香港医院管理局开办的五间物质误用诊所，诊治由滥用精神药物者辅导中心、志愿机构和其他健康护理机构转介的人士，以及直接向他们求诊的患者。服务包括戒毒治疗、辅导和在有需要时提供心理治疗。

2. 中国澳门地区的禁毒模式

澳门地区戒毒模式单一，戒毒机构牌照法规尚未健全，矫治工作开展情况如下：

澳门地区没有强制戒毒机构，戒毒工作主要是在都会组织的福音部门进行，管理者是教友。澳门的戒毒工作始于20世纪60年代，这里没有强制戒毒机构，只在监狱内设有为犯人治疗的自愿康复小组。防治药物依赖厅的戒毒康复处设有门诊戒毒中心及日间康复中心，主要采用门诊及社区治疗模式，为药物依赖者提供自愿性的戒毒康复服务。

澳门承担戒毒治疗及康复工作的主要部门为社会工作局防治药物依赖厅辖下的戒毒康复处，其他可提供戒毒康复服务的执法部门还包括卫生局精神科以及澳门监狱康复小组。首个自愿戒毒组织出现在1987年，发展至今已先后成立了六个民间戒毒团体。澳门戒毒治疗措施现时侧重于自愿戒毒的模式，政府专门处理自愿求助的门诊个案，而长期住宿形式的戒毒治疗康复服务则主要交托民间戒毒院舍经营。政府注重推动和协助民间戒毒社团的工作和发展。20世纪90年代，政府资助运作的民间戒毒院舍由一间增加至五间，由单一的戒毒院舍模式转变为多模式的服务形态。近年来，澳门以官办民营方式，成立了为药物依赖康复者设立的自助团体，并开拓了外展服务，成立了配合社会重返的中途宿舍。因此，通过加强与所有官民戒毒团体的沟通与合作，共同努力提升戒毒工作效果以及拓展多元治疗服务，是澳门今后戒毒工作发展的方针和目标。

3. 中国台湾地区的戒毒模式

中国台湾地区的戒毒模式与新加坡相似。基本上吸毒者就是违法者，如果药物吸毒被执法人员抓到，他的基本身份就是一名罪犯。但是被关到监狱后，可以在监狱中获得患者的待遇，在监狱里获得精神科医生的辅导或其他的医疗照顾。因此台湾是以司法方式来强迫吸毒者戒毒。矫治工作开展情况如下：

台湾当局的戒毒工作正朝着“以强制治疗取代刑罚”的方向走。台湾当局近年制定了“吸毒者除刑不除罪”的政策性规定，并提出要对烟毒犯有条件地“除刑化”，即第一次涉案经判定无毒瘾即可免刑；有瘾者经勒戒治疗，无瘾后不给处罚；毒瘾者自动到指定医院勒戒治疗，不论吸食苯丙胺类或吗啡，医师皆不负举发责任；再犯者直接送戒毒村，如戒毒情况不错，再无吸食倾向且情况稳定者，可以免刑；否则仍需服刑。勒戒所是铁门铁窗深锁，与外界完全隔离，并给限制患者自由的空间予以保护。勒戒所提供脱毒、戒毒与康复三个阶段的服务。

1994年，台湾开始建立外役监戒毒村，对烟毒犯进行强制戒毒。第一座外役监戒毒村在台南落成。戒毒村对受戒人除心理治疗与生理治疗外，最重要的是心灵治疗，即要他们下定决心戒毒，决不再犯。烟毒犯的戒治期为三个月至一年，最多两年。

1997年，台湾当局有关部门针对地区内日益扩大的吸毒情况，宣布实施纳曲酮拮抗剂戒毒计划。纳曲酮拮抗剂是一种针对阿片类麻醉品有抑制作用的合成药物，服用后会阻断中枢神经对麻醉品的吸收，使人使用鸦片等麻醉剂缺乏欣快感，促使吸毒者戒断毒瘾。

近年来，由于台湾地区许多吸毒者共用针头，导致艾滋病的人数激增。为此，台湾当局卫生主管部门提出自首换代疗的方案：染上毒瘾者，若自首可加入替代疗法行列，且可被缓起诉。高复发率是成瘾治疗失败的最大问题，为帮助毒瘾者戒毒，使得戒毒更有成效，台湾当局“疾管局”及“法务部”提出“缓起诉毒品病犯减害试办计划”，未来海洛因毒瘾者若自首加入台湾当局“疾管局”的替代疗法方案，就可缓起诉。缓起诉者“依法”所支付的赔偿金，未来将被规划用在补助戒治者使用替代疗法药物。此外，考虑到毒瘾者的经济能力有限，加入替代疗法只需负担挂号费。

知识链接

怎样从外观上识别鸦片和海洛因

鸦片为一种黑褐色膏状物，有一种特殊的呛人的气味，没有嗅过的人如果近闻，会刺激得情不自禁地打喷嚏。仔细嗅之，其气味中包含蜜糖、烟叶及石灰水等杂味。

海洛因成品的包装为灰白色长方扁块，一般为塑料薄膜热封，外面通常用黄色不透明的胶带纸缠绕，有250克、350克等不同规格包装。零散毒品交易中的海洛因，一般用方形或长方形白纸包装，每包0.1～1克。海洛因一般为白色或灰色块状、粉末状物质，也有棕色较潮湿粉末状物质，还有一些因掺入其他物质后呈浅黄色、灰色等。大多数海洛因均有醋酸的气味。

如果你发现这种特殊包装的小纸包，应引起高度警觉。

项目三　我国禁毒、戒毒法律制度

【知识目标】

通过本项目的学习，了解新中国成立以来禁毒、戒毒工作的情况，掌握我国禁毒、戒毒的相关法律法规的主要内容。

【能力目标】

能分析知晓新中国成立以来的禁毒、戒毒工作的情况，在禁毒、戒毒实际工作中能够运用我国禁毒、戒毒的相关法律法规解决问题。

一、新中国成立以来的禁毒、戒毒工作情况①

1949年以前的旧中国，毒品给中华民族带来了深重灾难。新中国成立后，以毛泽东同志为核心的第一代党中央领导集体把禁毒斗争摆在重要位置，颁布了《关于严禁鸦片烟毒的通令》，领导人民开展了声势浩大的禁烟斗争，在短短三年时间里，一举禁绝了为患百年的鸦片烟毒，创造了举世公认的奇迹。

20世纪70年代末80年代初，随着新一轮国际毒潮泛滥，特别是由于我西南边境毗邻世界最主要的毒源地“金三角”，境外贩毒势力利用我国改革开放之际，竭力开辟

① 张新枫．我国的禁毒工作和禁毒立法（第十届第二十二次）．http：//npc.people.com.cn/G.B/15097/4757365.html.

中国贩毒通道，过境贩毒引发了毒品问题的死灰复燃。此种情况引起了以邓小平同志为核心的第二代党中央领导集体高度重视，1981 年、1982 年连续发布了《关于重申严禁鸦片烟毒的通知》、《关于禁绝鸦片烟毒问题的紧急通知》。国务院为云南省增加了公安缉毒编制。公安部在云南等西南边境地区开展了以堵源截流为主、打击过境贩毒的区域性禁毒斗争，并把打击毒品违法犯罪作为 1983 年全国严打斗争的重要内容。

进入 20 世纪 90 年代，以江泽民同志为核心的第三代党中央领导集体对毒品问题非常重视，中央政治局常委会两次专题研究禁毒工作。1990 年 12 月，第七届全国人大常委会第十七次会议通过了《关于禁毒的决定》，对毒品犯罪的定罪量刑作出了明确规定。1997 年 3 月，第八届全国人民代表大会第五次会议修订了《中华人民共和国刑法》，增加了惩处走私、贩卖、运输、制造毒品罪的专门章节，进一步完善了打击毒品犯罪的刑事法律。国务院成立了国家禁毒委员会，出台了《强制戒毒办法》，发表了《中国的禁毒》白皮书。国家禁毒委员会三次召开全国禁毒工作会议，部署开展了全国禁毒专项斗争、打击冰毒犯罪和加强易制毒化学品管理专项整治、创建“无毒社区”等工作。1998 年 5 月至 7 月，国家禁毒委员会举办了以“珍爱生命、拒绝毒品”为主题的全国禁毒展览，产生了巨大的社会反响。

进入新世纪新阶段，以胡锦涛同志为总书记的新一届党中央领导集体从落实科学发展观、构建社会主义和谐社会的高度出发，全面加强了禁毒工作。2004 年 4 月 15 日，胡锦涛总书记主持召开中央政治局常委会，专题研究禁毒工作。中共中央、国务院下发了《国家禁毒委员会 2004—2008 年禁毒工作规划》。第十届全国人民代表大会把《禁毒法》作为重大立法事项。国务院颁布了《易制毒化学品管理条例》和《麻醉药品和精神药品管理条例》。2004 年 6 月，国家禁毒委员会在云南昆明召开了全国禁毒工作会议，确定了“禁吸、禁贩、禁种、禁制并举，预防为本，综合治理”的禁毒工作方针，在全国部署开展了打击“金三角”毒品入境和跨区域贩毒活动专项行动、遏制毒源专项行动和全国扫毒行动。自 2004 年 10 月以来，胡锦涛总书记等党中央领导同志明确指示要打一场禁毒和防治艾滋病的人民战争。2005 年 4 月，周永康同志主持召开全国电视电话会议，对在全国范围组织开展为期三年的禁毒人民战争作了具体部署。此后一年多，各地区、各有关部门以禁毒预防、禁吸戒毒、堵源截流、禁毒严打和禁毒严管五个战役为重点，组织开展了一场广泛、深入的禁毒人民战争，取得了重要的阶段性成效，毒品问题快速蔓延的势头得到一定程度的遏制，一些毒品问题严重的地方的局面有所好转。

2006 年 3 月以来，胡锦涛总书记、温家宝总理等党中央领导进一步指示，禁毒人民战争务必持之以恒、紧抓不懈、认真落实，实现三年的奋斗目标。6 月 26 日，周永康同志主持召开全国电视电话会议，对深入推进禁毒人民战争作了全面部署。下一步是以解决海洛因问题为重点，全力抓好预防教育、禁吸戒毒、堵源截流、打击犯罪、严格管理及国际合作等工作，夺取禁毒人民战争的全面胜利。一是积极探索禁吸戒毒工作新路子，切实提高吸毒人员戒断巩固率。紧紧抓住发现管控、戒毒康复、社会帮教等关键环节，进一步调整禁吸戒毒工作思路，积极探索、建立集强制脱毒、身心康复、融入社会功能于一体的戒毒康复新模式，明确要求各省（自治区、直辖市）、吸毒问题严重的市（地、州、盟）和吸毒人员千人以上的县（市、区）建立一至两所戒毒康复农场、工厂，依托强制戒毒场所、劳教戒毒场所建成一批综合性的戒毒康复场所，用足一年的强制戒毒期限和两年的劳教戒毒期限，对戒毒人员进行生理脱毒治疗后，转入康复环节进行心理矫治和康复巩固。对多次复吸、无家无业、无帮教条件的吸毒人员，推广云南、海南等地的做法，鼓励他们自愿留场就业，从根本上解决其屡戒屡吸的问题。同时，认真落实好戒毒人员的帮教、就业、安置等措施，给出路、给关爱，真正做到远离毒品但不远离吸毒、戒毒人员，更不要歧视、抛弃他们，为他们告别毒品、融入社会创造良好环境。二是建立陆、海、空、邮立体防控体系，切实堵住毒品入境和内流。组织有关部门，构建陆路、海路、航路和邮路立体防控体系，坚决把毒品入境、内流的渠道堵住。把云南作为堵源截流的主战场，严密查缉网络，加强双向查缉，有效减少缅北地区毒品入境和国内易制毒化学品走私出境；把新疆列为禁毒工作重点地区，切实加强边境一线的严密查控，防止“金新月”毒品入境；进一步强化广东、福建等东南沿海地区毒品查缉工作，严防境外新型毒品向我国渗透；确定一批重点口岸、车站、港口、码头、机场和邮所，通过明确查缉责任、建立奖励制度、培养查缉能手、配备查缉设备等措施，切实提高查缉实效。三是大力强化缉毒执法工作，严厉打击各类毒品犯罪活动。以打击贩毒集团和网络为重点，挂牌督办一批目标案件；组织开展打击制贩新型毒品犯罪活动专项行动，坚决打掉一批毒品加工厂；以吸毒人员百人以上的县（市、区）为重点，集中组织开展打击零星贩毒专项行动，坚决打掉地下毒品零售市场；深入开展对涉毒娱乐场所的整治行动，严厉惩处参与、纵容吸贩毒活动的不法业主和人员，查处一批涉毒问题严重的娱乐场所。

总之，改革开放三十多年来，我们在党中央、国务院的领导下，在全国人大的监督、指导下，充分发动和依靠广大人民群众，坚持不懈地开展禁毒斗争，减少了毒品的社会危害。一是各级党委、人大、政府和有关部门对禁毒工作的领导力度明显加大，禁毒工作责任制和领导体制、工作机制、保障机制逐步建立和完善。二是全民识毒、防毒、拒毒意识和参与禁毒斗争的积极性不断增强。三是打击毒品犯罪战果显著。仅1991—2004 年 14 年间，全国共破获毒品犯罪案件 135 万起，抓获毒品犯罪嫌疑人 43 万名，缴获海洛因 97. 1 吨、鸦片 34. 7 吨、冰毒 56. 5 吨、摇头丸 870 多万粒、易制毒化学品1 701吨。四是“无毒社区”创建工作成效明显，改变了一批毒品问题严重地区的面貌，控制了一些地方海洛因问题的滋生和蔓延，教育、挽救了一大批吸毒人员。五是禁毒法制建设明显加强。目前我国已经制定了与禁毒有关的法律 3 部、行政法规 2 部和地方性禁毒条例 18 个。六是禁毒国际合作取得进展，与缅甸、泰国等 14 个国家签署了禁毒合作谅解备忘录。

二、我国禁毒、戒毒的相关法律法规和政策

中国是世界上禁毒立法最早的国家。1729 年，清雍正颁布的关于禁止鸦片烟的条例是中国最早的禁毒法规。1839 年 6 月，清道光颁布的《钦定严禁鸦片烟条例》共 39 条，是中国和世界上第一部比较完整的禁毒法规。

中国政府历来十分重视禁毒工作，新中国成立后，我国高度重视禁毒法制建设，坚持依法禁毒。1950 年 2 月，中央人民政府颁布了《政务院关于严禁鸦片烟毒的通令》；1950 年 9 月，颁布了《内务部关于贯彻严禁烟毒工作的指示》。1963 年 5 月，中共中央颁布了《中央关于严禁鸦片、吗啡毒害的通知》。1973 年 1 月，国务院颁布了《关于严禁私种罂粟和贩卖、吸食鸦片等毒品的通知》。最近三十多年来，针对不断蔓

延的毒品问题，中国加快禁毒立法的步伐，制定并颁布了一系列法律法规，禁毒法制建设取得重大进展。目前，中国已初步形成了以刑事法律为主、行政法规和地方性法规相配套的禁毒法律体系，为开展禁毒斗争提供了有力的法律武器。例如，严格管理、禁止滥用麻醉药品和精神药品，是中国禁毒法制建设一项十分重要的内容。为此颁布的法律、法规和规章多达三十余项。1984 年 9 月，第六届全国人民代表大会常务委员会第七次会议通过《中华人民共和国药品管理法》，其中第三十九条规定：国家对麻醉药品、精神药品实行特殊的管理办法。1987 年和 1988 年，国务院先后发布《麻醉药品管理办法》和《精神药品管理办法》，分别对麻醉药品和精神药品的生产、供应、运输、使用及进出口的管理作出了明确规定。1995 年，国务院发布《强制戒毒办法》，卫生部发布《戒毒药品管理办法》，使戒毒工作有法可依。又如 1982 年 3 月全国人大常委会颁布的《关于严惩破坏经济犯罪的决定》中对毒品犯罪进行了补充规定。1988 年 1 月，全国人大常委会颁布的《关于惩治走私犯罪的补充决定》再次对毒品犯罪进行了补充。全国人大常委会 1990 年 12 月颁布的《关于禁毒的决定》是我国第一部比较完善的规定毒品犯罪的单行法规。在确定的罪名、毒品的种类方面，均履行了国际禁毒公约所约定的国家在禁毒领域所应尽的义务。1997 年 10 月，实施了修订后的刑法，对于毒品犯罪定罪以及量刑进行了完善，把毒品犯罪规定在分则第六章第七节中，共规定了 12 个罪名。2000 年 4 月，最高人民法院颁布《关于审理毒品案件定罪量刑标准有关问题的解释》，对于苯丙胺衍生物、杜冷丁、大麻烟、大麻油、大麻脂、可卡因、吗啡、盐酸二氢埃托啡、罂粟壳、罂粟、大麻明确了定罪量刑标准，使得我国在禁毒法律的立法更趋于完善。下面介绍几个重要的法律法规和政策文件：

（一）全国人大常委会《关于禁毒的决定》

为了严惩走私、贩卖、运输、制造毒品和非法种植毒品原植物等犯罪活动，严禁吸食、注射毒品，保护公民身心健康，维护社会治安秩序，保障社会主义现代化建设的顺利进行，1990 年 12 月 28 日，第七届全国人民代表大会常务委员会第十七次会议通过了全国人大常委会《关于禁毒的决定》（以下简称《决定》），《决定》中有很多条款内容涉及禁毒的行政处罚问题，规定了对吸食、注射毒品的，由公安机关处 15 日以下拘留，可以单处或者并处 2 000 元以下罚款，并没收毒品和吸食、注射器具。同时，《决定》还规定了以下毒品犯罪罪名：走私、贩卖、运输、制造毒品罪（第二条）；非法持有毒品罪（第三条）；包庇毒品犯罪分子罪（第四条第一款）；窝藏毒品、毒赃罪（第四条第一款）；掩饰、隐瞒毒赃性质、来源罪（第四条第一款）；非法运输、携带制毒物品进出境罪（第五条第一款）；非法种植毒品原植物罪（第六条）；引诱、教唆、欺骗他人吸毒罪（第七条第一款）；强迫他人吸毒罪（第七条第二款）；容留他人吸毒并出售毒品罪（第九条）；非法提供麻醉药品、精神药品罪（第十条第二款）。《决定》为打击吸毒违法行为提供了强有力的法律保障。

（二）国务院《强制戒毒办法》

1995 年 1 月 12 日，国务院以中华人民共和国国务院令［第 170 号］的方式颁布了《强制戒毒办法》（以下简称《办法》），其当时制定的原则和指导思想是为了教育和帮助吸食、注射毒品成瘾人员戒毒，保护公民身心健康，维护社会治安秩序，根据前述《决定》而制定的办法。该《办法》是一项重要的禁毒行政法规。《办法》明确规定，强制戒毒是指对吸食、注射毒品成瘾人员，在一定时期内通过行政措施对其强制进行药物治疗、心理治疗和法制教育、道德教育，使其戒除毒瘾。强制戒毒工作由公安机关主管。县级以上地方各级人民政府卫生部门、民政部门，应当配合同级公安机关做好强制戒毒工作。对强制戒毒所的设置、收容对象、期限、收容、管理、解除强制隔离戒毒、不收容的情况均进行了明确，这也是对强制戒毒的规范性要求。《办法》规定对需要送入强制戒毒所的吸毒人员实施强制戒毒，由县级人民政府公安机关决定。强制戒毒期限为3~6个月，自入所之日起计算。对强制戒毒期满仍未戒除毒瘾的戒毒人员，强制戒毒场所可以提出意见，报原作出决定的公安机关批准，延长强制戒毒期限，但是，实施执行的强制戒毒期限连续计算不超过一年。戒毒人员在强制戒毒期间的生活费和治疗费由本人或其家属承担。医疗单位开办戒毒脱瘾治疗业务，须经省、自治区、直辖市人民政府卫生部门按照有关规定批准，并报同级公安机关备案。医疗单位开办的戒毒脱瘾治疗业务，应当接受公安机关监督，任何个人不得开办脱瘾治疗业务。

（三）公安部《强制戒毒所管理办法》

为了规范强制戒毒工作，公安部第49号令已于2000年3月30日制定了《强制戒毒所管理办法》（以下简称《管理办法》），这也是这十几年来对强制戒毒工作指导的部门规范。

(1)《管理办法》明确强制戒毒所是公安机关依法通过行政强制措施，在一定时期内，对吸食、注射毒品成瘾人员进行生理脱毒、心理矫治、适度劳动、身体康复和法律、道德教育的场所。

(2)《管理办法》规定，强制戒毒所的民警必须秉公执法，严守纪律，清正廉洁，不得有下列行为：① 打骂、体罚、侮辱戒毒人员，侵犯其合法权益；② 索要、收受戒毒人员及其亲属的财物；③ 挪用、损毁或者自行处理没收或者代为保管的财物；④ 违反规定为戒毒人员提供麻醉药品和精神药品；⑤ 私放戒毒人员。

(3)《管理办法》要求强制戒毒所建立严格的管理、教育制度，寓教于管，管教结合，教育、挽救戒毒人员。按照性别、成年和未成年实行分别管理。女性戒毒人员由女性工作人员管理。强制戒毒所应当根据戒毒情况，按生理脱毒、心理治疗、身体康复等实行分区、封闭式管理。除管教、医护、工勤人员外，其他人员未经所长批准，不得进入戒毒治疗区。实行二十四小时值班巡视制度，值班人员必须坚守岗位，发现问题应当及时报告、妥善处理。定期或不定期地进行安全检查，及时消除事故隐患，防止戒毒人员逃跑、自杀等事故和其他危害强制戒毒所安全行为的发生。对戒毒人员的教育，采取集中讲课、个别谈话、社会帮教、亲友规劝、现身说法等多种形式进行。强制戒毒所应当组织戒毒人员收听广播、收看电视、阅读书报、参观学习和自编自演文艺节目等活动，活跃戒毒人员生活。

(4)《管理办法》还要求强制戒毒所对戒毒人员的日常生活实行规范化管理。管教民警对戒毒人员应当实行面对面的直接管理，应当熟知所分管的戒毒人员的基本情况，及时掌握其思想动态，有针对性地做思想教育工作。医护人员应当随时掌握分管的戒毒人员的治疗和身体康复情况。

(5)《管理办法》要求强制戒毒所对戒毒人员采取对症药物的治疗措施，建立治疗档案；对艾滋病、淋病、梅毒等传染病患者和病毒感染者实行隔离戒毒治疗，建立严格的戒毒药品管理制度。对用于戒毒的麻醉药品、精神药品，应当由专人管理，并分别建立专用收付账册、专用处方和专册登记，由专人保管。需要对戒毒人员使用戒毒药品的，应当由医生开具处方，并监督戒毒人员当场服用。

总而言之，《管理办法》从方方面面形成了关于强制戒毒的一系列制度，内容涉及收容、入所、戒毒、管理、教育、生活、卫生、奖惩和出所等各方面，形成了一整套严谨的制度。

（四）《中国的禁毒》白皮书及《中国禁毒报告》

2007 年 6 月 26 日，国务院新闻办公室发表了《中国的禁毒》白皮书，该白皮书表达了中国坚持严厉禁毒的立场，表示要不断加强禁毒立法，坚决惩治毒品犯罪，严格管制易制毒化学品，加强矫治、挽救吸毒人员工作，提高全民禁毒意识，并积极开展国际禁毒合作。

1998 年以来，我国政府每年都发表《中国禁毒报告》。2006 年，国家禁毒委员会发表《中国禁毒报告》，总结了我国在 2005 年全国禁毒部门的工作。报告指出，2005 年，全国禁毒部门按照国家禁毒委员会的统一部署，认真贯彻落实胡锦涛主席等党中央领导同志关于禁毒工作的重要指示精神，以遏制毒品来源、遏制毒品危害、遏制新吸毒人员滋生为目标，以禁毒预防、禁吸戒毒、堵源截流、禁毒严打和禁毒严管五大战役为重点，深入开展禁毒人民战争，加强禁毒国际合作和专业队伍建设及禁毒基础工作，取得了明显的阶段性成效。一些毒品问题严重的地方的局面得到了初步好转，一些突出的毒品问题得到了初步遏制，海洛因等传统毒品发展蔓延的势头得到了初步控制，为禁毒工作的长远发展打下了较好的基础。该报告还提出，2006 年是实施“十一五”规划的开局之年，也是深入推进禁毒人民战争的关键一年。全国禁毒工作将继续按照 2005 年 4 月 14 日国家禁毒委员会部署全国开展禁毒人民战争电视电话会议精神，紧紧抓住禁毒工作中的重点、难点和薄弱环节，充分发挥各部门、各警种的主观能动性，明确任务，落实责任，狠抓落实，不断推动禁毒预防、禁吸戒毒、堵源截流、禁毒严打、禁毒严管五大战役的深入开展，切实加强境外除源、堵源截流、缉毒执法、新型毒品危害宣传教育、禁吸戒毒和“无毒社区”创建以及易制毒化学品和麻醉药品、精神药品管理等工作，最大限度地减少毒品来源、减轻毒品危害，不断遏制新吸毒人员滋生，为构建社会主义和谐社会、实现全面建设小康社会的宏伟目标作出新的更大的贡献。2005 年，全国强制戒毒达 29.8 万人，劳教戒毒 7 万人，自愿戒毒 13.5 万人次，间断巩固三年以上的达 11.6 万人。

（五）司法部《劳动教养戒毒工作规定》

1990 年 12 月 28 日，第七届全国人民代表大会常务委员会第十七次会议通过的《关于禁毒的决定》第八条规定，“强制戒除后又吸食、注射毒品的，可以实行劳动教养，并在劳动教养中强制戒除”，第一次提出了劳教戒毒，赋予了劳动教养工作收容、矫治戒毒劳动教养人员的历史职责。二十多年来，全国劳动教养机关充分发挥自身管理教育工作系统规范，戒毒效果较易得到巩固、强化的优势，累计收容和矫治了 37 万名戒毒劳动教养人员，有力地促进了全国禁毒斗争的深入开展，为维护社会治安稳定作出了重要贡献。司法部依据现行劳动教养法律法规，结合劳动教养戒毒工作实际，根据戒毒劳动教养人员的生理和心理特点，通过总结全国管理矫治戒毒劳动教养人员的实践经验，借鉴国内外戒毒医疗工作的有益经验，在 1999 年颁布《劳动教养戒毒工作管理办法（试行）》的基础上，2003 年5 月20 日，中华人民共和国司法部第78 号令又制定了《劳动教养戒毒工作规定》（以下简称《工作规定》），于2003 年8 月1 日起施行，对劳动教养戒毒工作专门进行了规定。

《工作规定》从对戒毒劳动教养人员的管理、治疗、教育等方面，全面系统地规范了劳动教养戒毒工作，有力地推动了劳动教养戒毒工作的法制化建设，对今后全国劳动教养机关充分发挥自身职能，进一步做好对戒毒劳动教养人员的教育挽救工作具有重要的指导意义。

（1）《工作规定》对劳动教养戒毒工作进行了规范，对戒毒劳动教养管理所和劳动教养管理所戒毒大（中）队的管理、治疗和教育工作进行了统一。

（2）《工作规定》对戒毒劳动教养人员的入所登记、入所检查、逐人建立医疗档案等工作进行了规范。

（3）《工作规定》要求根据戒毒劳动教养人员入所时的戒断症状和尿检结果，进行分阶段管理和治疗：

① 急性脱毒期：对生理尚未脱毒、尿检呈阳性的戒毒劳动教养人员进行脱毒治疗，时间为14 ~21 天。

② 康复期：对急性戒断症状已基本消失、尿检呈阴性的戒毒劳动教养人员开展康复治疗，进行入所教育，参加适度劳动，同时治疗并发症，时间为2 ~6 个月。

③ 巩固期：对身体已经康复的戒毒劳动教养人员进行心理矫治以及道德、法制、文化教育和职业技能培训，组织开展文体活动和习艺性劳动，控制其因精神依赖产生的复吸欲望，时间至期满解教。

《工作规定》还要求劳教戒毒场所要根据不同的管理和治疗阶段设置医疗戒护、康复教育、矫治管理等功能区域。

（4）《工作规定》要求设置戒毒医院或卫生所，配备具有相应专业知识和水平的医务人员，设置专门的戒毒病床和设备。对处于急性脱毒期、康复期的戒毒劳动教养人员，应当根据其日吸毒量、健康状况、临床反应等情况，制定脱毒和身心康复治疗方案。对急性脱毒期和康复期出现的各种临床反应，根据戒毒劳动教养人员的病情确定护理等级，实施有效治疗。

（5）《工作规定》要求根据戒毒劳动教养人员处于不同管理、治疗阶段的特点，制订有针对性的教育计划、教学内容，保证教学时数。采取共同教育与分类教育，所内教育与家庭、社会帮教，课堂教育与多种形式教育相结合的教育形式。同时开展道德、法制教育和分类教育，使戒毒劳动教养人员认清吸毒的危害，树立正确的人生观，坚定戒除毒瘾的决心。针对戒毒劳动教养人员的不同情况，加强个别教育，开展心理矫治工作，促使其改变吸毒恶习，矫正其对毒品的依赖心理。

劳动教养工作经历了几十年的实践，本身就建立了许多成型的制度，《工作规定》还专门针对戒毒劳动教养人员的特点和工作要求进行规范，从一定程度上确保了此项工作的正常开展。

（六）国家禁毒委员会《2004—2008 年禁毒工作规划》

近年来，面对我国毒品问题不断发展蔓延的严峻形势，中国政府高度重视禁毒工作，采取了一系列强有力的措施，有力地推动了禁毒工作的开展。尤其是2003 年以来，中共中央、国务院对禁毒工作给予了高度关注，中央政治局常委会专门听取国家禁毒委员会的汇报，胡锦涛等中央领导同志对禁毒工作作出了一系列重要指示。2004年5月28日，中共中央、国务院转发了国家禁毒委员会《2004—2008年禁毒工作规划》（以下简称《工作规划》），该《工作规划》把禁毒宣传教育作为禁毒工作的治本之策，青少年特别是中小学生的禁毒宣传教育是重中之重。

国家禁毒委员会在云南昆明召开了全国禁毒工作会议，对当前和今后一个时期的禁毒工作作出了全面部署；国务院召开会议专题研究加强云南禁毒和防治艾滋病的工作，并制定了国务院《关于进一步支持云南省加强禁毒和防治艾滋病的工作方案》。所有这些，都充分体现了中国政府对毒品问题的极大关注，体现了中国政府对禁毒工作的高度重视，体现了中国政府解决毒品问题的坚定决心。

（七）司法部《劳教戒毒工作管理规程》

2002年，司法部在湖南召开了全国劳教戒毒工作座谈会，总结了12年来劳教戒毒工作的基本经验，确定了今后一个时期劳教戒毒工作的指导思想、基本思路和重点措施，在总结湖南"社区治疗（TC）模式"等经验基础上，提出了"完全封闭、三区四期、流程管理、综合脱瘾、跟踪帮教、巩固疗效"的劳教戒毒工作基本模式，并先后组织了八期全国性的劳教戒毒业务培训班，将戒毒矫治康复基本知识纳入了"全国劳教系统人民警察素质教育"的内容，制定了《劳教戒毒工作管理规程》，进一步推进了劳教戒毒工作的科学化、制度化。

（八）《中华人民共和国禁毒法》

禁毒工作开展的好坏关系到国家和民族的兴衰存亡。面对日益严峻的形势，2007年12月29日，《中华人民共和国禁毒法》（以下简称《禁毒法》）在第十届全国人大常委会第三十一次会议上表决通过，并于2008年6月1日起施行。此法彰显了我国政府的禁毒决心。

《禁毒法》共七章七十一条。分为总则、禁毒宣传教育、毒品管制、戒毒措施、禁毒国际合作、法律责任和附则七个部分。《禁毒法》是指导我国禁毒工作的大法，对于全面推进我国禁毒事业发展具有重要的现实意义和深远的历史意义。《禁毒法》第四章"戒毒措施"中，根据禁毒工作的实际需要，对戒毒体制进行了三个方面的重大改革。一是将社区戒毒、社区康复、戒毒药物维持治疗首次以法律的形式肯定下来；二是将强制戒毒和劳教戒毒整合为强制隔离戒毒；三是增设了戒毒康复场所等相关内容。

《禁毒法》突出规定了强制隔离戒毒。第四章"戒毒措施"共二十二条，其中有关强制隔离戒毒的规定达十一条，并对开展强制隔离戒毒工作的各个环节作出了具体规定。《禁毒法》中的强制隔离戒毒工作，是依照中国国情、把法律与党和国家的政策有机地统一起来了。

第一，《禁毒法》以中国特色社会主义理论体系为指导思想，要求我们全面贯彻"以人为本"的理念。同时强制隔离戒毒工作也应在"以人为本"的要求下，为构建社会主义和谐社会服务。《禁毒法》规定，吸毒行为不构成犯罪，属于治安管理处罚法处罚范围，同时规定吸毒者是"病人、违法者、受害者"，强调他们的"就业、入学等不受到歧视"。这是"以人为本"思想的具体运用，它把党和政府对吸毒者的关怀以法律的严肃性体现出来。

第二，《禁毒法》采取了"四禁并举"、"四戒并行"方针，充分发挥了社会主义制度的政治优势。要求强制隔离戒毒工作需要认清形势，准确定位，为禁毒人民战争服务。《禁毒法》明确规定，国务院设立国家禁毒委员会，负责组织、协调、指导全国的禁毒工作。禁毒工作实行预防为主，综合治理，“禁种、禁制、禁贩、禁吸”四禁并举的方针，并将禁毒工作纳入国民经济和社会发展规划，禁毒经费列入财政预算予以保障。同时，《禁毒法》规定的戒毒措施具有很强的针对性。为了加强对吸毒人员的管理和帮教，提高戒毒的成效，《禁毒法》针对吸毒人员的不同情况，分别规定了自愿戒毒、社区戒毒、强制隔离戒毒和社区康复四种措施。国家鼓励吸毒人员自行到具有戒毒治疗资质的医疗机构接受戒毒治疗；对吸毒成瘾人员，公安机关可以责令其接受社区戒毒，负责社区戒毒工作的城市街道办事处、乡镇人民政府可以指定有关基层组织与戒毒人员签订社区戒毒协议，落实有针对性的社区戒毒措施；对于拒绝接受社区戒毒，在社区戒毒期间吸食、注射毒品的，严重违反社区戒毒协议的，经社区戒毒、强制隔离戒毒后再次吸食、注射毒品等情形的吸毒成瘾人员，由公安机关决定予以强制隔离戒毒。此外，《禁毒法》还对吸毒成瘾人员自愿接受强制隔离戒毒、强制隔离戒毒后的社区康复、戒毒康复场所的建设、戒毒药物维持治疗工作等作出了规定。

第三，《禁毒法》规定的强制隔离戒毒已经成为戒毒系统的关键一步，从一定程度上讲，它的工作是否取得成效，“千钧系于一身”，关系到禁毒全局能否取得胜利。我们要充分认识到以下特点：① 各种戒毒措施不是之前“各自为战”的形势，而是相互配合、各有侧重的新局面。强制隔离戒毒工作作为“三戒”之一，在一般的戒毒流程（即先社区戒毒、次强制隔离戒毒、再社区康复）中，它属于承前启后的中间阶段，地位非常重要。② 强制隔离戒毒中的“强制”，应当是指进入戒毒所的戒毒人员有配合戒毒所进行戒毒的义务，国家强制力要求戒毒人员必须履行这种义务；“隔离”应当是指戒毒所有不允许毒品进入的义务，国家采用强制力保证戒毒所依法拥有履行这种义务的权利，任何个人和单位都不得侵犯这种权利；“戒毒”应当是指戒毒所的中心工作是治疗，戒毒所对戒毒人员的管理方法和教育方式都要以“治疗”为主。③《禁毒法》规定强制隔离戒毒的期限为两年。执行强制隔离戒毒一年后，经诊断评估，对于戒毒情况良好的戒毒人员，强制隔离戒毒场所可以提出提前解除强制隔离戒毒的意见，报强制隔离戒毒的决定机关批准。强制隔离戒毒期满前，经诊断评估，对于需要延长戒毒期限的戒毒人员，由强制隔离戒毒场所提出延长戒毒期限的意见，报强制隔离戒毒的决定机关批准。强制隔离戒毒的期限最长可以延长一年，这就意味着强制隔离戒毒限制人身自由最长可达三年的规定，是对“违法者”这个属性的认定，是“三戒”中唯一带有严厉惩治性的措施。它对进入社区戒毒阶段的戒毒人员保持了高压的法律威慑，促使他们尽可能在社区成功戒毒。④ 自愿戒毒、社区戒毒、强制隔离戒毒和社区康复是戒毒的“驷马之车”。因为强制隔离戒毒收治的是毒瘾重、难戒治、反复性强的吸毒人员，战斗在戒毒状况最激烈的前沿阵地。所以它是跑在最前面的“头马”，引领着戒毒全局向前发展。这要求我们既要认识到强制隔离戒毒工作的光荣性，也要认识到这项任务的艰巨性和长期性。

第四，《禁毒法》发挥了党的坚强领导作用，是从社会主义初级阶段的基本国情出发，推进强制隔离戒毒工作科学发展的关键。强制隔离戒毒工作必须在认清社会主义初级阶段的基本国情的基础上，自觉地、努力地不断提高“自主创新”的能力。以前有两种形式的强制戒毒，即公安强制戒毒和司法行政劳教戒毒。《禁毒法》实施后，把这两种形式的强制戒毒合并为强制隔离戒毒，可见强制隔离戒毒既不是公安的强制戒毒，也不是司法行政的劳教戒毒，而是在这两种形式上既有保留又有舍弃更有创新的一种全新的戒毒措施。《禁毒法》规定："强制隔离戒毒场所的设置、管理体制和经费保障，由国务院规定。"从我国戒毒工作的实际情况来看，司法行政部门领导下的劳教戒毒，在环境条件、管理机制、管教经验和人才素质诸多方面都更有明显优势。特别是近年来，全国劳教场所在司法部的领导下，对戒毒工作进行了有益的尝试和试点工作，各地形成了许多行之有效的做法和模式，为我国戒毒工作的长远发展提供了宝贵的经验。将强制隔离戒毒工作定位在司法行政部门，是遵循戒毒工作客观规律、从社会主义初级阶段的基本国情出发，提高强制隔离戒毒资源利用的理性选择。

第五，《禁毒法》对强制隔离戒毒工作提出了不同以往的新高度和新要求。在治疗领域，要求强制隔离戒毒工作必须配备现代化的医疗资源和一支专业的医疗队伍，以实现科学戒毒，提高治愈率；在教育领域，要求强制隔离戒毒工作树立"大教育"的观念，建立适用的教育方法和一支专业的教师队伍，配备现代化的教育设备，以吸毒人员的自我完善、自我成长及自我重建为根本，降低复吸率；在管理领域，要求强制隔离戒毒工作必须加强基础建设、专业队伍建设，按照科学、客观、标准和可操作性的原则，不断完善戒毒工作流程。我们要从培育民警的创新能力着手，以改革的思维、发展的办法、积极探索强制隔离戒毒工作的新举措，自觉地不断提高"自主创新"的能力，循序渐进，逐步实现《禁毒法》的要求。

第六，《禁毒法》加强禁毒国际合作。为了加强禁毒国际合作，根据多年禁毒国际合作的实践，《禁毒法》对禁毒国际合作的原则、内容和工作机制，以及支持有关国家实施毒品原植物替代种植、发展替代产业等作出了规定。如《禁毒法》规定，根据缔结或参加的国际条约或者按照对等原则，开展禁毒国际合作。国家禁毒委员会根据国务院授权，负责组织开展禁毒国际合作，履行国际禁毒公约义务。涉及追究毒品犯罪的司法协助，由司法机关依照有关法律的规定办理。

第七，《禁毒法》专章规定禁毒宣传教育。毒品易沾难戒，动员全社会加强对毒品危害性的宣传教育，严格落实防范措施，预防毒品违法犯罪行为发生，防止公民特别是青少年沾染毒品，具有重要意义。为了增强全社会的禁毒意识，《禁毒法》单设"禁毒宣传教育"一章。规定国家采取各种形式开展全民禁毒宣传教育，普及毒品预防知识，增强公民的禁毒意识，提高公民自觉抵制毒品的能力。《禁毒法》还具体对国家机关、社会团体、企事业单位以及其他组织应加强本单位人员的禁毒宣传教育，学校对学生、父母或其他监护人对未成年人的禁毒教育义务，以及国家鼓励公民、组织开展公益性的禁毒宣传活动等作了规定。

第八，《禁毒法》全面规定毒品管制措施。为了有效遏制毒品来源和吸食毒品，《禁毒法》在对相关法律法规有关麻醉药品、精神药品和易制毒化学品管制的规定以及多年来对实践经验进行总结的基础上，对毒品管制作了全面规定。《禁毒法》规定，国家对麻醉药品药用原植物种植实行管制；对麻醉药品和精神药品实行管制，对麻醉药品和精神药品的实验研究、生产、经营、使用、储存、运输实行许可和查验制度；对易制毒化学品的生产、经营、购买、运输实行许可制度；对麻醉药品、精神药品和易制毒化学品的进口、出口实行许可制度。为了及时发现毒品违法犯罪行为，加大打击力度，《禁毒法》还对公安机关可以在边境地区、交通要道、口岸以及飞机场、火车站、长途汽车站、码头进行毒品和易制毒化学品检查，娱乐场所应当建立巡查制度，反洗钱行政主管部门加强对可疑毒品犯罪资金的监测，以及建立健全毒品监测和禁毒信息系统等作了明确规定。

（九）《吸毒成瘾认定办法》

《吸毒成瘾认定办法》（以下简称《办法》）于2011年1月30日由公安部、卫生部联合发布，自2011年4月1日起施行。该《办法》共二十四条，旨在规范吸毒成瘾认定工作，科学认定吸毒成瘾人员，依法对吸毒成瘾人员采取戒毒措施和提供戒毒治疗。

按照《办法》，公安机关在执法活动中发现吸毒人员，应当进行吸毒成瘾认定；因技术原因认定有困难的，可以委托有资质的戒毒医疗机构进行认定。《办法》明确规定，吸毒人员同时具备以下情形的，公安机关方可认定其吸毒成瘾：一是经人体生物样本检测证明其体内含有毒品成分；二是有证据证明其有使用毒品行为；三是有戒断症状或者有证据证明其有吸毒史，包括曾经因使用毒品被公安机关查处或者曾经进行自愿戒毒等情形。戒断症状的具体情形，参照卫生部制定的《阿片类药物依赖诊断治疗指导原则》和《苯丙胺类药物依赖诊断治疗指导原则》确定。吸毒成瘾人员具有下列情形之一的，公安机关认定其吸毒成瘾严重：① 曾经被责令社区戒毒、强制隔离戒毒（含《禁毒法》实施以前被强制戒毒或者劳教戒毒）、社区康复或者参加过戒毒药物维持治疗，再次吸食、注射毒品的；② 有证据证明其采取注射方式使用毒品或者多次使用两类以上毒品的；③ 有证据证明其使用毒品后伴有聚众斗殴、自伤自残或者以暴力侵犯他人人身、财产安全等行为的。

承担吸毒成瘾认定工作的戒毒医疗机构及其医务人员，应当依照《戒毒医疗服务管理暂行办法》的有关规定进行吸毒成瘾认定工作。

戒毒医疗机构认定吸毒成瘾，应当由两名承担吸毒成瘾认定工作的医师进行。

三、我国戒毒制度的历史沿革

（一）《禁毒法》出台之前的戒毒措施

根据我国相关的法律法规和政策的规定，我国的戒毒体系包括自愿戒毒和强制戒毒两个部分。

1. 自愿戒毒

自愿戒毒是指吸毒人员本人自愿或在其家属的督促下到政府有关部门设立的戒毒机构接受戒毒治疗。自愿戒毒的机构由卫生部门主管，由公安机关监督。自愿戒毒者需缴纳一定的戒毒费用。

2. 强制戒毒

强制戒毒包括公安机关强制戒毒和在劳动教养中强制戒除（劳教戒毒）。强制戒毒机构包括强制戒毒所、劳教所和戒毒劳教所三种。

强制戒毒是指由强制戒毒所依法对吸食、注射毒品成瘾的人员进行药物治疗、心理治疗和法制教育、道德教育，使其戒除毒瘾的行政强制措施。强制戒毒所的设置由省、自治区、直辖市人民政府根据本行政区域内强制戒毒的实际需要统一规划，由县级以上公安机关提出方案，报同级人民政府批准。早在1950年2月国务院《关于严禁鸦片烟毒的通知》中就作出规定：吸食烟毒的人，限期向城市公安局、乡村人民政府登记，并定期戒毒。烟毒较甚的城市，设戒毒场所。1990 年 12 月 28 日全国人民代表大会常务委员会《关于禁毒的决定》和 1995 年 1 月 12 日国务院发布的《强制戒毒办法》中规定，对吸食、注射毒品成瘾的，除给予行政处罚外，还予以强制戒毒，进行治疗教育。强制戒毒的决定由县级公安机关作出，强制戒毒的期限为 3 ~ 6 个月，对在此期限内未戒除毒瘾的可延长至一年。

吸食、注射毒品的行为是一种违法行为，对吸食、注射毒品成瘾人员强制戒毒，于其自身、家庭和社会均有利。1991—1997 年，全国公安机关共设立强制戒毒所 695 个，强制戒毒 55 万余人次。

3. *劳动教养戒毒*

中国的劳动教养制度是根据 1957 年 8 月 1 日全国人大常委会第七十八次会议批准颁布的《关于劳动教养问题的决定》，以及有关法律法规建立的。劳动教养是指国家依法对具有违法犯罪行为，不够或不给予刑罚制裁而又符合劳动教养条件的人所采取的一种强制性教育改造的行政处罚措施。它不是刑事处罚，是国家维护社会治安秩序、预防犯罪、减少犯罪的重要法律制度之一。

劳动教养主要收容对象包括罪行轻微、不够刑事处分的危害国家安全者，杀人、抢劫、强奸、放火等刑事犯罪中不够刑事处分者；有流氓、卖淫、盗窃、诈骗行为，屡教不改但不够刑事处分者；聚众斗殴、寻衅滋事、煽动闹事等扰乱社会治安但不够刑事处分者，教唆他人违法犯罪不够刑事处分者，以及长期扰乱社会秩序者，等等。从收容范围来看，劳动教养的收容对象仅限于大、中城市和家居农村而流窜到城市、铁路沿线和大型厂矿作案者。但是，吸毒者有相当一部分集中在小城镇以及农村，在 1990 年全国人大常委会《关于禁毒的决定》公布之前，对这部分吸毒人员实行劳动教养缺乏法律依据。全国人大常委会《关于禁毒的决定》根据与毒品作斗争的需要，规定对经过公安机关强制戒毒后又复吸的吸毒成瘾者实行劳动教养，并在劳动教养中强制戒除毒瘾，这表明立法对劳动教养的对象和收容范围作出了重大调整。这一规定使劳教所在教育改造违法犯罪人的同时兼有强制戒毒的职能。

劳教所由司法行政机关主管，其根本任务是教育改造违法和轻微犯罪人。从收容对象来看，截至 1997 年，我国劳教系统建立了从事戒毒工作的场所和改造单位 86 个，1991—1997 年，全国共收容吸毒劳动教养人员 21 万人次。全国劳教系统专门收容吸毒人员的总建筑面积达 18 万平方米。20 世纪 90 年代以来，全国劳教机关累计收容了 24 万名戒毒劳教人员。

目前，收容、收治吸毒劳动教养人员的劳教所有两种：一种是专业的戒毒劳教所，其设置由省（自治区、直辖市）劳教工作管理机关提出方案，报省人民政府批准；另一种是综合性的劳教所，在场所内设置单独承担戒毒任务的分所或大队。尽管场所的类型有所不同，但从实际情况来看，戒毒工作已经成为绝大部分省份的劳教场所的主要任务。

劳教戒毒根据国际公认戒毒工作三个阶段（即脱毒治疗、康复治疗、后续照管）进行，摒弃过去那种只顾早期脱毒，不顾后期康复的简单戒毒模式。

劳教戒毒工作模式的总体框架为相对封闭、分期管理、综合矫治、后续照管，将戒毒过程分为脱毒、康复、适应和考察四个时期。

除以上两种强制戒毒机构外，在关押因犯罪而被剥夺人身自由罪犯的监狱或拘留所、看守所等刑罚执行机构中，对于吸毒成瘾的罪犯也需要实行强制戒除。由于吸毒易导致违法犯罪，许多吸毒者在吸毒期间为获得毒资而从事犯罪行为。对于这部分罪犯，既应当根据法律的规定予以惩罚，也应当从教育改造和人道主义的立场出发戒除其毒瘾。

（二）《禁毒法》出台后的戒毒措施

2008 年 6 月 1 日生效实施的《禁毒法》，从“帮助吸毒人员戒除毒瘾，教育挽救吸毒人员”的基本方针和目标出发，规定了自愿戒毒、社区戒毒、强制隔离戒毒和社区康复四种戒毒措施，并且明确规定了这四种戒毒措施针对的对象。

1. 自愿戒毒

国家鼓励吸毒人员自行到具有戒毒治疗资质的医疗机构接受戒毒治疗。尤其是《禁毒法》实施后，自愿戒毒的法律地位得到了确认，有望取得较大的进步和发展。目前我国自愿戒毒模式各有特色，例如，比较早期的包括德宏傣族景颇族自治州陇川县的金木玲模式，普洱市的“重生工厂”模式、昆明的戴托普模式、彝族的虎日禁毒、应用较为广泛的美沙酮维持治疗等模式。当前的自愿戒毒普遍存在期限过短、费用较高、工作人员缺乏专业知识、自愿戒毒人员难以管理等问题。不少学者对此提出了加强管理、加大扶持的建议。2010 年 6 月 25 日，国务院法制办公布了《戒毒条例（征求意见稿）》，征求社会各界意见。征求意见稿针对自愿戒毒、社区戒毒、强制隔离戒毒、社区康复相关戒毒措施作出了具体规定，着力打造人性化的戒毒平台。其中明确规定，吸毒人员自行到戒毒医疗机构接受戒毒治疗的，公安机关不因吸毒对其进行治安管理处罚。《戒毒条约（征求意见稿）》还规定，戒毒医疗机构及其医务人员应当依法保护自愿戒毒人员的隐私，不得歧视自愿戒毒人员。戒毒医疗机构应当与自愿戒毒人员或其监护人签订自愿戒毒协议，其中包括戒毒方法、戒毒期限、戒毒人员个人信息保密、戒毒人员应当遵守的规章制度和可以终止戒毒治疗的情形等，并应当载明戒毒治疗的适应症、戒毒疗效、戒毒治疗风险。从国家的各项举措来看，自愿戒毒有望得到较大发展。

2. 社区戒毒

社区戒毒是强制隔离戒毒措施的有益补充，对于整合各方力量共同帮助吸毒成瘾人员戒除毒瘾意义重大。《禁毒法》在第三十三条至三十五条对社区戒毒的对象、地点、负责部门、期限等问题作了规定。除此外，国务院《戒毒条例（征求意见稿）》还具体细化了社区戒毒的有关规定：社区戒毒人员应当自收到责令社区戒毒决定书之日起 7 日内到户籍所在地或者现居住地乡（镇）人民政府、城市街道办事处报到，无正当理由逾期不报到的，视为拒绝接受社区戒毒。社区戒毒的期限为三年，自报到之日起计算。戒毒人员未向社区戒毒工作小组成员报告，不得离开社区戒毒执行地所在县（市、区）24 小时以上。社区戒毒人员违反社区戒毒协议的，依法应当承担相应的法律后果。

3. 强制隔离戒毒

《禁毒法》把公安机关的强制戒毒与劳动教养机关的劳教戒毒整合出强制隔离戒毒措施。强制隔离戒毒可以说是我国目前最重要、最严厉、最有效的戒毒措施，强制隔离戒毒场所是我国戒毒的主战场。在国务院《禁毒条例》缺位的情况下，目前我国有不少地方由劳教机关代行强制隔离戒毒场所的职权，或劳教机关加挂强制隔离戒毒场所的牌子。《禁毒法》对强制隔离戒毒的详细内容、工作操作流程等，后文将有详细讲述，这里不再叙述。需要强调以下三点：

（1）《禁毒法》对强制隔离戒毒规定了三种具体的戒毒方法：一是自然戒断法，又称冷火鸡法或干戒法。它是指强制中断吸毒者的毒品供给，仅提供饮食与一般性照顾，使其戒断症状自然消退而达到脱毒目的的一种戒毒方法。其特点是不给药，缺点是吸毒者会比较痛苦。二是药物戒断法，又称药物脱毒治疗。它是指给吸毒者服用戒断药物，以替代、递减的方法，减缓、减轻吸毒者戒断症状的痛苦，逐渐达到脱毒戒毒的方法。其特点是使用药物脱毒。三是非药物戒断法。它是指用针灸、理疗仪等，减轻吸毒者戒断症状反应的一种戒毒方法。其特点是通过辅助手段和“心理暗示”的方法减轻吸毒者戒断症状痛苦以达到脱毒目的；缺点是时间长，巩固不彻底。科学有效的戒毒方法能够减轻吸毒人员生理与精神方面的痛苦，以最经济、最实用的路径实现强制隔离戒毒的目的。

（2）《禁毒法》规定，“根据戒毒人员吸食、注射毒品的种类及成瘾程度等，对戒毒人员进行有针对性的生理、心理治疗和身体康复训练”。

① 生理治疗：多年的戒毒工作实践证明，生理治疗是戒毒的第一步，也是非常关键的一步。戒毒场所通过生理治疗的方法，帮助吸毒成瘾的人顺利度过急性戒断反应期，解决身体上的戒断症状，消除痛苦。国际社会公认的生理治疗方法，主要分为药物脱毒与非药物脱毒两种。药物脱毒是根据吸毒成瘾人员吸食毒品的种类与成瘾程度，选择使用一定的药物。例如，对阿片类吸毒人员使用美沙酮、丁丙诺啡等替代性药物递减脱毒；对非阿片类吸毒成瘾人员使用可乐定脱毒。而非药物脱毒只适用于身体强壮的吸毒人员，常用的方法有干戒、针灸和气功。无论采取何种方法进行生理治疗，最终都能达到脱毒的目的，区别只是吸毒人员在脱毒过程中所承受的痛苦程度不一。从人道主义精神出发，生理治疗应该尽量减轻吸毒人员的痛苦；前提必须是安全、有效、低成本的，而且要适合吸毒人员的个体情况并在保护其合法权益的同时，采取合理的生理脱毒治疗法。《禁毒法》规定强制隔离戒毒场所应当根据戒毒治疗的需要配备执业医师，明确戒毒场所使用药物治疗的可行性与必然性。只有国家执业医师，才具备使用麻醉药品和精神药品的处方权。

② 心理治疗：药物的作用，能够消除吸毒人员戒毒过程中的生理戒断症状，并不能恢复他们的神经与心理功能。“一朝吸毒，十年戒毒，终生想毒”是吸毒者的真实写照，表明戒毒对于多数吸毒人员都是十分艰难的。吸毒人员在戒毒过程中经常会出现反复，他们对戒断毒品失去起初的勇气和毅力，产生出“毒难戒”、“戒不了”的意念。在吸毒人员身上会出现一些心理病态的通病。有的吸毒人员情绪消沉，经常以失败者自居；吸毒人员的意志力极弱，经不住各种诱惑，很容易重蹈覆辙。从心理上医治吸毒人员的疾病，开展心理治疗既是强制隔离戒毒的重要任务，也是社会文明进步的体现。顾名思义，心理治疗指的是辅导与治疗吸毒人员在戒断过程中遇到的心理障碍与困难。开展心理治疗，首先需要了解吸毒人员所遇见的问题，判断问题的性质，决定改善的方向。通过与吸毒人员交谈，培养其戒毒动机，帮助其改变实际的不良行为或改善以往的态度。通常采用的形式有支持治疗、分析治疗、行为治疗、集体治疗、家庭治疗和婚姻辅导等。

③ 身体康复训练：对吸毒人员的身体康复训练包括各种体育活动、文化娱乐活动、

行为养成训练活动、社会公益活动和恰当的习艺劳动。组织吸毒人员开展经常性的体育活动，如打球、跑步等。有条件的强制隔离戒毒场所每年还可举办一次体育运动会。同时要结合吸毒人员的特点和本单位实际，开展反复、形式多样的文化娱乐活动，如唱歌、表演、读书、黑板报等。行为养成训练活动是指队列训练、体操等常规化训练活动。社会公益性活动是指采用“走出去、请进来”的办法，充分利用社会的力量帮助吸毒人员康复。例如，有条件的场所可组织吸毒人员到养老院、残疾福利院去帮助老人、残疾人做一些他们力所能及的如打扫卫生、理发、洗澡、洗衣等工作；邀请社会各界人士到强制隔离戒毒场所举办各种康复活动，最大限度地帮助戒毒人员。此外，还要根据每个戒毒人员的身体、年龄等具体情况，安排习艺劳动岗位，完成一定的生产劳动任务，起到劳动锻炼的作用。总之，身体康复训练只有一个目的：帮助强制隔离戒毒人员恢复、改善和提高身体素质，以良好的身体状态回归社会。

(3) 国务院《戒毒条例（征求意见稿）》规定，强制隔离戒毒人员在强制隔离戒毒期间死亡的，强制隔离戒毒场所应当立即通知所在地人民检察院以及死者家属、所在单位、户籍所在地公安派出所，并制作死亡鉴定送达所在地人民检察院、死者家属。人民检察院对死亡鉴定有异议的，可以重新对死亡原因作出鉴定；死者家属对死亡鉴定有异议的，可以向人民检察院提出，人民检察院应当重新对死亡原因作出鉴定。如经过层层鉴定为非正常死亡，属于国家赔偿范围的，征求意见稿规定，死者家属将依法享受国家赔偿。

4. 社区康复

《禁毒法》第四十八条规定，对于被解除强制隔离戒毒的人员，强制隔离戒毒的决定机关可以责令其接受不超过三年的社区康复。社区康复参照本法关于社区戒毒的规定实施。第四十九条规定，县级以上地方各级人民政府根据戒毒工作的需要，可以开办戒毒康复场所；对社会力量依法开办的公益性戒毒康复场所应当给予扶持，提供必要的便利和帮助。戒毒人员可以自愿在戒毒康复场所生活、劳动。戒毒康复场所组织戒毒人员参加生产劳动的，应当参照国家劳动用工制度的规定支付劳动报酬。

此外，《禁毒法》第五十条规定，公安机关、司法行政部门对依法被拘留、逮捕、收监执行刑罚以及依法被采取强制性教育措施的吸毒人员，应当给予必要的戒毒治疗。

四、强制隔离戒毒的形势及存在的问题分析

《禁毒法》中的强制隔离戒毒工作，依照中国国情，把法律与党和国家的政策有机地统一起来了。《禁毒法》颁布实施以来，强制隔离戒毒所相继挂牌，也开始收容强制隔离戒毒人员，强制隔离戒毒措施实施以来，取得了不少经验，也初见效果。但是目前国务院的《戒毒条例》尚在讨论修改中，司法部的《强制隔离戒毒人员管理办法》也未正式出台，这样就给基层的强制隔离戒毒管理所实际工作的开展造成了困难，管理的观念不清，生搬套用以往的管理经验，其管理弊端不断显现。纵观目前强制隔离戒毒实践工作，仍存在以下难点和问题：

（一）执行体制混乱无序，损害法制的统一和尊严

强制隔离戒毒措施整合了以前公安机关的强制戒毒和司法行政机关的劳教戒毒，《戒毒法》虽然规定强制隔离戒毒的执行主体是强制隔离戒毒所，但具体是由公安机关还是司法行政机关设立强制隔离戒毒所却未作出规定，使得目前的强戒体制混乱无序。

全国各地出现了各种不同的做法，损害法制的统一和尊严。

（二）管理方法仍徘徊于以往的劳教戒毒

在实际工作运行中，许多民警认为强制隔离戒毒是劳教戒毒的翻版，两者换汤不换药，套用劳教工作模式，将强制隔离戒毒人员当成劳教人员进行管理和教育，在管理方式上，基本都沿用劳教工作的老一套，造成强制隔离戒毒变成了二劳教、强制隔离戒毒就是变相的劳教戒毒的错误认识。实际上，强制隔离戒毒和劳教戒毒是不同的，比较两者，会发现以下区别：

（1）决定的部门和执行的时间不同。劳教戒毒由地级以上劳动教养委员会根据国务院劳动教养法律法规和全国人大常委会《关于禁毒的决定》决定，时间为1~3年。强制隔离戒毒由县级以上公安机关决定，时间为两年。但执行强制隔离戒毒一年后，经诊断评估，由强制隔离戒毒场所提出意见，报强制隔离戒毒的决定机关批准，可以提前解除强制隔离戒毒或延长一年强制隔离戒毒。对于被解除强制隔离戒毒的人员，原决定机关可以责令其接受不超过三年的社会康复。

（2）执行场所和处遇不同。劳教戒毒人员一律送劳教场所接受管理和教育，其身份为劳教人员，根据其表现情况，享受不同的处遇。强制隔离戒毒人员送专门的强制隔离戒毒所或在劳教所中单独编队管理，与劳教人员严格分开，其身份为吸毒病人，处遇上要比劳教人员更加宽裕，以治疗休息和身体康复为主，经批准可探视配偶和直系亲属，参加戒毒康复场所组织的生产劳动可获取一定的劳动报酬。

（3）管理的方式和方法不同。劳教戒毒人员的管理按照相关劳动教养法规和部令，实行依法、严格、科学、文明管理和半军事化管理，严格按照“三像”（即像医生对待病人，像老师对待学生，像父母对待孩子）的要求，教育、感化和挽救劳教人员，使他们成为自食其力的守法公民；对强制隔离戒毒人员的管理除严格按《禁毒法》和相关配套制度办事外，还对场所管理人员的综合素质提出了更高的要求，并且视强制隔离戒毒人员为吸毒病人、亲人，设身处地地为他们着想，从管理型转变为服务型，提供各种方便，为他们最终脱瘾和康复奠定良好的基础。

可见，强制隔离戒毒并不是变相的劳教戒毒，而是和劳教戒毒有着本质区别。

（三）诊断评估依据未能体现强制隔离戒毒矫治工作的最终目的

对强制隔离戒毒的效果评估仍旧沿用劳动教养的计分考核，即生产计量考核、日常量化考核等，这只能直接体现学员在所内的规范意识、习艺劳动、参加文体活动的积极性等，与强制隔离戒毒满一年后实施评估，可以报决定机关给予提前解除强制隔离戒毒不同，且对衡量戒毒者戒毒矫治的效果缺乏应有的科学依据，更不能作为权威的考核标准。

（四）倡导文明管理，但缺乏有力的强制措施

强制隔离戒毒是一种行政强制性措施，国家将戒毒人员集中进行戒毒，这只是一个方面，还有一个方面体现在强制隔离戒毒所内的强制性管理。但目前已收治的强制隔离戒毒所却难以有效实施。一是管理人员要按照戒毒规律的要求，必须采取强势管理，组织强制隔离戒毒人员进行戒毒教育、行为矫治、心理康复、身体锻炼、劳动锻炼等各项工作。二是由于戒毒人员对被强制戒毒本身有一种抵制和仇视心理，再加上他们大多人格有缺陷，对社会认知存在偏见；自控力不强，易冲动，常常违规违纪；

极端自私，常为一点小事不惜争吵打架，有的为了达到自己的目的甚至不惜以暴力对抗管理，而戒毒法只规定对可能发生自伤、自残等情形的戒毒人员可以采取相应的保护性约束措施，这给强制隔离戒毒管理工作带来了困难。

（五）强制隔离戒毒人员劳动效率差，劳动价值观扭曲

一方面，强制隔离戒毒人员大多体质弱、好吃懒做，不愿从事体力劳动；另一方面，部分强制隔离戒毒人员认为，自己不是劳教人员身份，而是一个来戒毒的病人，不应该参加劳动。此外，由于目前强制隔离戒毒场所的条件有限，康复劳动仍是一种低效劳动，不能同社会企业等工同价，各地区情况又不相同，康复劳动的报酬难以达到强制隔离戒毒人员的标准要求。

（六）戒毒模式各自探索，业务知识不够专业

强制隔离戒毒场所戒毒业务的实施，既是工作重点，又是特征所在。但目前，基层单位实施起来，困难非常大。一是戒毒没有固定模式。虽然原来司法部有劳教戒毒“三区四期”模式，以及各地的“L－TC”模式、“九段”模式、“3＋1”模式等，但毕竟是劳教的模式，而且也没有得到理论界和社会的广泛认可。强制隔离戒毒工作没有现成的模式，需要边收治边探索。二是基层戒毒专业人员少。虽然有一定的医务人员、心理学人员和个别领导接受了戒毒知识培训，不少基层管理人员曾经有多年管理戒毒人员的经验，但知识不够专业、系统性不强，难以满足工作需要。三是教材和资料少。基层单位目前大多用劳教戒毒教材给强制隔离管理人员上课，缺少对应的资料。就网络和杂志而言，不是太专业就是太抽象，与戒毒工作实际结合的资料少，同时与专家同行交流、学习的机会也少。

五、对强制隔离戒毒有关问题的思考与建议

强制隔离戒毒是整合强制戒毒与劳教戒毒于一体，唯一限制人身自由的一种戒毒措施。《禁毒法》虽然对强制隔离戒毒的适用条件、决定程序、管理职能和期限等作出了规定。但是，由于强制隔离戒毒的法律依据、执行方式和要求发生了变化，有关场所设置、管理体制和经费保障，以及执行中大量具体的问题需要国务院通过《戒毒条例》来加以明确和细化，因此，有关部门应从执法的严肃性、权威性和规范性出发，保障《禁毒法》立法精神的切实贯彻，增强执法关联部门的统筹协调，提高强制隔离戒毒的整体功能和效果。现就有关问题提出以下思考和建议：

（一）统筹配置，在法律框架内理顺运行体制①

强制隔离戒毒是改革强制戒毒与劳教戒毒分阶段戒毒体制，重新构建的一种强制戒毒体制。在新旧体制转换过程中，应当在《禁毒法》的框架内，按照司法体制改革的精神，理顺强制隔离戒毒有关体制问题，保障强制隔离戒毒工作顺利开展。

首先，要理顺运行体制，明确由司法行政部门的劳教机关统一执行强制隔离戒毒。《禁毒法》第四十一条第二款规定，强制隔离戒毒的管理体制由国务院规定。虽然现在国务院《戒毒条例》尚未出台，但《禁毒法》将原强制戒毒和劳教戒毒统一改为强制隔离戒毒的立法指导思想十分明确。由全国人大常委会法工委组织编辑出版的《〈中华

① 资料来源于 http：//wenda. tianya. cn/wenda/thread？tid＝/a40b76982cdcb85.

人民共和国禁毒法〉释义》，在对第三十八条的释义中明确指出："将完整的戒毒过程分为由公安机关和司法行政部门分别负责实施和管理的两个阶段，不利于戒毒资源的统筹配置和合理使用；现行3～6个月的强制戒毒基本上达不到戒除毒瘾的效果，对大多数复吸人员仍要进行两三年的劳教戒毒。"因此，从整合戒毒资源、提高戒毒效果考虑，应对现行的强制戒毒和劳教戒毒体制进行改革。由此可见，改革后的强制隔离戒毒由司法行政的劳教机关管理，完全符合《禁毒法》的立法原意，既有利于戒毒资源的整合、统筹配置和合理使用，又有利于借鉴劳教戒毒的实践经验，发挥劳教机关的人才优势和场所优势，切实提高戒毒效果。同时，由司法行政的劳教机关执行强制隔离戒毒，将决定权与执行权分离，也符合我国司法体制改革的方向和要求，有利于转变职能、理顺关系、合理分工、保障监督，避免职责交叉、政出多门，维护法制的统一和尊严。

其次，要理顺决定体制，明确强制隔离戒毒的决定机关原则上应为省辖市（直辖市的区、自治区的州，下同）公安机关。《禁毒法》第三十八条规定，对吸毒成瘾者的强制隔离戒毒，由县级以上人民政府公安机关作出决定。这一规定表明，强制隔离戒毒的决定主体，既可以是县级公安机关，也可以是省辖市公安机关和省市区公安机关。由于强制隔离戒毒是限制人身自由的强制措施，涉及行政复议和行政诉讼等问题，而且原劳教戒毒是由直辖市劳动教养委员会决定的；同时，《禁毒法》第四十七条规定，强制隔离戒毒人员提前解除强制隔离戒毒，或延长强制隔离戒毒期限，需要提交决定强制隔离戒毒的公安机关批准。因此，明确强制隔离戒毒由省辖市公安机关决定，既符合法律规定，又有利于严肃规范执法；既维护了法律规范的连续性、一致性，又有利于部门之间的协调配合，降低执法成本。此外，考虑到我国各行政区域情况的差异性，附加"原则上"的弹性规定，可以体现法律执行上的灵活性。

再次，要理顺内部管理体制，明确执行主体的法律地位。《禁毒法》实施后，劳教机关的执行对象既有强制隔离戒毒人员，又有戒毒劳教人员和其他违法劳教人员，由于两者适用的法律依据、决定的机关和执行的要求不同，就出现了对不同对象应当分开执行和执行主体的合法性问题。对此，在违法行为矫治法尚未出台的情况下，应该本着适用法律、立足现实、顺应发展、规范执行的精神，在违法行为矫治执法的框架内加以解决。对于专门收治强制隔离戒毒人员的场所，应更名为"强制隔离戒毒所"，对于暂不具备专门收治条件的场所，应增挂"强制隔离戒毒所"牌子，实行所内分区执行；对于司法部、省（市、区）劳教机关，基于强制隔离戒毒与劳动教养的本质属性都是强制性教育措施，则可以统一更名为"违法行为强制教育工作管理局"，统一管理劳动教养和强制隔离戒毒，以保持执行主体法律地位与职能性质的协调一致。

（二）转变观念，在新的定位上构建执行模式

由劳教戒毒到强制隔离戒毒，不仅仅是名称的变化，更是立法理念和执法价值取向的变革。作为强制隔离戒毒的执行机关，要切实把握《禁毒法》的精神实质，解放思想，更新观念，坚持继承与创新相结合，积极探索强制隔离戒毒的执行模式。

（1）立足法定权益的保护，建立公正合理的执法规范。要转变执法强制观念，确立执法维权理念。以《禁毒法》和国务院《戒毒条例》为依据，明确界定执行场所、管理人员和强制隔离戒毒人员的权利和义务，建立规范、完善的权责制度。要以保障强制隔离戒毒人员权利的履行为基础，建立公开、便利、有效的援助与救济制度。要以规范执法行为为目的，建立教育、监督、惩处并举的执法工作督察制度。

（2）立足戒治保障需要，建立宽严相济的管理模式。要转变强制隔离的违法处罚观念，确立强制隔离的戒治保障理念。坚持封闭管理与开放管理相结合，着眼于开放管理；规范管理与自主管理相结合，着眼于自主管理；社会适应性管理与社会化管理相结合，着眼于社会化管理的原则，构建日常管理制度化、执行戒治规范化、生活保障社区化、环境设施功能化、安全保护强制化的运行模式。在具体管理过程中，要体现宽严结合、灵活有度。例如，对新入所戒治人员的管理要从严，在半开放级以上人员的管理要从宽；在戒治规范的执行上要从严，在规定活动的自由度上要从宽；在落实保护性约束措施上要从严，在基本需求满足及生活待遇上要从宽，等等。

（3）立足根本戒除毒瘾，建立科学有效的戒治流程。要转变阻隔性戒断的治标观念，确立流程化戒治的治本理念。综合运用医学、精神病学、心理学、教育学和社会学等专业知识和技术，实施流程化的生理戒断、身体康复、心理矫治、思想教育、回归适应等，从根本上实现戒除毒瘾和教育挽救的目的。

（4）立足戒断康复考量，建立切实可行的诊断评估体系。要转变表现考核决定期限的观念，确立戒治综合评估决定期限的理念。为了保证诊断评估的科学、规范、可信、可行，诊断评估体系构建应包含四个方面要素。一是诊断评估的指标要素，包括戒毒人员个人状况、吸毒历史、戒断情况及表现、家庭环境等。二是诊断评估的组织要素，组建由诊断评估资质人员参加的诊断评估组织，并根据诊断评估的层级性，分设局、所、队三级诊断评估组织。局级诊断评估组织主要负责对诊断评估工作的指导和监督以及对所级诊断评估结果的最终裁定。三是诊断评估的制度要素，包括诊断评估的资料台账、诊断评估的程序设计和诊断评估的方法等。四是诊断评估的救济要素，主要是对因诊断评估失误或失职发生问题的处置和补救。

（三）完善机制，在新的起点上推进强制隔离戒毒工作科学发展

做好戒毒工作是禁毒工作取得成效的重要基础。随着禁毒斗争的深入推进，戒毒工作任重道远，面临着严峻的挑战。我们要以贯彻实施《禁毒法》为新的起点，进一步完善机制，积极推进强制隔离戒毒工作的科学发展。一要完善人才培养机制，推进戒治队伍专业化建设。要建立专业人才的引进、培养、使用和管理机制，创建人才引进的优势，拓展人才培养的渠道，营造人才留住的环境，搭建人才价值实现的舞台。要依托社会人才优势，采用聘请、招募等途径，为我所用，实现优势互补，资源共享。要改革现行民警队伍管理体制，实行专业化分类管理，建立专业技术职称评定制度和公正、公平的工作考评激励机制，为不同层次人才的成长创造条件。二要完善保障机制，创造良好的戒治硬件环境。要根据强制隔离戒毒工作的需要，由省级政府统筹规划强制隔离戒毒场所建设，使强制隔离戒毒场所布局合理、功能齐全、设施配套。要将强制隔离戒毒经费全额列入年度财政预算，实行专款专用，保障戒治工作顺利进行。三要完善协调机制，统筹社会各部门的协作配合。在省禁毒委的统一组织、协调和指导下，建立戒毒决定部门与执行部门、不同戒毒实施部门之间的定期联席会议制度，互通信息、交流工作和协商解决工作运行中出现的矛盾和问题。四要完善戒毒研究机制，为推进科学戒毒提供技术支持。坚持上下结合，形成戒毒研究体系，在司法部劳教局、省（市、区）劳教局和强制隔离戒毒所设立戒毒研究专门机构。要坚持内外结合，建立一支强有力的戒毒研究队伍。要坚持理论与实践相结合，有计划、有重点地开展戒毒课题的调查研究和应用实践。

知识链接

青少年防毒小贴士

防毒第一招：不因好奇去尝试毒品！

防毒第二招：不因侥幸而放任试毒！

防毒第三招：尊重自己的生命，别把刺激当享受！

防毒第四招：警惕毒贩，慎与染毒人交友！

防毒第五招：远离不健康的娱乐场所！

具体方法有：

直截了当法——坚定直接地拒绝引诱："吸毒会上瘾的，害人害己别害我。"

金蝉脱壳法——情况若不许可，或者受到威逼利诱时，可以借口婉转拒绝："我肚子痛，要去厕所。"然后溜之大吉。

秘密报案法——如果实在无法脱身，趁人不注意时，偷偷告诉你信任的人，或者拨打110，警察会迅速给予你帮助。

及时告知家长法——当毒贩毒友逼你吸毒并威胁你，不许你告诉家人和老师，否则就要对你或家人下手时，一定不要被他们威吓住，要第一时间告诉你的家人或师长。

第二部分

戒毒场所内工作流程

单元三
强制隔离戒毒收治编队

当前，我国的戒毒模式主要包括自愿戒毒、社区戒毒和强制隔离戒毒，本部分主要介绍强制隔离戒毒模式中的工作流程。

强制隔离戒毒工作模式的总体框架是参照原劳教戒毒工作模式而来的，可概括为“相对封闭，分期管理，综合矫治，后续照管”。具体就是根据戒毒工作的规律、戒毒人员的总体情况和所处的不同阶段，将戒毒过程分为脱毒、康复、适应和考察四个时期，实行相应的动态管理、医疗戒护和有针对性的教育矫治，对回归社会的戒毒人员予以关注并提供帮助。在整个过程中，各个时期、各个环节紧密衔接，流动运行。

脱毒戒断期为所内进行的生理脱瘾，工作由入所队负责；身心康复相对应的是康复矫治期，工作由常规管理队负责；适应期又称回归社会准备期，即解教前三个月左右，工作由出所队负责；考察期又称后续照管，工作由强制隔离戒毒所的教育科负责。

本部分按照入所队（脱毒戒断期）、常规管理队（康复矫治期）和出所队（回归社会准备期）进行内容编排。

项目一 强制隔离戒毒收治流程及分类、分期管理

【知识目标】

通过本项目内容的学习和训练，熟悉并掌握强制隔离戒毒所收治戒毒人员的程序，了解强制隔离戒毒人员分类、分期管理的含义及方法。

【能力目标】

熟悉强制隔离戒毒所收治戒毒人员的程序，掌握强制隔离戒毒人员分类、分期管理的方法。

【工作任务】

对强制隔离戒毒人员进行依法收治、分类编队。

【引例】

引例1：小方，女，18岁，有3年的吸毒史，因多次复吸，于2009年12月25日被某市公安机关作出强制隔离戒毒的决定，2010年1月10日，公安机关将其送到某市强制隔离戒毒所强制隔离戒毒，强制隔离戒毒所依法对其进行收治。

引例2：林某，男，41岁，因复吸本次已是第二次进入强制隔离戒毒所；刘某，男，17岁，因在朋友的生日聚会中受朋友的引诱服用麻古染上了毒瘾，为戒除毒瘾，其父母向公安机关申请将其送到强制隔离戒毒所戒毒。对这两位强制隔离戒毒人员，

干警根据有关规定对他们进行了收治、矫治和管理。

问题：在引例1中，应怎样办理收治手续？引例2中，收治、矫治和管理时应注意什么问题？

任务一 强制隔离戒毒收治流程

强制隔离戒毒收治是指强制隔离戒毒所依法对被公安机关根据《禁毒法》及相关法规的规定决定强制隔离戒毒的人员，依照法定程序办理入所手续，进行相关的检查并进行分类编队的活动。

一、收治对象

1. 应予收治人员

强制隔离戒毒所对下列人员应予收治：

（1）依法被公安机关依照《禁毒法》决定强制隔离戒毒的人员，应予以收治。根据《禁毒法》的规定，吸毒成瘾者有下列情形之一的，由县级以上人民政府公安机关作出强制隔离戒毒的决定：① 拒绝接受社区戒毒的；② 在社区戒毒期间吸食、注射毒品的；③ 严重违反社区戒毒协议的；④ 经社区戒毒、强制隔离戒毒后再次吸食、注射毒品的；⑤ 对于吸毒成瘾严重，通过社区戒毒难以戒除毒瘾的。

（2）自愿接受强制隔离戒毒并经公安机关同意的吸毒成瘾人员。收治自愿接受强制隔离戒毒的吸毒成瘾人员，必须签订戒毒治疗协议。

2. 不得收治人员

强制隔离戒毒所不得收治以下人员：

（1）已怀孕的妇女；

（2）正在哺乳自己不满一周岁婴儿的妇女；

（3）不满十六周岁吸毒成瘾的未成年人；

（4）其他特殊原因不宜收治的。

上述人员，如确实需要戒毒，可根据《禁毒法》的相关规定进行社区戒毒。

3. 可以暂缓收治人员

强制隔离戒毒人员有下列情形之一的，强制隔离戒毒所可以暂缓收治：

（1）患有严重的甲、乙两类传染性疾病，正处于传染期，不宜参加集体生活的；

（2）患有严重疾病，有生命危险，所内不具备治疗条件且短期内无法治愈的。

戒毒人员上述情形消失后，强制隔离戒毒场所应当给予收治。

二、收治工作流程

1. 审查法律文书

强制隔离戒毒所收治时应当审核、查验决定强制隔离戒毒的法律文书是否齐全、准确。法律文书包括公安机关制定的《强制隔离戒毒决定书》、《强制隔离戒毒综合材料》或《自愿强制隔离戒毒批准书》。无上述法律文书或法律文书认定的事实与实际情况不符的，不予收治。

2. 安全检查

对强制隔离戒毒人员随身携带物品，应按规定进行观察、触摸、探测检查，必要时可进行拆检。对违禁物品予以收缴，对本人不宜持有的物品，由强制隔离戒毒所进行登记并代为保管，或交其指定的成年亲属领回。

3. 身体健康检查

强制隔离戒毒所收治强制隔离戒毒人员时，应当对其身体进行健康检查。入所身体检查包括常规健康检查、尿液毒品检测及人体带毒检查。检查完毕后应填写《强制隔离戒毒人员健康检查表》；凡体表有明显伤残特征的，应当留取录像或视频资料，并附上强制隔离戒毒人员本人的书面说明材料；对女性强制隔离戒毒人员的身体检查应由女性工作人员实施。

4. 办理收治手续

对符合收治条件的，强制隔离戒毒所应当给移送机关出具收治回执；对不符合收治条件或符合暂缓收治条件的，强制隔离戒毒所应当给移送机关出具不予收治或暂缓收治证明及回执，并退回由原决定机关依法处置。

5. 登记建档

强制隔离戒毒所收治强制隔离戒毒人员，应当履行签字手续，填写《强制隔离戒毒人员入所登记表》，留存指纹记录，拍摄免冠半身相片，建立戒毒人员矫治档案。

强制隔离戒毒人员档案应包括以下内容：《强制隔离戒毒决定书》、《强制隔离戒毒人员登记表》、《强制隔离戒毒人员健康档案》、《强制隔离戒毒人员脱瘾教育矫治档案》、《强制隔离戒毒人员诊断评估意见审批表》、《强制隔离戒毒人员所外就医审批表》、《提前解除强制隔离戒毒措施或延长强制隔离戒毒期限审批表》、《解除强制隔离戒毒措施鉴定表》、《强制隔离戒毒人员死亡情况及鉴定结论》以及其他有保存价值的材料等。强制隔离戒毒人员变更执行场所时，原强制隔离戒毒所应将其档案资料原件向接受场所移交，原强制隔离戒毒所可复印留存。

6. 诊断并分流、编队

了解吸毒史、治疗史、个人史及家庭社会关系等情况，进行深度观察，甄别戒毒人员是否携带毒品入所，了解成瘾程度，掌握心理、情绪和行为状况，组织入所诊断，根据诊断结果进行分流、编队。

任务二　强制隔离戒毒人员分类、分期管理

一、分类管理

（一）分类管理的含义

分类管理是指强制隔离戒毒所根据戒毒人员的具体情况，按照一定的标准进行分类，实行分别管理。分类管理是对强制隔离戒毒人员进行管理的一种最基本的组织形式和管理模式。

《禁毒法》第四十四条规定："强制隔离戒毒所应当根据戒毒人员的性别、年龄、患病等情况，对戒毒人员实行分别管理。""强制隔离戒毒场所对有严重残疾或者疾病

的戒毒人员，应当给予必要的看护和治疗；对患有传染病的戒毒人员，应当依法采取必要的隔离、治疗措施；对可能发生自伤、自残等情形的戒毒人员，可以采取相应的保护性约束措施。”

（二）分类管理的情形

根据《禁毒法》及司法部劳教局（戒毒局）《强制隔离戒毒人员管理工作办法（试行）》（〔2009〕司劳教字第15号）等相关法规的规定，对强制隔离戒毒人员的分类管理分为“应当分类”和“可以分类”两种情形。

1．应当分类管理的情形

强制隔离戒毒所对强制隔离戒毒人员应当按照下列情形实行分类管理：

（1）按性别分别编队管理。女性强制隔离戒毒人员由女子强制隔离戒毒所进行管理；未设立女子强制隔离戒毒所的，应当单独编队管理。女性强制隔离戒毒人员由女性工作人员管理。

（2）按年龄情况进行编队管理。不满18周岁的强制隔离戒毒人员由未成年强制隔离戒毒所进行管理；未设立未成年强制隔离戒毒所的，应单独编队管理。根据广东省的实践，对于不满18周岁的强制隔离戒毒人员，除广州市由市劳教局指定收治场所外，男性一律送省第三强制隔离戒毒所编队管理，女性送省女子强制隔离戒毒所编队管理，并在生活、劳动和处遇上予以照顾。

（3）按身体健康状态进行编队管理。因病需要隔离治疗和管理的，应当单独编队管理。例如，对患有肺结核、艾滋病等传染性疾病的，应当单独隔离管理。对感染艾滋病病毒的强制隔离戒毒人员，广东省的实践是，除广州市由市劳教局指定收治场所外，其余报省戒毒管理局同意后，男性送省南丰强制隔离戒毒所编队管理，女性送省女子强制隔离戒毒所编队管理。

2．可以分类管理的情形

对下列强制隔离戒毒人员，条件具备的场所可以进行单独编队分别管理：

（1）强制隔离戒毒和自愿戒毒的；

（2）吸食、注射新型毒品和传统类型毒品的；

（3）初次强制隔离戒毒和两次以上强制隔离戒毒的；

（4）同一吸毒群体的。

二、分期管理

1．分期管理的含义

分期管理是指根据强制隔离戒毒人员戒毒治疗的不同阶段和效果，对强制隔离戒毒人员按生理脱毒期、康复期和巩固期等不同阶段分别纳入不同的管理范畴，在管理强度、戒毒治疗方法、教育要求、生活处遇等方面，分别情况，区别对待，实行不同的管理方法。

2．分期阶段

强制隔离戒毒所根据强制隔离戒毒人员戒毒治疗的不同阶段和效果，对强制隔离戒毒人员按照生理脱毒期、康复期和巩固期进行分期管理。

（1）生理脱毒期管理。对象为生理尚未脱毒、尿检呈阳性和新收治已经生理脱毒的强制隔离戒毒人员。脱毒期实施全封闭管理、临床直接监护，对戒毒人员实施入所诊断、急性脱毒、生理康复、稽延性戒断症状治疗、急性并发症救治。生理脱毒期管理时间为两个月，从入所之日起开始计算。第一个月，进行严格的行为规范训练和开展以吸毒危害、所规队纪、权利义务、戒毒流程常识等为主要内容的入所教育；第二个月，开展适应性的岗前习艺劳动培训，使其逐步适应场所的环境和管理。生理脱毒期满后，应对其进行考核，考核合格后可进入康复期管理。

（2）康复期管理。对象为经过生理脱毒期管理的强制隔离戒毒人员。康复期实施半封闭管理。对康复期的强制隔离戒毒人员，应当进行身体康复训练，开展法律道德、心理健康、文化和戒毒专项教育，同时治疗并发症，适当安排康复劳动。康复期管理时间不得少于八个月。

（3）巩固期管理。对象为经过康复期治疗，身体已经康复的强制隔离戒毒人员，巩固期实施开放管理。对巩固期的强制隔离戒毒人员，应当进行拒毒训练，开展形式政策、就业指导和社会环境适应性教育。巩固期管理时间不得少于两个月。

项目二 生理脱毒期教育矫治与管理

【知识目标】

通过本项目内容的学习，了解和掌握强制隔离戒毒所内生理脱毒期戒毒人员的心理状态以及教育矫治与管理的相关知识和要求。

【能力目标】

能运用心理分析的方法实现对生理脱毒期戒毒人员的教育矫治，并掌握管理的方法。

【工作任务】

生理脱毒期戒毒人员心理状态分析；生理脱毒期教育矫治；生理脱毒期的管理。

【引例】

“因为盗窃，骨瘦如柴的干枯女人被派出所警察送到了女子劳教所，平日，她即使盗窃都不会让自己断毒，眼眶淤黑的她吃下了医生开的戒毒药，涎着鼻涕哈欠连天，在一群健康的室友间格格不入。”

“又有吸毒女被送来了。”一个骨瘦如柴、头发已经有些花白的中年女人被派出所警察送到了劳教所。警察说，这个女人被捕获时，正哆嗦着手偷盗一辆电瓶车，后来尿检才发现，46岁的苏×还是个“瘾君子”。为此，苏×被决定劳动教养。

在女子劳教所里的吸毒人员，大部分都是因为涉嫌犯罪被捕获的。“成为毒品的奴隶后，为满足毒瘾，家境不好的女孩子们，或偷或骗，一部分还参与了卖淫。”

进入劳教所后，警察和苏×做了一次谈话，那是为了让她了解劳教戒毒的有关规定，也是为了让她获得一些扶助和一丝温暖。大多数吸毒人员在被绝望的家庭、亲人抛弃后，来自警察的关爱是他们虚弱、孤单的心灵的依靠。通过谈话了解了苏×的基本情况及家庭情况，帮她建立了《强制隔离戒毒人员登记表》。

听说有新学员入所，所里的医生马上为苏×做了全身检查，建立了《强制隔离戒毒人员身体健康登记表》，然后给她开了戒毒药。即便如此，坐在凳子上的苏×，依然打不起精神，在例行点名报数时，步履不稳的她甚至是被室友扶起来的。

问题：在本案中，新入所人员的心理状况有什么特点？如何进行管理和矫治？

任务一　生理脱毒期戒毒人员心理状态分析

吸毒人员的一个突出特点，就是精神系统出现了障碍或变异。在相当多的国家，吸毒人员首先被视为精神方面有病的病人，因为吸毒成瘾者不论其所处的国家、文化背景如何，也不论他们属于哪一种族或处于什么样的社会经济状况，一旦成瘾，表现出的症状、特征都非常相似。即使在戒断很长时间之后，仍然有很高的复发率，一旦成瘾，往往存在对致瘾源的强烈渴求，导致他们不顾后果继续寻求、滥用致瘾源，且较长时间地滥用致瘾源之后，身体会出现一些特征明显的病理生理改变和严重的心理变异。特别是那些多次戒毒失败的吸毒人员，戒断综合征的出现，给他们的心理带来了很大的负面影响。

一、生理脱毒期戒毒人员心理特点

1. 感觉方面

阿片类药物是麻醉性镇痛剂，具有降低中枢痛觉阈值、使用者感觉减退的药理作用，长期滥用会导致痛觉迟钝，对各种躯体感觉不敏感，进而延误药物滥用期间出现的各种躯体疾病的诊断与治疗，戒毒后会出现因毒品麻醉作用而掩盖的各种躯体疾病症状，这些症状会影响戒毒治疗的效果。

2. 认知与思维方面

吸毒者大多文化程度偏低，认知片面、主观，狭隘易变，受暗示性强，在社会实践中形成的偏激认识往往以一种逆反思维表现出来。在对药物形成依赖后思维内容贫乏，夸大吹牛，偏执多疑，对吸毒问题存在许多错误的认知。

3. 情绪方面

主要表现为暴躁、脾气大、易激动、情绪波动大，同时又悲观、自卑、抑郁、焦虑、空虚无聊。情绪具有明显的两极性，受毒品的影响很大。当他们做事顺利或得到毒品时，就会表现得很温和顺从；当他们遇到挫折或吸毒需求得不到满足时，就会表现出冷漠无情、易怒烦躁、大发脾气。戒毒后显现出情绪低落、心情烦躁不安、无精打采、丧失生活信念和自尊心、孤僻多疑、情感脆弱等表现。

4. 意志方面

一方面表现为与毒品相关的意志活动增强，对毒品的追求不惜代价，费尽心机，不择手段；而另一方面，对生活、学习、工作表现出意志减退，自控力极差，生活放纵，好逸恶劳，不能遵纪守法，除了毒品外对其他事物都不感兴趣。他们缺乏对生活目标的坚定追求，缺乏实现正确目标的坚韧毅力，对自己情感和行为的自制力差，这直接表现在对戒毒的信心不足，导致戒毒半途而废。

5. 人格方面

吸毒者在吸毒前大多存在一些人格问题，如反社会、偏执、自恋、易冲动等。吸毒成瘾后，人格问题更加明显，主要表现为：无耐心，希望愿望立即获得满足；容易冲动，不考虑行动后果；决策能力差，但外表又非常自傲，“要面子”，喜欢炫耀自己，自卑感强烈而隐蔽；逆反心理强，反社会倾向明显，为了毒品，不惜采用盗窃、抢劫等犯罪手段；无责任心，对自己的不良行为与错误通常找借口解脱或推卸责任；自暴自弃，不思进取，不少吸毒者都伴有人格障碍。

6. 行为方面

吸毒成瘾后的一切行为都以毒品为中心，行为的目的就是如何获得毒品及吸毒，为了吸毒他们可以放弃正常的家庭、工作与社交活动，行为孤僻，不与外界接触，不与正常人交往，所交往的对象不是吸毒者就是贩毒者，生活圈子非常狭窄，缺乏对家人的关心与照顾，亲情淡漠，为了获得毒资不惜撒谎，甚至违法犯罪。另外，不少吸毒者还存在不洁注射与不安全性行为，导致 HIV/AIDS 及其他传染疾病的传播。①

二、生理脱毒期戒毒人员心理状态分析

1. 矛盾心理

戒毒期间是戒毒人员心理活动最复杂多变、心理矛盾和冲突最强烈的时期，如决心戒毒与想吸毒的心理矛盾，自尊与自卑的矛盾，理想与现实的矛盾，感情与理智的矛盾，知与行的矛盾，需求与满足的矛盾等，这些矛盾心理在戒毒人员中是非常普遍的。一方面，吸毒给他们自身造成了生理、心理的问题，给他们的家庭和社会带来了许多不良后果，他们也非常希望戒断毒瘾，重新过上正常的生活；而另一方面，戒毒过程又非常痛苦，自身的心理渴求严重，在忍受痛苦的同时还要面对来自各方的诸多压力。他们既想戒断毒瘾、对前途充满信心和期待，但内心深处又具有害怕失败、担心受挫折的畏惧心理，“毒瘾易除，心瘾难戒”、“一朝吸毒，十年戒毒，终生想毒”等论调徘徊在他们的心灵深处。他们渴望得到社会的帮助，但又因害怕受到歧视不敢接触他人。这些内心矛盾使得戒毒人员常常处于感情的漩涡之中。

2. 情绪波动、不稳定

由于戒毒人员具有特殊的心理问题，其情绪、情感也有别于常人，他们入所后因生理、心理上的不适应，容易出现焦虑、烦躁的情绪，易激怒，稍不如意就发脾气。他们的情绪状态一般会受其躯体症状、心理渴求程度、心理需求、认知状态、外在支持等因素的影响。另外，由于海洛因、鸦片等阿片类和大麻类毒品能够在一定情况下产生欣快感，这就使得戒毒人员在戒毒期间会因一些特定因素而唤起他们对毒品的感受，从而产生严重的情绪波动。

3. 行为方面

戒毒期间由于戒毒人员的矛盾心理和不稳定的情绪等因素，会直接影响他们的外在行为表现，如对管理人员不满，或提出各种无理要求，或动不动就大发脾气，或出现攻击他人的行为，或者自伤、自残、自杀等。

① 施红辉，李荣文，蔡燕强. 毒品成瘾矫治概论. 北京：科学出版社，2009.

任务二　生理脱毒期教育矫治

一、生理脱毒期教育矫治

针对戒毒人员生理脱毒期、康复期和回归社会准备期三个阶段的不同特点，综合运用各种教育矫治方法和手段，通过开展法律道德教育、禁毒戒毒教育、心理健康教育等，帮助戒毒人员提高法律道德意识和对毒品危害的认知水平，增强抵制毒品和适应社会的能力；积极有效地开展戒毒工作，对于促进家庭稳定和社会和谐起到良好的推动作用。

生理脱毒期即为减轻戒毒者停掉毒品后出现的戒断反应，给予戒毒者以药物治疗或控制其出现的戒断反应的过程。脱毒是戒毒治疗的第一步和基础。通过有针对性的基础资料调查、体能恢复、行为规范训练和入所适应性训练等，将新入所的戒毒人员由社会上的吸毒人逐步变为强制隔离戒毒场所里接受戒毒矫治的人，树立正确的在戒意识，促使戒毒人员主动矫治、自觉矫治。

进入该阶段后，应该将戒毒人员进行分类，分成以下三个类别：第一类是延长复吸时间间隔的；第二类是进行毒品替代治疗的；第三类是减少吸毒频次和吸毒量的，并据此进行分班教育（进行必修课的学习）。同时针对戒毒人员的罪错类型、文化程度进行二次分类教育（进行选修课的学习）。通过该时期的教育，旨在使戒毒人员适应场所的生活环境，实现身心机能的基本恢复，增强意志力，矫治恶习，树立心理健康意识，积极寻求心理帮助和社会支持，提高危机应对能力。

生理脱毒期教育的内容包括吸毒行为违法性教育、强制隔离戒毒人员权利义务教育、所规所纪教育、所内戒毒流程介绍及队列训练等内容。

在生理脱毒期，首先要帮助戒毒人员学会学习，主要从提高戒毒人员辨别能力、认知能力、分析能力着手，并以“授之以鱼，不如授之以渔”的方法，让他们对学习产生兴趣，并掌握学习认知的手段，自觉投身学习，以提高拒毒防毒的思想意识。其次，在教育目标方面，要以认错、遵守所规队纪、树立法制观念、提高认知能力和自我控制能力、培养和提高社会适应能力为重点，通过教育促使劳教人员转化思想、矫正恶习、学习技能，以成为遵纪守法、遵守社会公德、自食其力的良好公民为目标。在生理脱毒期实施集中式、灌输式为主的强制性教育，以认错程度、遵守所规队纪和树立法制观念为教育的侧重点。再次，在教育内容方面，生理脱毒期着重对戒毒人员进行认错教育、所情教育、行为养成教育，再加以一些分类教育、法制教育、思想道德教育、心理健康教育的部分教育。

二、生理脱毒期心理治疗

戒毒人员作为社会上的一个特殊群体，在心理健康水平上与一般人相比有很大的差距。吸毒对个体的伤害除生理方面外，更重要的是造成戒毒人员心理或健康方面的损害，使戒毒人员的人格发生深刻的变化，因此，对生理脱毒期戒毒人员的心理治疗成了教育矫治的重要内容。

（一）生理脱毒期心理治疗的目标

对戒毒人员进行心理治疗，是指运用心理治疗的专门技术，对戒毒人员的不良行为习惯进行矫正，并对他们的心理障碍（焦虑、苦闷、悲观、抑郁以及某些变态心理、人格障碍等）进行治疗，以消除或缓解他们的问题和障碍的过程。

从实际工作看，对戒毒人员进行心理治疗，能充分发挥人性化管理的感召力，通过发挥人性化管理的感召力，对戒毒人员的生活、健康和家庭等给予更多的关心和帮助，使他们感受到强制隔离戒毒所像学校、医院、家庭，重新唤起他们心灵的良知。心理治疗是一种矫正手段，主要通过改变戒毒人员的认知、情绪和行为，完善他们的人格，帮助他们恢复心理健康，达到彻底摆脱毒品的困扰的目标。

心理治疗的目标主要包括缓解症状、提供心理支持和改善戒毒人员的人格。

（二）生理脱毒期心理治疗的方法

1．精神分析疗法

精神分析的治疗方法和整个过程都是围绕着“使有心理疾病的戒毒人员从无意识中的内容进入意识之中”这一核心问题而进行的。采用自由联想、阻抗分析、移情分析和梦的分析等方法，并贯穿于治疗的整个过程中。

2．行为疗法

行为疗法又称矫正疗法，它是目前临床心理学家和精神病专家经常采用的心理治疗方法之一，包括系统脱敏法、厌恶疗法、满灌疗法和生物反馈疗法等。另外，自我管理作为一种新型的行为疗法，它在继承行为疗法注重行为本身和环境因素作用的前提下，加入了被治疗者的主观认知的倾向，要求他们对行为的改变负责，这样就提高了被治疗者的主观动机水平。

戒毒人员由于吸毒，情感一般都表现得很淡漠，自我控制能力很差，面对身体疾病、婚姻家庭、似乎无望的未来、自由受限制等问题，困扰、心理疾病等必然会比普通人群多，靠药物和管理人员的帮助，只能起到暂时的缓和作用，关键还得靠他们自己。因此，要进行有效的自我管理，就要求他们必须学会增强自我控制力，学会延缓满足。这是帮助他们增强自身意志力的一个重要因素。治疗者要对被治疗者加以指导，培育他们对痛苦反应的自我管理能力，提高自控力，使其学会自我心理调节，即用自身的意志力抑制对毒品的渴求，把不良心理转化为良性心理状态，则戒毒的效果会事半功倍，而且还可以为后续的康复治疗和回归社会训练打下良好的基础。

3．人本主义疗法

这种方法强调以人为中心，从整体上去理解人格和动机，强调人的意识具有主动性和自由选择性。在这种方法中，治疗者不是主导者，他与当事人的地位是同等的。在整个治疗过程中，要为被治疗者提供一个自然和谐的良好氛围，要尊重被治疗者的人格尊严，设身处地去理解被治疗者的感情和处境，把治疗过程看成是促进其自然成长的教育过程。只有这样，才能最终使被治疗者的内心世界发生变化，排除心理障碍，达到治愈的目的。

4．认知疗法

认知理论认为，人生来就具有理性和非理性两种思维。而思想、情绪和行为三者是同时发生的，极少有没有思想支配的情绪和行为。非理性思维和认知过程会导致不良情绪和行为的发生。人可以通过理性思维用新的观念和认知去替代旧的非理性的观念和认知，调整情绪，完善自我，朝着好的方向发展。

（三）生理脱毒期心理治疗过程

心理治疗因依据的治疗理论不同而存在不完全相同的过程，但从一般意义上讲，心理治疗通常要经历三个基本阶段，即心理诊断、心理治疗和总结。

1. 心理诊断

心理诊断阶段的任务主要是收集有心理疾病的戒毒人员的背景信息和问题信息，治疗者与被治疗者建立起良好关系，对被治疗者的心理问题进行初步诊断并与其商定治疗目标。此阶段包括建立良好的医疗关系、收集有关被治疗者的信息（包括被治疗者的经历、其对现实及自身问题的认识和理解程度、被治疗者的情绪活动、待人处事原则和行为准则等）、初步诊断和确定治疗目标等四个步骤。

2. 心理治疗

心理治疗是治疗过程中的重要阶段，在这一阶段中，采用哪种治疗方法，治疗者的水平、态度，被治疗者与治疗者的配合等都会直接影响治疗的效果。因治疗方法不同，这一阶段的步骤也有所不同。因此，在这个阶段中，应注意关于治疗的技巧、治疗者与被治疗者之间的情感影响、相互关系等问题。

3. 总结

当治疗取得满意效果以后，就进入总结阶段。要对前两个阶段收集的所有有关被治疗者的信息加以分析，与被治疗者进行一次全面的探讨，并作出结论性解释，帮助被治疗者从不同层面更加清楚地认识自己、他人和社会，以便其结束后能应付将来面临的心理问题。还要帮助被治疗者运用本次治疗过程所学到的知识、领悟和经验对其他事情进行举一反三，以便其在今后的生活中能够独立自主地应用这些知识和经验。

任务三　生理脱毒期的管理

所内教育矫治期第一阶段是生理脱毒期，时间一般为强制隔离戒毒期限的前三个月，实行全封闭式管理。在生理脱毒期，工作的重点是帮助戒毒人员在生理方面进行急性脱瘾，因此，此阶段的工作以医疗戒护为主，同时辅以心理治疗，使戒毒人员能安全度过急性脱瘾期。生理脱瘾时间一般为一个月，在全封闭的无毒环境下，针对不同戒毒人员的吸毒史及戒毒次数、生理反应等，有针对性地进行生理脱瘾治疗和并发症的防治工作。

主要任务是：① 对戒毒人员所携带的物品进行严格检查，并在该阶段定期、不定期地进行抽查或检查；② 严格封闭式管理，禁止通信和会见，杜绝毒品流入强制隔离戒毒场所；③ 进行全面身体检查，建立个人健康档案；④ 结合入所教育进行法制和毒品教育，让他们明白吸毒是违法和有害的；⑤ 帮助他们清算吸毒对身体、经济、感情、社会和荣辱危害的“五笔账”，使他们进一步认清毒品对社会、家庭和自己的危害；⑥ 帮助戒毒人员增强对毒品的厌恶感，增强理性认识，稳定情绪；⑦ 加强监护，防止意外事件的发生；⑧ 加强生活方面包括营养、休息和体能方面的调理和恢复；⑨ 对出现急性戒断症状或可能发生自伤、自残情形的强制隔离戒毒人员和以患有艾滋病为由攻击他人，可能造成艾滋病病毒传播的，可以使用束缚服（椅、床）。在使用中，要防止造成强制隔离戒毒人员人身伤害。

思考与练习

1. 怎样对生理脱毒期戒毒人员开展心理咨询支持和提供心理支持？
2. 对生理脱毒期戒毒人员进行管理工作的侧重点是什么？

实训　脱瘾训练

【训练目的】

了解和掌握在生理脱毒期对戒毒人员进行脱瘾认知的训练方法。

【训练方法】

1. 热身游戏：微笑握手。（分组、面带微笑、分别握手、自我介绍）
2. 活动开始：① 干警扮演者解释什么是毒品，什么是毒瘾以及毒瘾的特点。② 戒毒人员扮演者分别谈吸毒的原因、毒瘾发作时的感觉，并列出毒品的危害。

单元四
常规管理与教育矫治

常规管理指的是戒毒人员经过脱毒戒断期的脱毒治疗并达到生理脱瘾后，转入常规管理大（中）队进行康复治疗的过程（大、中队，是入所后的戒毒人员经过脱毒戒断期的急性脱毒、参加入所教育并通过测评达到转入常规管理大队的标准后进入的强制隔离戒毒人员组织）。

本单元学习的目的和要求是：通过本单元学习，了解康复矫治期戒毒人员的心理状态，掌握该时期教育矫治及管理的方法。

项目一　康复期教育矫治与管理

【知识目标】

通过本项目内容的学习，了解和掌握强制隔离戒毒所内康复期戒毒人员的心理状态以及教育矫治与管理的相关知识和要求。

【能力目标】

能运用心理分析的方法实现对康复期戒毒人员的教育矫治，并掌握管理的方法。

【工作任务】

康复期戒毒人员心理状态分析；康复期教育矫治；康复期的管理。

【引例】

冯某，男，36岁，国内某知名大学研究生，曾从事旅游业管理、策划工作，在社会上取得一定成就，第一次进行强制隔离戒毒。该学员今年入所以来，由于长年自愿戒毒的失败，年轻貌美、相交多年的女友毅然分手离去，家人也伤透了心，对其不理不睬，再加上强制隔离戒毒后生活现状的巨大落差，他一度对人生丧失了信心。一直以来，他情绪低落，态度消极，独来独往，不愿与人沟通，严重影响了个人的教育改造。对此，民警通过深入了解其基本情况后，在管理教育上对其采取“多鼓励、少批评”的策略，多与他谈话交流，并发动其他学员积极与他交往，同时，四次邀请教育科心理咨询师对其进行疏导，聆听他的倾诉，了解他的过去，肯定他的未来，通过探讨人生价值鼓励其积极走向新生活。通过一段时间的努力，冯某有了很大的转变，现在的他热情、开朗、大方，在每次集体活动中总是又跳又唱的，毫不保留地展现自己的才艺，全心全意为大家带来快乐。

问题：在戒毒期间，戒毒人员常常出现消极、低落的情绪状态，如何开展教育矫治工作？在管理中应当注意什么问题？

任务一　康复期强制隔离戒毒人员心理状态分析

康复期是强制隔离戒毒工作流程的第二阶段，时间为入所教育结束至解除强制隔离戒毒期限的前两个月。

入所后经过戒毒，戒毒人员开始进入逐渐平静阶段，他们开始思考一些问题，如出所后怎么办？社会上、家里人会怎样看待自己？出去后能不能找到工作？今后的生活来源怎么解决？等等。由此也带来许多心理问题：

1. 外在压力比较大，缺乏心理应对技巧

每个人生活中都会有不顺心的事情，戒毒人员面临来自家庭、单位及社会的压力更多，吸毒时依赖毒品来应对压力，戒毒后因缺乏有效的心理应对能力和技巧，容易出现抑郁、焦虑等不良情绪，这也是他们戒毒后又复吸的一个主要原因。

2. 缺少自信，自卑感严重，情绪低落

吸毒人员因既往吸毒造成经济拮据，无正当职业，无法正常生活，戒毒后非常自卑，自信心不足。他们特别渴望在回归后能得到家人和社会的信任，可心里又没把握是否能如愿，导致情绪低落。

3. 孤独、空虚的心理状态

戒毒人员既往是依靠毒品来慰藉其孤独、空虚的心灵，一旦脱离了毒品，这种负面情绪往往会占据他们生活中的大部分时间。戒毒后改变了原有的生活模式，而新的生活模式尚未建立，没有朋友、没有工作、没有其他爱好，这种空白无聊的生活空间加剧了他们的孤独、空虚。

4. 对戒毒存在一些错误的认知

许多戒毒人员对戒毒存在错误的认知。对于大多数戒毒人员来说，他们内心仍然向往一种放荡不羁的生活，却错误地认为戒毒全靠自己的意志，别人是无法帮助自己的；或者对毒品依赖性的形成认识不足，有侥幸心理，认为“自己已经戒毒，行为也改好了，偶尔吸一口不会上瘾”或“继续与吸毒朋友交往，以此来证明自己意志坚强，即使看到别人吸毒，自己也能控制住”等。

5. 内疚、自责心理

许多戒毒人员都知道，他们在吸毒期间给自己和他人造成了许多伤害，吸毒时毒品控制了自己的生活，整天沉迷于寻找、使用毒品，从不考虑自己的行为会带来什么后果。当他们戒除毒瘾后，考虑较多的是个人的前途、家庭和工作，许多人对自己吸毒所造成的行为和后果会懊悔不已、内疚自责，整日沉浸在懊恼和悔恨之中难以自拔。

任务二　康复期的管理

一、康复期戒毒人员管理的要求和任务

康复期实行较为宽松的管理方式，开展课时制的日常教育、体能训练、劳动锻炼

以及文体娱乐等活动，使戒毒人员的身心在紧张活跃的学习、劳动和训练氛围中得到充分的矫治和康复。对康复期戒毒人员的管理是指收治机关依照国家关于禁毒、戒毒的法律法规和方针政策，对康复期戒毒人员实施的管理。它包括对戒毒人员的学习、劳动、生活以及医疗卫生、后勤保障等服务的管理。

对康复期戒毒人员管理的任务，总的来说就是根据国家有关的法律法规和方针政策，运用科学的管理方法，建立和维护戒毒场所的正常秩序，为戒毒人员的矫治和康复创造必要的条件，并寓教育矫治于管理之中，使严格管理的过程成为养成教育的过程，促进戒毒人员的矫治和康复。

（一）康复期戒毒人员管理的要求

对康复期戒毒人员管理的基本要求主要有以下三个方面：

1．做到管理法制化

严格贯彻《禁毒法》的精神，加强对戒毒场所的管理，创新管理方式，调整管理的宽严度，采用封闭式、半开放式、开放式的管理模式，为强制隔离戒毒工作提供一个良好的无毒环境，使戒毒人员能在适宜的氛围中接受脱毒康复治疗。

2．做到管理规范化

康复期戒毒人员在心理上常出现自卑、内疚、孤独、空虚、情绪低落等心理问题，具有自控能力差、怕苦怕累、逃避劳动、自伤自残、自由散漫、行为突发性等特点。为此，戒毒场所要建立健全严格、全面的规章制度，如奖惩制度、行为规范制度、安全管理制度等，做到管理制度化、规范化，为教育矫治工作创造良好的条件。

3．做到管理科学化

要重视、借鉴一切科学、文明的管理方法和手段，使戒毒场所的管理科学化。要特别重视借鉴社会上医院、学校的科学管理方法和手段，改进戒毒场所教育矫治和康复的管理，真正把戒毒场所办成教育矫治戒毒人员的特殊学校。在具体管理工作中，要十分重视切断毒源的工作。切断毒源、创造所内无毒环境是戒毒人员管理工作的重要内容，是对戒毒人员进行治疗和康复的重要保证，也是避免发生交叉感染和其他恶性事故的前提之一。场所内毒品和吸毒工具的出现，不仅会严重破坏教育矫治秩序，可能导致治疗和康复工作失败，更为严重的是对场所的安全和稳定将产生破坏性影响，可能导致群体吸毒、脱逃、非正常死亡事故的发生。在共用注射器的情况下甚至还可能导致艾滋病病毒的大面积感染。因此，运用现代科学的管理方法和监控手段防止毒品的流入，就成了戒毒场所一项经常性的重要管理工作。

（二）康复期戒毒人员管理的任务

加强对戒毒人员的生活卫生管理，对治疗和康复工作具有重要意义。第一，保障戒毒人员的健康。由于毒品的强烈毒害作用，戒毒人员身体受到了严重的损害。据调查，在吸毒成瘾的人员中，患有心血管系统、肝、肺等严重疾病的占10%，皮肤病患者占85%，肝炎病毒携带者占50%，体质普遍低下。因此，戒毒场所必须把搞好生活卫生作为一项重要任务来抓，预防各种疾病传播扩大，增强戒毒人员的身体素质，以保证戒毒人员的身体健康和教育矫治工作的顺利进行。第二，加强内务卫生管理，使戒毒人员形成健康、清洁的生活习惯，为他们出所后的正常生活打下良好的基础。第三，保证戒毒人员的营养供应，促进其身体的康复。

加强对戒毒人员的劳动和就业技术培训的组织管理也是戒毒场所管理工作的重要内容。习艺劳动是戒毒人员教育矫治工作中一项不可或缺的重要组成部分。对戒毒人员实行习艺劳动、行为矫治，组织他们参加生产劳动，进行就业技术培训的目的就在于帮助他们树立劳动观念、形成劳动习惯、培养劳动技能。由于戒毒人员长期受毒品的毒害，体质低下，需要一定时期的康复，因此，应当根据戒毒人员各自的特点，科学、合理地安排劳动时间、项目和强度，防止劳动过程中各种事故的发生，以保障戒毒人员的健康和安全。

二、康复期戒毒人员管理的方法

鉴于戒毒人员在教育矫治过程中表现出来的在思想上、行为上和生理上的特点，要使他们通过教育矫治戒除毒瘾，成为一名遵纪守法、自食其力的有益于社会的合格公民，并非一件容易的事情。为此，必须依法采取适当的管理方法和措施对他们进行管理。

（一）坚持严格管理，保证场所安全

由于戒毒人员进入戒毒所后，对毒品仍然具有强烈的依赖性和渴求心理，因此，有效地堵住毒源，是防止戒毒人员复吸的关键，是保证场所安全、稳定改造秩序、营造有利于戒毒的必要环境条件。

1．分类、分期管理

进入康复期的戒毒人员同样需要实行分类编队、分期管理，要按性别、年龄、吸食情况、注射新型毒品和传统类型毒品、有无其他违法行为、强制隔离戒毒与自愿戒毒等细化编队管理，女性戒毒人员要由女性工作人员管理，不满18周岁的戒毒人员要单独管理；要按照急性生理脱毒期、康复期、巩固期进行分期管理。要配备具有相应知识、专业、管理水平的执法人员进行教育管理。要建立各自的健康、心理档案和病历卡，根据他们的身体、心理疾病状况进行分别或隔离管理和治疗，防止交叉感染，这样更有助于他们的身体、心理的康复。

2．安全管理

强制隔离戒毒所安全管理的重点是防止戒毒人员擅自离所、非正常死亡、所内犯罪、所内吸毒等安全事故，防止外部人员袭扰和破坏。因此，应当经常进行安全检查，收缴违禁品，及时消除隐患；要对戒毒人员学习、生活、劳动的场所实行现场管理，及时处理各类问题和突发事件；要定期对戒毒人员进行尿检；劳动康复期戒毒人员根据表现有些可以放假、准假出所，当他们回所时应进行必要的人身、物品的检查和尿检，这既是一种有效监督，又能严防将毒品、危险物品以及违禁品带入场所内；还要加强所内及周边巡查，并与周围相邻、相关单位建立联防制度，以保证场所院区的安全。

3．严格探访、会客制度

为了保证戒毒人员能在一个完全无毒的环境下顺利康复，在人性化管理的氛围内仍然需要严格探访、会客制度。戒毒人员的配偶、直系亲属和所在单位或就读学校的工作人员可以到戒毒所探访戒毒人员；因特殊情况其他人员要求探访的，须经戒毒所批准；正在实施保护性约束措施的强制隔离戒毒人员，不予安排探访，因特殊情况确需探访的，须经强制隔离戒毒所批准；正在接受审查或呈报逮捕的，禁止探访；探访

应在探访室或指定地点进行，探访时应当有工作人员在场；国外、境外的配偶、直系亲属探访强制隔离戒毒人员，须经强制隔离戒毒场所的省级主管机关批准。强制隔离戒毒人员的配偶、直系亲属探访时，应当持本人居民身份证或护照、户口薄等证明本人与被探访人员关系的证据；所在单位或就读学校的工作人员探访强制隔离戒毒人员的，应当持本人居民身份证和所在单位出具的介绍信，对没有证件或与证件不符的，禁止探访。探访人员送给强制隔离戒毒人员的日常生活用品，应当在强制隔离戒毒场所设置的商店购买，所送其他物品须经管理人员批准，并由工作人员当面进行检查。

4. 严格通信、邮汇制度

依法检查来往信件、邮寄包裹物品，防止夹带毒品和其他违禁品，实施检查时，应当由戒毒人员本人及两名以上工作人员同时在场进行，并做好登记、收发工作。检查过程不能超越法律、法规的规定随意扩大检查范围，严格维护戒毒人员的正当权益。戒毒人员经所在大（中）队批准，可以使用戒毒所指定电话与配偶、亲属通话。但与国外、境外配偶、亲属通话的，必须经管理人员批准。戒毒人员在戒毒场所内不得持有或使用移动通信设备。

5. 严格探视制度

强制隔离戒毒人员经管理人员批准，可以探视其配偶、直系亲属，探视应当提供以下证明：① 强制隔离戒毒人员配偶、直系亲属户籍所在地、经常居住地公安机关，强制隔离戒毒人员原单位、就读学校或所在街道（乡、镇）出具的能够证明探视者与被探视者的关系和探视理由的证明材料；② 县级以上医院出具的强制隔离戒毒人员的配偶、直系亲属病危通知书或者公安机关、国务院卫生行政部门规定的医疗机构出具的其配偶、直系亲属死亡证明；③ 其他有关证明材料。但有以下情形之一的不准探视：① 处于急性生理脱毒期的；② 正在实施保护性约束措施的；③ 其他不宜办理探视的。探视由大（中）队填写《强制隔离戒毒人员探视审批表》，经强制隔离戒毒所管理部门审核后，报强制隔离戒毒所批准。一次探视时间不得超过五日（不含路途）。逾期不归的，强制隔离戒毒所应当立即告知当地公安机关。探视的强制隔离戒毒人员可以由亲属或者所在单位、就读学校接送。探视费用自理。

6. 严格控制进出大门关

严禁执法人员私批私带戒毒人员外出，严格按照规定程序办理戒毒人员所外执行、请假外出和所外就医，以防止戒毒人员在戒毒期间有机会沾染毒品。

7. 严密包夹监控制度

及时了解和掌握吸毒人员的身体状况和思想动态，严防毒品流入和所内重新吸毒现象的发生。对摸底排查出来的危险情况、重点人员，要落实专人包夹控、包教育、包转化，以防止突发性死亡和其他恶性事故的发生。

8. 严格现金管理制度

按照戒毒人员管理的规章制度，禁止戒毒人员持有现金，防止戒毒人员利用可支配的现金进行毒品交易。可在所内设立流通代用券，有条件的戒毒场所也可采用内部磁卡购买日用必备品。

9. 保护性约束措施

强制隔离戒毒所根据需要统一设置单独管理室，并进行统一管理。强制隔离戒毒人员出现下列情形之一的，应当进行单独管理：① 涉嫌违法犯罪需要移送公安、检察机关处理的；② 在所内涉嫌违法犯罪需要隔离审查的；③ 有行凶或预谋行凶的；④ 煽动闹事和聚众斗殴的；⑤ 以患有艾滋病为由攻击他人，可能造成艾滋病病毒传播的；⑥ 有其他危险行为的。对强制隔离戒毒人员单独管理应当进行人身和物品检查；单独管理室由工作人员直接管理并进行安全检查，发现问题及时处理。其他人员需要询问、讯问被单独管理人时，须经强制隔离戒毒所批准，并严格履行登记手续；对被单独管理人应当按照所内生活标准给予保障，室外活动每日不少于一小时，对患有疾病的应当及时给予治疗；对被单独管理人提出的申诉、控告等材料，应及时转递，不得扣押；使用保护性约束措施，应当由大（中）队填写《使用保护性约束措施审批表》，经所管理部门审核，报所批准。遇有紧急情况，可以先行采取措施，并及时补办审批手续。束缚服（椅、床）应当间隔使用，一次单独管理的时间不得超过五日。

（二）实行规范化管理，强化日常行为规范

针对戒毒人员思想消极、作风散漫、懒惰成性、体质较差等特点，根据“三种管理模式”的不同等级的管理要求，一方面要强化日常管理的制度化，实行规范化和军事化管理，要求戒毒人员做到“五化”（行动军事化、劳动集体化、生活规范化、内务和环境卫生经常化、语言文明化），使戒毒人员的生活、学习和劳动按规范运作。强化日常良好行为习惯的养成，消除他们纪律性差、作风懒散的不良习性，营造军营式、校园式的教育矫治环境。另一方面，对戒毒人员进行队列操练、广播体操训练等，开展形式多样的集体活动，强化他们的行为规范，矫正恶习，以增强他们的集体主义观念，减少个人消极、悲观情绪，增强他们的毅力和意志，使他们在做人的基本行为中改掉放荡不羁、自由散漫的不良行为。

（三）加强涉嫌犯罪、擅自离所、所内死亡、所外就医的管理

在康复期的管理中，要加强对涉嫌犯罪、擅自离所、所内死亡、所外就医等的管理。发现涉嫌犯罪的，要移送当地公安机关、检察机关立案侦查；因涉嫌犯罪被逮捕的，戒毒场所应当将其除名；对擅自离所的戒毒人员，应当在三日内书面通知原作出强制隔离戒毒决定的机关；如发生戒毒人员在所内死亡的，凭医院出具的死亡证明，经检察机关检验后，通知其亲属、所在单位和户籍所在地公安机关，死者亲属对死亡提出异议要求司法鉴定的，由强制隔离戒毒所组织鉴定，鉴定费用由亲属承担；死者无亲属、单位或者死者亲属、原单位接到通知后20日内不来认领、处理尸体的，由强制隔离戒毒所报其主管机关批准后处理。戒毒所对死亡的强制隔离戒毒人员进行登记后予以除名，对死者遗留的财物，应当清点登记，通知其亲属领取，无人认领的，按照《中华人民共和国继承法》的有关规定处理。

强制隔离戒毒人员患有严重疾病而所内不具备治疗条件，地方县级医院也无法治愈的，可以办理所外就医（法律法规另有规定的除外）。强制隔离戒毒人员办理所外就医，须由指定的地方县级以上医院出具诊断证明，并由其亲属、原工作单位或就读学校提出书面申请且同意担保。具体手续是：① 强制隔离戒毒人员所在大（中）队填写强制隔离戒毒人员所外就医审批表；② 强制隔离戒毒所医务部门、管理部门审查并提出所外就医意见；③ 强制隔离戒毒所审核，报其省级主管机关批准；④ 所外就医批准后由强制隔离戒毒所填发《强制隔离戒毒人员所外就医证明》，通知担保人将所外就医人员接回，并通知当地公安机关和原强制隔离戒毒决定机关。

值得注意的是，一次所外就医时间为1～3个月，强制隔离戒毒所应当及时了解所外就医人员疾病治疗情况，对已经痊愈的要及时收回所内执行剩余强戒期限；未痊愈的可以续办所外就医手续；如果在所外就医期间强制隔离戒毒人员的强戒期限到期，应通知其回所进行戒断诊断评估。强制隔离戒毒人员所外就医的费用由其自理。

（四）在管理人员的直接指导下实行一定程度的自我管理和民主管理

强制隔离戒毒人员经过一段时间的教育矫治，到康复期已培养了一定的自我管理能力，他们基本上都进入了半开放式或开放式管理模式，在管理中，可以让他们在执法人员的直接管理和指导下参与管理和自我管理。一方面可以通过在大（中）队建立班组和成立“民管会”，通过强制隔离戒毒人员的组织征求和反映他们对戒毒工作的意见和建议，让他们协助执法人员开展各方面的事务性工作；另一方面，通过制定和落实各种连带责任的奖惩措施，建立多层次的行之有效的自我管理机制，充分发挥强制隔离戒毒人员参与管理和自我管理的作用，促进管理秩序的稳定。

（五）推行考核、奖惩、评估制度，充分发挥奖惩的激励、引导和打击、惩处作用

为了使各项管理制度落到实处，提高康复期的管理效果，对强制隔离戒毒人员在遵守纪律、教育学习、生活卫生、康复训练和习艺劳动等方面的现实表现，要定期进行考核。考核时应根据《戒毒人员考核办法》进行严格的量化考核，做到月小结、季评比、年终总结，并将奖惩与戒毒期限挂钩。切实做到奖惩分明、宽严相济，充分调动戒毒人员遵规守纪和戒毒的积极性，营造良好的矫治秩序。

考核的结果须经强制隔离戒毒人员本人签名确认后存入档案；拒绝签名的，应当注明情况。强制隔离戒毒人员的考核结果应当作为诊断评估的依据。

强制隔离戒毒所应当根据强制隔离戒毒人员的所内表现进行奖惩。奖励的种类分为表扬、嘉奖和记功三种；惩罚的种类分为警告、严重警告和记过三种。奖惩由大（中）队提出意见，填写《强制隔离戒毒人员奖惩审批表》，经强制隔离戒毒所管理部门审核，报强制隔离戒毒所批准。作出的奖惩决定，应当向强制隔离戒毒人员宣布，经其本人签名确认后存入档案；拒绝签名的，应当注明情况，但不影响奖惩决定的执行，奖惩结果应当作为诊断评估的依据。

强制隔离戒毒所应当在强制隔离戒毒人员被执行强戒措施一年后或两年期满前对其进行戒毒治疗和康复情况的诊断评估，具体按照国务院卫生行政部门会同公安、司法行政部门制定的诊断评估办法执行。强制隔离戒毒人员入所一年后，经诊断评估认为戒毒情况良好的，可以提出提前解除强制隔离戒毒的建议，报原强制隔离戒毒决定机关或者受委托的强制隔离戒毒所省级主管机关批准。强制隔离戒毒两年期满前，经诊断评估，对于需要延长戒毒期限的，由强制隔离戒毒所提出延长戒毒期限的建议，报原强制隔离戒毒决定机关或者受委托的强制隔离戒毒所省级主管机关批准。延长强制隔离戒毒的期限最长不能超过一年。

（六）加强强制隔离戒毒人员班组建设和“三大员”使用管理，严厉打击“所王所霸”、地域性帮派团伙

强制隔离戒毒人员成分、社会关系复杂，行为冲动，对抗性强且具有共同依附的心理，容易滋生“所王所霸”和地域性帮派团伙。实践证明，帮派突出问题的背后往往都有“三大员”操纵，因此，选好、用好强制隔离戒毒人员班组长、“三大员”极为重要。

首先，要制定严格的班组长和“三大员”使用管理制度。严格按使用规定的条件、程序进行选拔、审核、考核及任用。

其次，要加强对班组长和“三大员”的管理教育和考核，严格要求和管理。每月对班组长、“三大员”进行全面考核，由强制隔离戒毒人员群众评议，大（中）队按称职、基本称职和不称职三类进行考评。对不称职的要及时改选或撤换，并作出适当的处理；对基本称职的要及时作出教育和制定出整改措施。

再次，严厉惩处“所王所霸”和地域性帮派团伙，促进管理秩序稳定。地域性帮派团伙是强制隔离戒毒人员中特别明显的交往方式，他们之间往往具有共同的语言、习惯和价值观念。“江湖义气”的价值体系和交往方式以及责任分担的侥幸心理是其产生的基础。因此，要抓住他们内部的凝聚力这一核心，分散、阻挠他们凝聚力的增长，消除隐患。同时，有力地打击团伙骨干，采取必要的手段使其分化瓦解，有效地稳定场所秩序。目前，强制隔离戒毒所都采用封闭式、半开放式和开放式三种分级管理模式，对于严格管理、促进稳定极为有效，值得总结推进。

任务三　康复期教育矫治

一、康复期教育矫治的主要内容

康复期教育矫治以强化认知、康复训练、心理治疗和职业技能培训为主要内容，主要开展以下七种教育：

（一）政治思想教育

政治思想教育的主要内容包括法律常识、思想道德修养、拒绝毒品和预防艾滋病教育、爱国主义教育以及形势政策教育等。政治思想教育在转化强制隔离戒毒人员成为自食其力的新人的过程中，起着核心的作用。通过对他们进行思想教育，使他们转变错误的立场和观点，培养良好的道德品质和情操，不断克服各种错误、悲观的情绪。

1. 法律常识教育

法律常识教育主要是通过基本法律知识的灌输，培养强制隔离戒毒人员知法守法的观念。这是促使强制隔离戒毒人员接受政治思想教育的基础。法律常识教育可以提高他们的法律意识，使他们懂得法律的规定，懂得哪些可以做、哪些不能做，知道违反法律的后果，增强遵纪守法的观念。在法律常识教育中，关键是要矫正一些强制隔离戒毒人员存在的“吸毒不违法”的错误认识，强调国家禁毒的决心和法律的严肃性，提高他们的思想认识。

2. 拒绝毒品和预防艾滋病教育

拒绝毒品和预防艾滋病教育应包括以下四方面的内容：一是中国禁毒史的教育。结合近代史进行爱国主义教育，使强制隔离戒毒人员认识到毒品对国家和民族的深重危害，增强历史责任感。二是毒品对人体生理损害的知识教育。阐述毒品对人的神经系统、循环系统、免疫系统、呼吸系统、消化系统及泌尿系统都有严重的危害，过量吸食毒品会导致中毒死亡，同时，吸毒还是传播性病、艾滋病的主要渠道之一，严重影响人类的身体健康，还会降低国民的素质。三是毒品对个人、家庭的危害。首先，吸毒将耗尽家庭资财，让家庭陷入财政困难甚至倾家荡产的境地；其次，吸毒严重损害强制隔离戒毒人员与家庭成员的亲情关系，导致家庭破裂，影响社会稳定。四是毒品对社会的危害。吸毒破坏社会生产力，耗费社会经济资源，诱发刑事犯罪，破坏社会风气，破坏良好的治安环境。同时，毒品对吸毒者造成的危害，最终将导致吸毒人员自身的毁灭。

在对康复期强制隔离戒毒人员进行教育的过程中，一是要注意运用算“危害账”的方法，通过联系强制隔离戒毒人员自身的情况，让他们控诉毒品的危害，增强其戒毒的决心和意志；二是要注意发挥电影、录像及多媒体等教学手段和社会帮教情景模拟等方法的作用，增强教育的活跃气氛和情感互动，提高教育的效果。

3. 思想道德教育

正确的人生观是人的精神支柱，要通过爱国主义教育和道德教育等正面教育，使强制隔离戒毒人员明白树立正确人生观的重要意义，提高他们的认识能力、辨别能力，帮助他们改变原来错误的思维方式，增强他们的爱国主义精神，提高他们对优秀传统道德和社会主义道德观念的认识，提高道德素质，增强社会责任感和家庭责任感，改变他们道德水准低下的状况，实现其人生观和价值观的转变。

（二）行为规范养成教育

行为规范养成教育就是通过教育和半军事化训练矫正强制隔离戒毒人员的不良行为与习惯，养成文明的行为习惯。习惯是人的第一天性，人们性格中很大一部分所表现的是一个人习惯化了的行为方式，所谓习惯成自然。因此，培养良好的行为方式的关键在于培养良好的生活和行为习惯。进行行为规范养成教育首先需要一个相对封闭的、有监督引导的、有一定强制性氛围的行为规范环境；其次，要严格落实各项行为准则，制定《强制隔离戒毒人员守则》、《强制隔离戒毒人员行为规范》和《强制隔离戒毒人员日常生活规范》等。除此之外，要针对强制隔离戒毒人员的人格特征所表现出来的弱点，有意识地培养与其原行为方式相反的习惯特征，通过这种新的行为习惯来克服和改变原来的人格特征。

（三）文化教育

强制隔离戒毒人员中普遍存在低龄化和文化水平较低的问题，开展文化教育，使他们具备一定的文化知识，是提高他们的认识能力、思想觉悟和道德水平的基础。通过文化教育，可以改变他们原有的知识结构和畸形的心理状态，转移不正当的兴趣和需要，用科学文化知识填补其空虚、愚昧的头脑，帮助其提高文化水平和辨别是非的能力。文化教育还是强制隔离戒毒人员学习掌握劳动就业技能的基础，为其顺利回归社会做好铺垫。

文化教育主要是进行扫盲和初等教育，有条件的还可以进行初、高中教育。鼓励强制隔离戒毒人员参加社会上的函授大学、电视大学以及参加全国高等教育自学考试等。

（四）职业技术教育

职业技术教育是指对强制隔离戒毒人员进行工农业生产和服务行业的基本知识、基本技能的教育，包括一般的、综合性的技术教育和职业培训。它能够提高强制隔离戒毒人员的能力和素质，使他们掌握一定的专业技能，为其回归社会后的就业创造有利条件。同时，职业技术教育也有利于巩固矫治成果，提高教育质量。

根据强制隔离戒毒人员本身素质的实际情况，职业技术教育应以实用型应用技术教育为重点。教育内容及课程的设置一般要考虑三个要素：一是考虑强制隔离戒毒人员回归社会后的就业需要；二是从城乡经济发展和社会迫切需要的短线紧缺专业进行职业技术教育；三是结合强制隔离戒毒所的实际情况，如场地、经费、强制隔离戒毒人员的特定情况等进行设置。对强制隔离戒毒人员的职业技术教育，可以由当地劳动就业部门定期考核，并按照国家的有关规定评定技术等级。对考试评定合格者，发给相应的技术等级证书，作为其回归社会后就业应聘的依据。

强制隔离戒毒所应把职业技术教育作为戒毒教育的发展方向，加强职业技术教育，制订规划、创造条件，把强制隔离戒毒所办成特殊的职业技术学校。

（五）劳动教育

生产劳动是人类最基本的实践活动。强制隔离戒毒人员由于吸毒前养成的不良生活习惯以及吸毒后自身生理条件的改变，身体素质差，厌恶和惧怕劳动。进行劳动实践，不仅能使他们增强体质，学到一定的生产技能，而且对纠正其不良行为习惯、树立正确的人生观和价值观也将起到重要的作用。

（六）辅助教育

辅助教育主要包括开展形式多样的文娱体育活动，充分利用墙报、板报、广播、电视等载体，建立适宜强制隔离戒毒人员阅读的图书馆、阅览室，定期举行升旗仪式或社会帮教活动等，营造浓郁的教育氛围，培养他们的情操，达到潜移默化、教育挽救的目的。

（七）审美教育

审美教育主要是培养强制隔离戒毒人员树立正确的审美观念，使之形成新的审美追求，激发强制隔离戒毒人员真挚的情感共鸣，增强思想教育的渗透力和吸引力，培养强制隔离戒毒人员表达美、鉴赏美、创造美的能力，从而净化场所教育、转化的环境。审美教育可以通过举办各类兴趣小组、书画展、文艺演出等形式进行。

二、康复期教育矫治的主要形式

（一）共同教育

共同教育或集体教育，是解决强制隔离戒毒人员中共性问题的教育方法，也是目前强制隔离戒毒所最常采用的教育形式，一般是以集中上课的形式进行。它适合于对强制隔离戒毒人员进行理论知识教育，对于及时解决他们共同关心的问题有很大的益处。

由于强制隔离戒毒所场地、人员的限制，不可能经常地对每一个强制隔离戒毒人员都进行一对一的教育。而共同教育突破了场地和人员的局限，而且在共同教育的形式下，教育氛围比个别教育活跃，也能提高强制隔离戒毒人员参与教育活动的积极性，增强教育活动过程中的互动。

（二）个别教育

个别教育是解决个别强制隔离戒毒人员存在问题的教育方法，由执法人员与强制隔离戒毒人员以“一对一”、“面对面”的交谈方式进行。这种方式决定了个别教育具有以下特点：一方面具有很强的针对性。管理人员可以根据教育对象的具体问题制定教育对策，能够最大限度地解决强制隔离戒毒人员自身的问题。另一方面具有很强的灵活性，教育不受时间、地点、内容和形式的限制。个别教育是执法人员与强制隔离戒毒人员进行直接、有效的思想交流的教育方式，容易收到情理交融的效果。同时，由于个别教育具有其特有的灵活性、针对性的优点，对转化强制隔离戒毒人员思想、矫正其恶习具有十分重要的作用。

（三）分类教育

对强制隔离戒毒人员在实行分类管理的基础上进行分类教育，是一种在共同教育形式下将强制隔离戒毒人员进一步细化进行管理教育的方式。它有利于增强教育的针对性和提高教育效率，目前在强制隔离戒毒所被普遍使用。我们可以根据强制隔离戒毒人员的恶习程度、违法犯罪的具体情况、年龄等各种不同情况进行细化的分类教育。

组织实施分类教育，绝不能以此掩盖教育对象个体的具体性，从而削弱或淡化个别教育的作用。毕竟每一个强制隔离戒毒人员的问题都是具体的。

（四）社会帮教

这是教育工作“三个延伸”中向外延伸的要求，由强制隔离戒毒所联合社区、派出所及戒毒人员家庭，共同对强制隔离戒毒人员进行教育帮助和监督。在进行法律常识、思想道德修养等常规教育的基础上，实施“借脑工程”。邀请专家学者、成功戒毒人员、帮教志愿者等为强制隔离戒毒人员作专题报告，以丰富翔实的资料，从多个角度给予强制隔离戒毒人员以深刻的教育和启迪，矫正其道德观念，增强其学法、知法、懂法、守法和用法的法律意识。

打破封闭的教育模式，利用社会力量促进强制隔离戒毒人员思想转化具有重要而积极的意义。首先，社会帮教体现了综合治理的精神，全社会都关心戒毒工作，无疑是禁毒戒毒工作取得成效的保障；其次，社会帮教可弥补所内教育力量的不足，特别是家庭所具有的亲情、爱情的作用是其他教育形式所不能替代的，它是强制隔离戒毒人员极重要的情感归依；再次，社会帮教有利于强制隔离戒毒人员形成积极的社会认知，使他们体会到社会的温暖，看到改造的前途，消除可能滋生的反社会情绪，促进他们人格的正常发展。

社会帮教对强制隔离戒毒人员的思想转化有着不可替代的作用。创新社会帮教形式，首先要注重帮教工作的参与性，让每一名强制隔离戒毒人员都受到一次深刻的教育；其次，要深化帮教工作的延展性，及时与帮教单位或帮教人员建立信息反馈制度，建立以强制隔离戒毒人员家属、原单位、社区、乡镇帮教部门为主体的帮教体系，形成相互联系、相互扶持的工作制度；再次，要拓展帮教工作的广泛性，动员社会各界广泛参与对强制隔离戒毒人员的帮教工作。

（五）心理学干预

强制隔离戒毒人员作为一个特殊的群体，难以戒掉毒瘾并不单纯因为他们的意志薄弱，更重要的是毒品已经改变了他们的大脑机能，“劫持”了大脑的动机系统，甚至改变了大脑的基因功能。强制隔离戒毒人员在戒毒期间是心理活动最复杂多变、心理矛盾和冲突最激烈的时期，尤其是在康复期，他们摆脱了毒品，即将回归社会，各种压力接踵而至。因此，对他们进行心理学干预，重塑健康人格，对配合教育矫治工作、真正戒断毒瘾有很大的帮助。

康复期的心理学干预主要包括心理咨询和心理治疗。心理咨询既是一门学科（咨询心理学），也是一种心理技术工作，即心理咨询服务。作为一种技术与服务的心理咨询方法，其含义是：当事人就自身存在的心理问题通过语言、文字等向咨询师诉说；咨询师则运用心理学的理论和技术，通过回答问题、解释疑惑、提供建议和商量讨论等方式，协助当事人找出其自身心理问题产生的原因，分析问题的症结所在，寻求摆脱困境的对策，从而缓解心理冲突，恢复心理平衡，提高环境适应能力，增进身心健康。心理治疗是指在良好治疗关系的基础上，由经过专业训练的治疗者运用心理学的有关理论和技术，针对当事人较严重的心理问题和障碍，通过语言、表情、行为举止并结合其他特殊的手段来改变或影响当事人的消极认知情绪，减轻或消除导致当事人痛苦的各种心理因素和异常行为，促进当事人精神康复，进而培养出健康人格的一种方法。心理咨询与心理治疗有许多相似之处：一是所采用的理论方法常常是一致的；二是进行工作的对象常常是相似的；三是在强调帮助来访者成长和改变方面，二者是相似的；四是二者都注重建立帮助者与求助者之间的良好人际关系。但二者也存在很多区别：第一，心理咨询是以遇到心理困惑或有强烈心理冲突与矛盾的正常人为对象，关注对象的现在，干预的重点是发展，根本目的是改善个体的心理机能；心理治疗是以心理健康水平较低或心理机能失调及心理上有障碍的疾患者为对象，关注对象的过去，干预的重点是矫治，根本目标是纠正与治疗患者心理与行为失常的问题，恢复其心理健康。第二，心理咨询着重处理的是正常人所遇到的各种问题，心理治疗的适应范围则主要是某些神经症、性变态、心理障碍、身心疾病、康复中的精神病人等。第三，心理咨询用时较短，咨询次数一般为一次至几次；而心理治疗费时较长，治疗需几次到几十次不等，甚至经年累月方能解决。第四，心理咨询在意识层次进行，更重视其教育性、支持性、指导性工作，焦点在于找出已经存在于来访者自身的内在因素，并使之得到发展，或在对现存条件分析的基础上提供改进意见；心理治疗的某些学派主要针对无意识领域进行工作，并且其工作具有对峙性，重点在于重建患者的人格。第五，心理咨询工作更多的是直接地针对某些有限的具体目标而进行的；心理治疗的目的则比较模糊，其目标是使患者得到改变和进步。

心理学干预的主要内容有以下五个方面：① 培养、调动强制隔离戒毒人员的心理自救意识；② 帮助强制隔离戒毒人员学习、掌握心理自救的技能；③ 恢复、重塑强制隔离戒毒人员健康的生活理念和生活习惯，重塑人格；④ 矫治强制隔离戒毒人员对毒品的心理依赖性和不良行为；⑤ 培养强制隔离戒毒人员自我调控的能力，帮助、辅助强制隔离戒毒人员逐步回归家庭、走进社会。

任务四　对戒毒人员中 HIV 感染者的集中管理和教育

随着社会形势的发展变化，毒品和艾滋病问题在我国已呈蔓延之势。据有关数据显示，目前，我国公安机关登记在册的吸毒人数已经达到 122 万人，艾滋病病毒（HIV）感染者和病人约 84 万人，因艾滋病死亡的约 24 万人，除此之外，还有更多的隐性吸毒者和艾滋病感染者。有关评估结果显示，艾滋病感染途径转向以性传播为主，疫情由高危人群向一般人群扩散的危险在加剧。

吸毒者作为艾滋病感染的高危人群，给强制隔离戒毒所带来了许多新的问题。随着国家《艾滋病防治条例》、《禁毒法》等法律法规的相继实施和全国《劳教场所艾滋病防治与控制实施办法》的出台以及“大收戒”工作部署的开展，各强制隔离戒毒所面临着收戒人员中出现越来越多的 HIV 感染者的问题。面对新的挑战，强制隔离戒毒所要不断创新管理教育内容，提高管理教育水平，通过关爱教育、心理辅导和医学治疗等方式，提升对强制隔离戒毒人员中 HIV 感染者的管理教育水平。

目前，各强制隔离戒毒所对强制隔离戒毒人员中的 HIV 感染者基本上实行的是相对集中管理，即将筛查出来的 HIV 感染者相对集中在某一两个大队与部分普通强制隔离戒毒人员一起生活管理，在其离所时告知。采取的是“盲式管理”的模式，即除禁毒日、世界艾滋病日等面上的宣传和具体个别的谈话外，平时不公开谈论 HIV 的问题，直接管理的大队民警掌握 HIV 感染者的资料，实行严格的保密制度，只有部分已知自身感染 HIV 的强制隔离戒毒人员知道，其他人员并不知情，表面上与其他强戒大队管理无异。这种管理模式的最大优势是较好地落实了保密原则，特别是维护了 HIV 感染者不希望被其他人知道的心理，但对 HIV 感染者的“四免一关怀”政策难以落实，尽管采取了某些措施但仍存在交叉感染的风险，且容易引起强制隔离戒毒人员之间及他人的议论和猜测，造成一些强制隔离戒毒人员的心理恐慌，给安全管理带来一定的隐患。

相对集中管理给一线民警的管理工作也带来一定困难。首先，强制隔离戒毒所目前普遍适用的是《劳动教养试行办法》等法律法规，而《劳动教养试行办法》只是针对一般性轻微违法劳教人员，对 HIV 强制隔离戒毒人员的管理没有明确规定，致使专管场所在违纪处理、医疗保障、生产习艺等各方面找不到处理依据和流程，针对出现的问题，民警或多或少存在不敢管、不知道该如何处理的现象。由于将他们与普通强制隔离戒毒人员混管，制度、方法上没有区别，对他们的奖励、处罚都难以操作，如 HIV 强制隔离戒毒人员因某些难以治愈的皮肤病和心理问题等多方面的影响，时常会出现消极怠工、在习艺场所睡觉等情况，如果其他强制隔离戒毒人员不了解内情，就会造成不良影响。其次，受专业人才、技术设备、经费不足等多方面因素的影响，专管场所对 HIV 感染者的医学治疗、心理矫治工作开展的难度很大，相关作用难以有效发挥。

一、强制隔离戒毒人员中 HIV 感染者的心理状态

强制隔离戒毒人员是社会上的一类特殊群体，与 20 世纪 80 年代末至 90 年代初的吸毒人员相比，他们的成分和家庭环境都发生了很大的变化。他们都具有不良人格习性，或受过学习、就业上的挫折，大多数人学历低、生存技能差，无业或自由职业居多，与社会阴暗面接触多，许多人单身或离异，家庭较困难或经过多次吸戒毒导致家庭危机，亲人因他们吸毒带来的窘境心力交瘁，有的对他们产生了厌弃思想，他们本身在经历多次戒毒、复吸后对戒毒失去了信心，产生人格变异而难以正常沟通。

强制隔离戒毒人员中的 HIV/AIDS 人员除了具备吸毒人员的心理特征外，心理状况更为复杂。目前，强制隔离戒毒所实行全部人员筛查制度和出所前告知制度，他们进

所之前50%以上都知晓自己已经感染艾滋病病毒，尤其是那些“二进宫”以上的复吸人员。部分已经知道自己感染HIV的强制隔离戒毒人员的主要愿望是希望得到关心和治疗，关心包括情感、劳动任务等各方面。那些不清楚自身身体状况的专管大队的强制隔离戒毒人员，则主要是猜疑和恐惧，多方打听自己是否为HIV感染者，甚至出现过激言行，强制隔离戒毒人员之间存在提防心理，有强烈的求医看病要求。对于首次获知自身感染HIV的强制隔离戒毒人员，一般都会经历否认与求证、罪恶感与愤怒或害怕、悲伤、平静和尝试新生活等几个阶段，会产生惊恐、焦虑症、抑郁、绝望、时有反复等心理症状，个别甚至会产生报复社会的思想。

二、强制隔离戒毒人员中HIV感染者的集中管理和教育

对强制隔离戒毒人员中HIV感染者实行集中管理，可以有效地避免此类人员在场所内的交叉感染机会，更好地落实国家有关帮助优惠政策，体现国家对他们的人道主义关怀。但集中管理也给强制隔离戒毒所的管理工作带来许多新的问题和难度，首先面临的是如何告知和保密的问题；其次是这些人员在场所内得知自身感染HIV后，如何对他们产生的负面情绪进行安抚和疏导，以保持场所的安全稳定，如何帮助他们更好地面对日后的生活等问题。怎样开展管理和教育呢？笔者认为，应在帮助、关怀、疏导的原则下做好以下五个方面的工作：

（一）加强对HIV感染者的入队教育，规范日常管理流程

强制隔离戒毒人员初入强制隔离戒毒所时都会进行全面筛查，在筛查的基础上对确诊为HIV阳性的将调入专管场所。他们进入专管场所后，要做好细致的入队教育，帮助他们解决生活上的各种困难，促使其尽快适应新的环境和稳定其情绪。大（中）队要安排好HIV强制隔离戒毒人员一天的活动日程，他们的习艺劳动时间要比一般的强制隔离戒毒人员适当减少，增加个别谈话等教育和观看电视、棋牌、听音乐等文体活动及心理治疗、亲情电话的时间，尽量充实他们的日程活动，让他们能在宽松的环境下尽快适应专管场所的管理模式。

调入专管场所后应通过问卷或面对面了解调查，根据其本人知情和不知情的情况区别对待，并根据他们的不同心理特点建立分类编队、分期管理教育模式，尤其要加强对尚不知情的HIV感染者的密切观察和管理教育。制定严格的告知程序，告知的决定应当由大（中）队集体研究决定，告知的人员应由医学、心理学方面的专业人员和直接管理的干警参与，选择适当时机采取单独交谈方式进行，以减少安全隐患和负面影响。告知应逐个进行，在做好相应稳定工作后再告知下一个。为了有充足的时间对他们进行心理干预以稳定其思想、情绪，本着对社会和其本人负责的态度，告知工作应在其解除强制隔离戒毒期满前3~6个月之前进行。

（二）落实国家的“四免一关怀”政策，对HIV强制隔离戒毒人员开展经常性的情感沟通和关怀教育

“四免一关怀”政策是国家对艾滋病感染者实施关怀的重要政策。“四免”是指：①对农村居民和城镇未参加基本医疗保险等医疗保障制度的经济困难人员中的艾滋病病人免费提供抗病毒治疗药物；②在全国范围内为自愿接受艾滋病咨询检测的人员免费提供咨询和初筛检测；③为感染艾滋病病毒的孕妇提供免费母婴阻断药物及婴儿检

测试剂；④对艾滋病病人的孤儿免收上学费用。“一关怀”是指将生活困难的艾滋病病人纳入政府救助范围，按照国家有关规定给予必要的生活救济。积极扶持有生产能力的艾滋病病人开展生产活动，增加其收入。加强艾滋病防治知识的宣传，避免对艾滋病感染者和病人的歧视。

HIV 强制隔离戒毒人员的身份具有多重性，他们既是吸毒违法人员，又是患有迄今尚属不治之症的病人，同时还是毒品的受害者。《禁毒法》明文提出了要对戒毒人员实行帮助、教育、挽救的原则，对他们中的 HIV 感染者应更多地体现关怀和帮助。根据 HIV 感染者更渴望关怀的心理特点，管理民警要多与他们交谈沟通，尽量满足他们的精神和情感的需要，同时，要了解他们的思想状况和诉求，尽量帮助他们解决问题，让他们体会到国家对他们的人文关怀。对 HIV 强制隔离戒毒人员，首先要从生活上进行关怀。由于这类人员缺少家庭温暖，专管场所有必要采取鼓励自愿上岗劳动并提高习艺劳动报酬等方式，解决他们的一些购物经费来源和伙食补贴，适当提高他们的生活标准。

应加大对他们的教育工作力度，在对他们进行关怀教育的过程中，应主要围绕珍爱生命、认识毒品和艾滋病知识的宣传教育及有关法律法规、社会道德、社会形势的教育。可以通过讲座、谈心、讨论、活动等方式，还可以利用图片、影视、多媒体等多种直观形式，向他们宣传艾滋病防治研究的最新成果、与疾病斗争的真人真事等，鼓励他们面对挫折和困难，克服悲观失望、自暴自弃的情绪，激发他们对生活的信心和勇气，培养他们健康的、积极向上的心态。在管理过程中，要鼓励 HIV 感染者之间开展自我教育、互助教育和同伴教育，加强与他们的家属、社会医疗机构、义工社团和志愿者的联系，全方位、多角度地把相关的知识和人文关怀送达他们心中，让他们感受到国家、社会的温暖，以稳定他们的情绪，避免产生偏激状况，减少问题和事故的发生。

（三）科学文明管理，确保专管场所的安全

由于 HIV 感染者身体健康状况较差，心理、情绪复杂多变，往往会因一些小事而产生矛盾甚至引发其他严重的安全事故，给专管场所的日常管理增加安全隐患，因此，对他们的管理应做到科学文明，避免矛盾激化，特别是要严格落实 24 小时的直接管理制度。所谓直接管理制度，是指由民警直接承担管理职能，对强制隔离戒毒人员实行直接监控的一种管理方法或模式。即由民警对强制隔离戒毒人员学习、劳动、生活的场所实行现场管理，直接进行检查、督促，处理各种问题，认真执行点名、夜间值班、查铺制度，保证 24 小时不脱管，确保对强制隔离戒毒人员不间断的直接管理。密切关注“三大现场”，对出现的各种问题要及时处理和化解。在加强直接管理的同时要完善 HIV 感染者的自我管理组织，挑选表现较好的 HIV 感染者作为“三大员”，协助民警进行管理、教育，及时了解和掌握 HIV 强制隔离戒毒人员的各种动态信息，对突发事件及时报告或制止，尤其是对首次得知感染 HIV 后情绪不稳定的人员要实行全方位的监控和教育工作。

（四）配齐配强警力，完善全方位的资源保障

管理和教育 HIV 强制隔离戒毒人员有较大的风险，民警会产生较大的心理压力，对民警的要求较高，同时，高强度的工作也需要民警付出更多的心血和精力，因此，对专管场所在人力、物力等方面应予以优先保障，在警力、政策、经费、医疗设施、HIV 感染者的生活设施等都应给予全方位的保障。首先是警力方面，由于要做到“24 小时不脱管”，且工作强度更大，因此要在民警数量上予以保障，切实做到按照司法部规定的（或略高于）一线干警比例安排警力；其次，要选调具备较强爱心、责任心和善于沟通、说服能力强的民警，适当增加和配备医学、心理学方面的专业人员；再次，要通过争取高危津贴、评先评优晋升方面的倾斜和帮助专管民警购买保险等政策、措施，鼓励民警参与 HIV 强制隔离戒毒人员的管理工作，建立一支高素质的民警专管队伍；最后，要建立完善的治疗机构和设施，使 HIV 或其他并发症病人能够得到及时有效的治疗和病情控制，满足 HIV 强制隔离戒毒人员希望得到治疗的愿望，减轻因疾病带来的不利因素。

（五）建立监控体系和突发事件应急处置预案，预防职业暴露的发生

建立 HIV 强制隔离戒毒人员管理、医学、心理干预方面的管理体系，把医务室设立在大队第一线。首先，HIV 强制隔离戒毒人员入所后要建立完整的健康档案，并在医学上进行全程监控，开展定期体检和治疗活动，及时了解、发现他们的身体状况，为管理教育工作提供医学上的意见和建议。其次，要为 HIV 强制隔离戒毒人员建立心理监控体系，建立专门的训练咨询机构，建立与日常工作相结合的心理咨询和辅导工作机制，对他们进行定期的心理辅导，了解其心理状况，帮助他们建立健康心理。特别是 HIV 感染者在首次被告知后的一段时期，他们的心理问题特别严重，必须加强心理干预措施，帮助他们有效化解内心的痛苦和焦虑，度过不稳定心理期。

在管理工作中应建立完善的突发事件应急处置预案，针对 HIV 强制隔离戒毒人员打架斗殴、自杀自残、绝食闹事、袭击民警、集体诉求等不同情况，制定相应的应对措施和预案，指导专管民警的言行，必要时可以对情绪不稳定的 HIV 强制隔离戒毒人员采取临时强制隔离、禁闭反省等约束性保护措施。专管场所一线民警应配备防护手套、衣帽、警棍、通信或报警装置等应急设施，放置在随时可以取到的位置，以备不测，当现场局面无法控制时及时报警请求二线警力增援。二线应急民警应配备防护服、盾牌、麻醉枪、网枪、催泪弹等装备，以确保紧急情况发生时能够进行有效控制。在对 HIV 强制隔离戒毒人员的日常管理工作中，仍然会存在许多不可预知的情况，因此必须严格按照工作制度、工作预案进行操作演练，防患于未然。应将预防职业暴露置于与自杀、脱逃等安全事故同等甚至更重要的地位，以确保专管场所的安全。

实训　脱瘾教育指导实操题：习惯养成训练[①]

【训练目的】

要求戒毒人员建立新的生活方式来取代以往不健康的生活方式。

【训练方式】

课堂教学（课时安排：7 课时）

【训练步骤】

(1) 指导戒毒人员制订习惯养成计划（5 课时）。要实现康复，需要戒毒人员对人

① 此实操题引自广东省戒毒管理局编印的《脱瘾教育指导手册》，引用资料有所修改。

生的方向作出很大的转变。要改变一个人生活的多个方面不是一件容易的事情，因此，想要改变的人必须制订一项个人康复计划。所谓计划，就是帮助你达到某个目标的一系列活动。计划要针对如何改变自己的不健康的生活方式来定。这是一项一生的计划，在戒毒所里先做好能做到的，更重要的是出所后要每天坚持。虽然不能做到面面俱到，但制订下来的就必须定期实施。指导人员可以组织戒毒人员讨论“改变生活方式”和“制订有纪律的个人成长计划”的活动，帮助他们认识一些良好的康复习惯。例如，① 每日进行一到两次放松或静坐训练。放松方式有打太极拳、冥想、散步等。结合传统的体育锻炼，有助于放松身心，达到整体平衡。② 寻找一个能够在你有困难的时候给予你支持或帮助的人。这个人善于聆听、值得信赖，并能理解你戒除毒瘾的决心和努力。若有可能，定期与他会面、通信，讨论你在训练中的进展或是你遇到的问题等。③ 改变或更换生活环境。不再到自己曾经吸毒的场所或与之有关联的活动场所去，有条件的戒毒人员可以变换生活环境，在新的环境中进行正常的工作、学习、生活。④ 培养新的嗜好，参加体育及娱乐活动。参与一些对自己有益处的娱乐活动，培养新的嗜好，寻找自己喜欢的活动。⑤ 每日反省。每天临睡前或清晨安静地坐下来回忆之前 24 小时内所发生的事情，总结并反省。⑥ 规划自己的人生，做好找工作的准备。在强制隔离戒毒期间认真学习劳动技能，出去后寻找一份工作或是回到以往的工作中，将有助于康复。或与社区能给予支持的人建立关系，或到社区义务劳动，积累社会工作经验，用自己的表现赢得大家的认可，以便帮助自己寻找工作。⑦ 改变生活方式的其他活动：保持积极的态度（从错误中学习）；接近能帮助自己戒毒的人；避开压迫、危险的环境和人物。

（2）作业（2 课时）。在学习、指导和讨论的基础上，引导戒毒人员自行完成习惯养成计划书。

项目二　康复期的心理治疗

【知识目标】

通过本项目内容的学习，了解和掌握强制隔离戒毒所内康复期戒毒人员的心理矫治的相关知识和要求。

【能力目标】

能运用心理治疗的方法实现对康复期戒毒人员的教育矫治，并初步掌握行为疗法、认知疗法和现实疗法等心理治疗的方法。

【工作任务】

依据康复期戒毒人员心理治疗的目标、原则及心理治疗的方式方法，选择心理治疗的技巧对戒毒人员进行心理矫治。

【引例】

不久前，我接待了一位来面谈咨询的女士，她的问题是：男朋友已吸毒多年，毒瘾很深，她想帮他把毒瘾彻底戒除，却又担心不能成功——不但使投入的资金、精力和情感付诸流水，而且她的男友最终也不能走出毒害的深渊。她想知道我对此事的见解，帮助她调整好心态，走出徘徊、犹豫的困境。

我问她，戒毒成功——男友在一年以上的时间里不再与毒品有染——是不是一件轻而易举的事。她说不是。我又问，既然不是，成功一定是有很多步骤的，是不是？她说是。因此，成功是一步步来的。比如，就目前而言，她作为吸毒者的女友，她的当务之急是加强与他的感情联系，给他更多的温情与爱。这是成功的基础。

吸毒者戒毒的最大动力是被爱与被关怀的感觉，而上述女士的男友当时染上吸毒恶习，也与缺乏爱有关，因此，她所给予他多少真诚的爱，很大程度上决定了他戒毒成功与否。有了这个认识，第一步要做的就是加强巩固她与他的爱，当他们的感情比以往更和谐、更有力量的时候，也就有了最初的成功和相应的喜悦感。要随时为自己的小小成功庆祝，而不要老把目光死死地盯住最后的成功——戒毒的成功上。

如此一来，就算是我们最后的目标——戒毒成功还不能达到，我们也拥有了走向成功过程中的部分喜悦。每一个行动，每一个新的想法，都可以导致相应的成功。这样来理解，成功就常与我们相随了。①

任务一　康复期心理治疗的意义、目标和原则

一、康复期心理治疗的意义和必要性

戒毒是一个涉及众多复杂因素的问题，它并非单纯指从医学上进行生理脱毒，而是包括生理脱毒和医学治疗、心理治疗和心理康复、善后辅导和回归社会等几个有机的过程。在这样一个综合的运作体系中，心理治疗的作用是十分重要的。戒毒人员完成生理脱瘾后，如果没有及时给予他们心理上的治疗，他们将很难摆脱心瘾，很容易在心瘾的驱使下重新走上吸毒的道路。

吸毒行为在事实上反映了戒毒人员的人格结构、社会环境及生活中的严重问题。戒毒人员因吸毒而导致生理和心理上都发生了扭曲，他们在认知、情感、情绪和行为等方面都发生了变化，许多人出现了人格缺陷或障碍。因此，在没有解决戒毒人员的人格偏差和生活环境中的障碍的情况下，一般难以有效地戒除吸毒行为。因此，要寻找一条切实有效的戒毒途径，就必须从生理、心理和社会三方面同时入手，建立一个医学、心理学和社会学相互联系，药物治疗、心理康复和善后辅导有机协调的全方位的戒毒运作体系。

首先，在康复期内要通过心理治疗使戒毒人员在生理上摆脱对毒品的依赖。其次，要在生理脱毒期的治疗基础上继续在认知、行为、个性、能力等方面对戒毒人员进行心理辅导和治疗，努力帮助他们形成一个良好的心理状态，为逐步消除其对毒品的心理依赖打下基础。此外，进行心理治疗可以使治疗人员能够设身处地地感受到被治疗者的处境和痛苦，并给予支持和理解。尊重和信任可以满足或激发戒毒人员情感上的需要，从而为其心理、行为的进一步改变奠定基础；同时，由于心理治疗经常采用宣泄、缓解的方法，也能补充强制隔离戒毒所内规范性教育的不足。

因此，针对戒毒人员难以戒除的对毒品的心理依赖，非常有必要通过心理治疗的

① http：//www. whcfjds. com/index. asp.

方法帮助戒毒人员纠正人格偏差，恢复心理健康，从而达到彻底摆脱毒品的目标。

二、康复期心理治疗的目标与阶段

一般意义上的心理治疗目标，是促进治疗对象成长、自立自强，使之能够面对和处理个人生活中的各种问题。而对戒毒人员的心理治疗，目的是要帮助他们矫正不健康的心理，纠正其不正确的意识和行为，从而戒除心瘾。因此，这种目标的实现需要经过一个较长时期、较复杂的过程，需要借助多种心理治疗的方法分阶段来完成。

虽然戒毒人员在生理脱毒期也进行过初步的心理矫治，但毕竟时间较短，仅能对他们进行必要的诊断和预测，而心理治疗是一个过程，它需要进行分析、综合的诊断、预测、劝导或治疗。在实际治疗中，有三个必须经过的阶段，即心理诊断阶段、帮助和改变阶段及结束阶段。康复期心理治疗的重点工作应放在第一、第二阶段。在第一个阶段中，治疗的主要任务是针对戒毒人员的问题进行确认，弄清到底是什么原因使得戒毒人员难以戒除毒瘾，然后针对他们各自存在的问题制定治疗目标；第二个阶段就是帮助戒毒人员改变对毒品、心瘾和戒毒等问题的认识，并运用心理学方法帮助他们改变在戒除心瘾的过程中出现的情绪和行为偏差问题。

三、康复期心理治疗的原则

（一）心理治疗环境的良好性

首先，一个完整的心理治疗体系，包含的绝不仅仅是单纯的咨询和治疗，它的前因后果等各方面的因素都会影响到治疗的成功与否。除正确的治疗方法和手段以外，一个良好的治疗环境是必须的，它是开展治疗的前提。

治疗者宽容、接纳、理解的态度有助于戒毒人员自由表达情绪，无论何种情绪，表现出来即有一种宣泄的作用，使人感到如释重负。戒毒人员在实际生活中，其情绪往往是受抑制的，周围人很难接受和理解他们，这会加重他们的挫折感和敌对情绪，从而更觉人生虚无，更深地投入到吸毒的活动中去。在强制隔离戒毒所内，他们的行为同样受到约束，往往只能听从管理人员的教育和安排，没有自由表达的机会，这种情绪压抑的本身就会造成戒毒人员逆反的心理，结果是越接受戒毒的思想教育，心里反而越想毒品。

其次，良好的治疗环境可以提高戒毒人员的自尊心，使其对治疗者产生认同和模仿。在信任、理解的气氛中，戒毒人员对自己的看法会变得相对积极，治疗者对他们的接受态度会使他们感到自己并非一无是处，在提高自尊心的基础上，又会进一步增加其自我转化的信心；同时，治疗者的反应又似乎给戒毒人员树立了一个榜样，即治疗者的反应方式、态度等都是他们模仿学习的刺激。从这个意义上讲，治疗者本人及他与戒毒人员之间所组成的良好关系本身就是一种改变工具，模仿和认同在此期间比较容易发生。①

（二）心理治疗关系的正确性

良好的治疗关系在戒毒康复期起着非常关键的作用。戒毒人员需要感到被人理解，

① 姜祖桢．戒毒与康复技术．中央司法警官学院暂编教材．

或者渴望得到支持。建立良好的治疗关系是心理治疗的第一步。

1. 平等信任

心理辅导员和戒毒人员必须营造一种平等友好的气氛，相互信任，相互理解，密切配合，平等交谈。

2. 严格保密

对前来咨询、治疗的戒毒人员的基本情况、咨询内容、测试结果、诊断类型及戒毒人员的一些隐私，必须严格保密，不能随意传播，除非影响到戒毒人员本人与公共安全的情况，这样才能使咨询者产生信任感和安全感。

3. 耐心倾听

作为戒毒人员这一弱势群体的心理辅导员，对他们的心声、怨言、不满都必须耐心地倾听，全面地了解，才能提出建设性意见。

4. 疏导启发

针对戒毒人员咨询的实际情况，要认真地对其进行心理疏导，消除其心理疑虑，再引导他们树立信心，启发他们通过自我的心理调节，克服心理障碍。

（三）心理治疗方法的系统性

在建立良好的心理治疗环境、确立正确的治疗关系后，心理治疗的方法就成为一个重要的问题。目前，国内外对戒毒人员的心理治疗有很多方法，如动机强化疗法、行为疗法、认知疗法等，其中，应用比较广泛的是美国心理学家威廉·格拉塞开创的现实疗法。从现实疗法的基本倾向来看，它属于认知行为的治疗，强调人的自立、对自己负责的品质，重视治疗者与来访者之间的关系。认知行为理论对吸毒成瘾机理的解释与当今成瘾医学的研究成果基本是一致的，由于这样一些特点，它被广泛地应用于学校、监狱、戒毒中心和其他一些社会服务机构，并取得了较好的效果。在选用心理治疗方法时，必须注意以下两个方面：

1. 要与戒毒人员共同商定治疗目标

要收到良好的效果，必须尊重戒毒人员的意见，让其思考自身治疗的目标，强调在改变中的戒毒人员个人的责任。

2. 根据戒毒人员的具体情况选择治疗方法

由于各心理学流派的理论对戒毒都有所探索，各种心理治疗的方法都有成功的范例，因而在实际工作中，治疗者应根据戒毒人员自身的状况进行选择。在操作中，应当遵循一定的规律，从易到难、循序渐进、因人而异地进行。

任务二　康复期心理治疗的方法与技巧

一、心理治疗的方法

心理治疗的方法是多种多样的，但目的都在于解决患者所面对的心理困难和心理障碍，减少焦虑、忧郁、恐慌等精神症状，改善强制隔离戒毒人员心理疾病患者的非适应性行为，包括其对人、对事的看法，从而促进其人格健康发展，使之能以较适当的方式来处理问题、适应生活。

依据心理学主要理论与治疗实施要点，常用的治疗方法有行为疗法、认知疗法和现实疗法等。

（一）行为疗法

行为疗法是指根据条件反射学说和社会学习理论而设计的旨在帮助人们改正不良行为的一种治疗方法。因为这类治疗方法的基础是条件反射学说和社会学习理论，所以这类治疗方法又称为“条件反射疗法”或“学习疗法”。

行为疗法与其他心理疗法的区别在于：行为疗法以心理学中有关学习过程的理论和试验所建立的证据为基础。与传统的心理治疗相比，它具有更高的科学性和系统性，可以进行客观的科学检验、演示和量化，即使重复试验也可得出同样可靠的结果，有一整套定型化了的治疗形式，有坚实的理论根据和大量的实验证明，因此其临床效果更为显著和稳定。

对吸毒行为本身而言，行为疗法无疑是一种很好的矫正方法。从某种意义上说，吸毒行为本身就是一种变态行为，而且在导致这种行为发生的原因中，环境因素占据着很重要的地位。改变吸毒习惯、戒除毒瘾的关键之一就是改变环境条件，根除环境因素。而行为疗法不仅强调以行为为中心，治疗目标直指行为本身，而且强调环境等外在变量的作用，直接效果比较显著。在行为疗法看来，人的一切行为（包括各种变态行为）都是通过学习获得的，导致这种学习的力量存在于环境中。如果一种变态行为（吸毒行为）能够得以持续，环境中必有维持它存在的条件。那么，心理治疗的主要工作就是分析哪些条件导致变态行为的获得与维持，然后考虑怎样重新安排这些条件来消除变态行为。可见，行为治疗的宗旨与戒毒的宗旨不谋而合。

行为疗法的基本假设是，与各种适应性行为一样，非适应性行为同样是习得的。也就是说，人是通过学习获得非适应性行为的，正如吸毒行为也是通过对外界的模仿而习得的。由此，人也就可以通过学习来消除那些习得的不良行为和非适应性行为。吸毒人员的变态心理和行为，也是在具体的生活环境中通过条件反射形成和固定下来的。因此，可以针对吸毒过程中的特征，设计与之相符的情景和治疗程序，根据强制隔离戒毒人员的行为、心理的改变情况，分别给予惩罚、奖赏等不同的强化和行为塑造，使强制隔离戒毒人员通过学习和训练，消除变态行为和心理，从而展开心理治疗过程的第一步，如自我管理。

在戒毒的后期康复中，环境起着更重要的作用。许多已经消除生理依赖的吸毒人员，在重返社会后往往会因重入旧的环境而再次堕入吸毒的深渊。所以，在康复期和回归期的心理治疗中，若能模拟外界环境，通过行为疗法，不断加强强制隔离戒毒人员抵制外界环境诱惑的心理能力，那么行为疗法将会发挥更大的作用。

对强制隔离戒毒人员实施行为疗法时，治疗人员应按照治疗方案对患者进行指示、示范、控制刺激和强化。在这个阶段容易出现的问题是在离开治疗室的时间内，强制隔离戒毒人员本身和周围的人不能按照治疗的要求去做。因此，在制订方案、实施治疗时，必须与直接管理该强制隔离戒毒人员的干警协商，得到他们的支持，把实施步骤和要求向他们详细说明，并且在执行治疗的过程中随时注意强制隔离戒毒人员是否在按要求做出适当的行为。在治疗结束后还应适当进行随访，不定期地了解情况，考察治疗所取得的进步是否得以保持，这样就能够了解他们在经过治疗后是否取得进步，在自然环境中是否也能够保持操守，是否能够由治疗的环境迁移到现实的生活环境中。

在强制隔离戒毒所里，我们常用的行为疗法有以下三种：

1. 厌恶疗法

厌恶疗法又称“对抗条件反射疗法”，它利用回避学习的原理，把令人厌恶的刺激，如电击、催吐、语言责备、想象等，与求治者的不良行为相结合，形成一种新的条件反射，以对抗原有的不良行为，进而消除这种不良行为。厌恶疗法的特点是治疗期较短，效果较好。厌恶疗法的形式主要有：

（1）电击厌恶疗法，即将求治者习惯性的不良行为反应与电击连在一起，一旦这一行为反应出现就予以电击。电击一次后休息几分钟，然后进行第二次电击。每次治疗时间为20~30分钟，反复电击多次。治疗次数可从每日6次到每两个星期1次，电击强度的选择应征得求治者的同意。

（2）药物厌恶疗法，即在求治者出现成瘾物质的欲求和渴望时，让其服用催吐药，产生呕吐反应，使成瘾物质与恶心的反应建立在一起，从而使服用成瘾物质的行为反应逐渐消失。

（3）想象厌恶疗法，即用想象中的厌恶反应代替真实的电击或催吐药，使求治者通过想象，将自己不适应的行为或冲动与那些自己讨厌的情景联系起来，从而产生厌恶反应，以达到治疗目的。此方法操作简便，适应性广，对各种行为障碍疗效较好。例如，当强制隔离戒毒人员出现想再次吸毒的欲望或行为时，可以让他闭上眼睛，想象在自己的面前站立着一个高大警察，面孔冷峻地盯着他；或是回忆过去被强制隔离戒毒过程中戒断反应的感觉；或是吸毒后被亲友疏远的场面，以达到减少与控制此种不良行为的效果。

运用厌恶疗法进行治疗时，厌恶性刺激应该达到足够强度，通过刺激能使求治者产生痛苦或厌恶反应。另外，要求求治者在选择治疗后要主动配合，必要时最好取得其家人的配合，以达到更好的效果。要注意的是，厌恶疗法会给求治者带来非常不愉快的体验，因此必须慎用。在决定采用厌恶疗法之前务必向求治者解释清楚，要征得求治者同意后才能进行治疗。

在戒毒康复治疗中，厌恶疗法就是要使强制隔离戒毒人员由看到毒品就想吸毒的情况变成看到毒品就引起痛苦的反应，久而久之形成对毒品不再感兴趣、不再想吸毒的反应。具体措施是在初期戒毒阶段，在治疗人员的看护下，对那些毒瘾发作者区分程度地不给或少给予戒毒治疗，使他们经历毒瘾发作时的身体痛苦，以使他们在以后的戒毒康复治疗过程中每当毒瘾发作时就会把这种痛苦的反应与吸毒行为联系在一起，从而对毒品产生厌恶、疏远的反应。有条件的还可以借助录像设备将发作场面记录下来，在戒除毒瘾处于康复阶段时再让他们观看自己在戒毒初始时痛苦、丑陋的录像，不断强化他们对那种痛苦的体验，同时给予激励教育，消除他们对毒品的依恋。经过反复训练，强制隔离戒毒人员就会在毒品的刺激前（看到、听到或闻到毒品）自然地把吸毒行为、毒品和身体的巨大痛苦联系起来，从而达到回避毒品的目的。

除想象厌恶刺激外，厌恶疗法在实际中运用更多更广的是真实厌恶刺激，这些真实厌恶刺激通常是利用电击、化学药物等方法来引起厌恶反应，主要是针对那些已经戒除了生理毒瘾，但依然有心理依赖的人使用，在康复期使用比较合适。运用电击的手段，就是在吸毒人员毒瘾上来时，给予其电击，使毒品与电击的感觉之间建立条件联系，从而达到使吸毒人员回避毒品的目的。在运用化学药物的治疗中，可以先给强制隔离戒毒人员服用催吐剂。在药物即将生效前，把毒品放在他的面前，让他接触毒品，引起他想吸毒的欲望和感觉。此时，药物生效，吸毒人员想通过吸毒达到的快感一下就被恶心、呕吐这些令人厌恶的生理反应所代替。这样，经过反复训练，吸毒人员就会在吸毒与身体的恶心反应之间建立条件联系，从而达到回避毒品的目的。

2. 自我控制法

自我控制（自制力）是个体抑制自己的冲动，从而寻求更大目标的心理历程。自我控制是一种自我克制、自我约束的能力。它表现在能够及时、适度地支配、控制自己的行为和情绪，不做有损自我和他人、社会的事情。

缺乏自制力者表现为放任与怯弱。放任表现为随心所欲、毒瘾发作时难以抗拒、拖沓、意志动摇和懒惰，任由消极情绪强烈发泄。怯弱则表现为一遇到情况变化便乱了分寸，难以一如既往地坚持下来，遇事不顺则避而求其次。

自制力是人的理性力量的体现，是个体调节主观的我和客观的我、调节个体与外界环境的极为重要的心理品质。一个人如果缺乏自制力，其行为将围绕着本能而进行，这样将很难适应环境，自然就会造成许多个人问题。但要形成自我控制能力，必须具备两个条件：一是价值的内化，即个体赞同和认可合乎社会规范和道德标准的价值观，并能积极地根据这种价值观来控制自己的行为。例如，戒毒人员可以通过法律法规的学习，通过价值观的纠正，真正意识到自己的吸毒行为是一种害人害己更害国家的行为，自己决心遵守国家法律法规，彻底与毒品决裂。二是掌握控制自己行为的技能。所涉及的便是控制自己行为的技能和如何控制自己负面情绪的问题。情绪常常是导致冲动行为的契机，因此，要控制自己的行为，就必须学会控制自己的情绪。

另外，吸毒人员如同其他生活中的失败者一样，他们的自我效能都比较低，面对毒品和一些明知有害的生活方式，他们无法为了使自己恢复到正常生活轨道而延缓即时的原始的满足。要做到延缓这种即时的欲望，就要在作出重要选择之前用种种方法来激发他们的自我效能。所谓自我效能，是个体对自己在组织、执行行为达到目标的能力的判断与信念。它是个体自身潜能最有影响力的主宰，它在人们作出选择、决定时，发挥核心作用，是一种激发个体为达到目标付出持久的努力、不怕困难与失败、力图实现目标的能力。自我效能是从以下方面总结出来的：一是自己成功的经验；二是替代的经验（别人成功的榜样作用）；三是切合实际的、鼓励性的和积极的语言；四是平静的生理状态。要做到激发自我效能，可以先使自己的情绪平静，促使理智的成分上升；可以通过回想自己以往克制自己、克服困难后取得成功的经验，增强自信；也可以通过替代经验，想一想其他能够成功戒毒、保持操守的人，用他们的经验来勉励自己；还可以反复地背诵自己定下的或戒毒康复集体的信条；同时，还要学会转移自己的注意力。这些都是增强意志力，尤其是增强自制力，延缓即时满足的可操作性训练的方法。

强制隔离戒毒人员的主要心理问题之一就是自制力差，他们只注意眼前的事物，以外界刺激因素为主来寻求快乐，而对那些自我探索、自我实现、自我决定的方法极少使用。加之他们不稳定、易冲动的性格情绪，更加剧了他们自我行为的失控。正因为如此，虽然他们并非不知道吸毒的种种危害，却因不能延缓那种急于获得快感的欲望而一次次屈从于毒品。他们的放任和怯弱，令他们明知这样下去会毁灭自己、毁灭家庭，却一次次地放任自己；明明已下定决心摆脱毒品，却总是无法抵御毒品的诱惑，在生活的其他方面也因此无法适应而导致失败。

3. 代币疗法（正强化治疗）

代币疗法是在斯金纳的操作条件反射理论，特别是条件强化原理的基础上形成并完善起来的一种行为疗法。它通过某种奖励系统，在患者做出预期的良好行为表现时给予奖励，即予以强化，从而使患者表现的良好行为得以形成和巩固，并代替某些不良行为。这种治疗方法是目前劳教、强制隔离戒毒所最广泛使用的行为矫正方法。在强制隔离戒毒所里，代币作为正性强化物，基本上是用奖励分数、红星、红旗的形式表示，这些最后都成为考核、评估、减期的依据。

用代币作为强化物的优点在于不受时间和空间的限制，使用起来极为便利，还可进行连续的强化；只要强制隔离戒毒人员出现预期的行为，强化马上就能实现；用代币去换取不同的实物，从而可满足受奖励者的某种偏好，可避免对实物本身作为强化物的那种满足感，而不至于降低追求强化（奖励）的动机。强制隔离戒毒人员希望得到优惠的权利和物品，就必须用分数、红星、红旗来换取，而这些只能通过良好的行为表现来挣得。因此，强制隔离戒毒人员在获取分数、红星、红旗和优惠权利、物品的过程中，逐渐形成能够在更大的社会环境中应用的行为模式。

行为疗法在整个戒毒心理治疗体系中具有十分重要的作用，但这种疗法不关心人格、动机等内在的东西，存在一定的弊端。如果只局限于对吸毒行为本身的矫正，而不消除戒毒人员的认知问题，治疗效果就不会巩固和稳定。因此，在治疗过程中还必须以认知治疗等方法对行为疗法进行补充。

（二）认知疗法

认知疗法是根据认知过程影响情感和行为的理论假设，通过认知和行为技术来改变戒毒人员不良认知的心理治疗方法的总称。认知是以思维为中心的心理活动，所谓不良认知，是指歪曲的、不合理的消极信念或思想，它们往往会导致情感障碍和非适应行为。那些反复吸毒的人都有不同程度的不合理的思维方式，存在着不负责任的“思维错误”，表现出大量内化的反社会价值观，缺乏解决问题的技能和其他技能。治疗的目的在于矫正这些不合理的思维方式，从而使他们的情感和行为得到相应的改变。其基本理论是：行为和情感是由认知作为中介的，适应不良性行为和情感与适应不良性认知有关。治疗人员的任务就是发现这些认知，并提供适当的方法或学习技术矫正这些不良性认知。不良性认知被矫正，将导致行为的改变和情感的变化。虽然认知治疗也采用行为技术，但是认知治疗的目标是改变认知过程，而不仅仅是改变某些行为。

1. 认知治疗的原则和方法

认知治疗具体有三种方法：美国心理学家阿尔伯特·艾利斯（Albert Ellis）的认知疗法、艾伦·贝克（Aaron T. Beck）的合理情绪疗法和唐纳德·米切鲍姆（Donald Meichenbaum）的认知行为矫正法。不同的认知疗法有不同的重点，采用不同的技术，但都有着许多共同的原则：

（1）目标。认知治疗家认为错误的认知导致情绪困扰和行为适应不良。认知治疗的根本目标就是发现错误的观念及其过程，并加以纠正。认知治疗要重点解决的是错误认知，而非改变他们的人格。

（2）途径。在认知治疗家对戒毒人员进行心理行为评估的基础上，因势利导地运用外部积极有益的实例，调动戒毒人员潜在的解决问题的能力，解决其自身的问题，消除不良认知。

(3) 治疗人员与戒毒人员之间的关系。认知治疗家认为，治疗人员与戒毒人员在整个治疗过程中必须达成密切合作协议。在治疗目的、达到目标所使用的方法以及治疗时间等方面都要共同制订计划，提倡医患关系的共同合作模式。

(4) 客观化。在实施治疗时，关键是使戒毒人员对自己和外部世界采取一种较为客观的态度，要设法使戒毒人员学会客观地看问题。

2. 认知治疗的目标

戒毒人员经过生理脱瘾的治疗后，对毒品的生理依赖已减轻或消除，情绪相对比较稳定。但吸毒行为本身暂时的消失并不是戒毒成功的标志，终生不吸才是最终的目标所在。虽然吸毒戒毒是个体的外显行为，但这种行为必然受内部认知心理的认可、调节和控制，而这种调节控制能力的实现，直接影响着戒毒人员对毒品的认识和摆脱心理渴求的决心和行为。吸毒对个体的智力有明显的负面影响，采用相应的教育、管理措施提高个体的认知能力，消除不合理认知，在一定程度上有助于戒毒人员保持操守。在康复阶段，认知治疗着眼于消除戒毒认知上的根源，纠正他们的错误认知，使戒毒人员在观念上划清是非界限，认清什么是对的、什么是错的；帮助他们克服非理性的自损观念和行为。同时，还要运用大量的实用书籍、讲座、录音、录像、讨论会等治疗技术，教会他们运用理性的思维方式树立积极的、能带来生存快乐的价值取向、追求目标和理想，用科学、理性、求实、灵活的思维方式来思考问题，使之学会坚定信念，坚持和执行正确的认知，摒弃错误的认识，去追求长久的、真实的幸福，而不是毒品所带来的短暂、虚幻的快乐。

3. 认知治疗在康复过程中的具体运作和治疗内容

认知治疗的步骤为：① 找出戒毒人员与不良行为有关的错误认知；② 寻找证据论证这一认知的逻辑错误；③ 通过反复“诘难”改变其负面惯性思维，放弃原有的错误认知，分析错误认知形成的根源，重建新的正确认知。

例如，① 找出该戒毒人员复吸的原因——错误认知：一日吸毒终生戒毒，所以不如不戒。② 帮助戒毒人员对不良认知进行识别：不是一切努力都是白费的，努力的结果总会对人有好处，如慢性病终生不能痊愈，可人们为什么还要反复住院治疗呢？③ 帮助戒毒人员建立新的正确认知：终生戒也要戒，最大他就会限度地减少毒品带来的危害和损失。

认知治疗的工作形式为：① 人员组成：一般按照小组的形式，每组要求配备一名治疗人员。小组的人数可根据实际情况具体安排。② 座位安排：小组围坐成一个小圈，治疗人员也在其中。③ 时间：每次训练时间在两小时以内，时间太短，训练就不充分；时间太长，戒毒人员易产生厌倦情绪。④ 辅助材料：法律常识、思想道德修养和心理健康教育资料，还可提供一些个案讨论、提建议、课程要点总结及写作训练等。

认知治疗的内容主要有：① 向戒毒人员说明一个人的看法与态度是如何影响其心情及行为的。例如，一个人如果特别喜欢另一个人，那么，那人的一切他都觉得特别好，也就是人们常说的“情人眼里出西施”。不管家人、朋友如何反对，他都会坚持去追求，还会觉得自己特别幸福。② 帮助戒毒人员检讨他们所持有的对自己、别人及周围环境的看法，从中发觉与其吸毒、复吸有密切关系的一些“看法”和“态度”，并协助他们检讨这些看法和态度与一般现实的差距，指出他们的错误认知。③ 督促戒毒人员练习改变这些看法和态度，重建功能性的、健康的看法与态度，以便借助新的看法和态度来产生健康的心理与适应性的行为。

4. 改变对心理依赖的错误认知

（1）合理情绪疗法。合理情绪治疗（Rational Emotive Therapy，简称 RET）是 20 世纪 50 年代由阿尔伯特·艾利斯在美国创立的。合理情绪治疗是认知心理治疗中的一种疗法，因它也采用行为疗法的一些方法，故又被称为“认知—行为疗法”。合理情绪疗法是帮助人们改善那些妨碍生活的情绪和思想的心理疗法。例如，人们遇到某种不愉快的事情或遭到失败、排斥时的体验称为“激动体验”，不同的思维过程会产生不同的结果。在不健康的思维之后就会产生不合理的信念。这类不合理的信念最终会引起焦虑、抑郁、敌意等负面情绪状态。

合理情绪疗法的基本理论主要是 ABC 理论，在 ABC 理论模式中，A 是指诱发性事件；B 是指个体在遇到诱发事件之后相应而生的信念，即他对这一事件的看法、解释和评价；C 是指特定情境下，个体的情绪及行为结果。通常人们认为，人的情绪的行为反应是直接由诱发性事件 A 引起的，即 A 引起了 C。ABC 理论指出，诱发性事件 A 只是引起情绪及行为反应的间接原因，而人们对诱发性事件所持的信念、看法、理解 B 才是引起人的情绪及行为反应的更直接的原因。人们的情绪及行为反应与人们对事物的想法、看法有关。在这些想法和看法背后，有着人们对一类事物的共同看法，这就是信念。合理的信念会引起人们对事物的适当的、适度的情绪反应；而不合理的信念则相反，会导致不适当的情绪和行为反应。当人们坚持某些不合理的信念，长期处于不良的情绪状态之中时，最终将会导致情绪障碍的产生。因为情绪是由人的思维和信念所引起的，所以艾利斯认为每个人都要对自己的情绪负责。他认为当人们陷入情绪障碍之中时，是他们自己使自己感到不快，是他们自己选择了这样的情绪取向。不过有一点要强调的是，合理情绪治疗并非一般性地反对人们具有负面的情绪。比如一件事失败了，感到懊恼、有受挫感是适当的情绪反应；而抑郁、一蹶不振则是所谓不适当的情绪反应。

不合理信念有以下三个特征：

一是绝对化要求。它是指人们以自己的意愿为出发点，对某一事物怀有认为其必定会发生或不会发生的信念，它通常与“必须”、“应该”这类字眼连在一起。比如，“我必须获得成功”、“别人必须很好地对待我”、“生活应该是很容易的”，等等。怀有这样信念的人极易陷入情绪困扰中，因为客观事物的发生、发展都有其规律，是不以人的意志为转移的。就某个具体的人来说，他不可能在每一件事情上都获得成功；而对于某个个体来说，他周围的人和事物的表现和发展也不可能以他的意志为转移。因此，当某些事物的发生与其对事物的绝对化要求相悖时，他就会感到难以接受、难以适应并陷入情绪困扰。合理情绪疗法就是要帮助他们改变这种极端的思维方式，认识其绝对化要求的不合理、不现实之处，帮助他们学会以合理的方式去看待自己和周围的人与事物，以减少他们陷入情绪障碍的可能性。

二是过分概括化。这是一种以偏概全的不合理思维方式的表现。艾利斯曾说过，过分概括化是不合逻辑的，就好像以一本书的封面来判定其内容的好坏一样。过分概括化的一个方面是人们对其自身的不合理的评价。如当面对失败就是极坏的结果时，往往会认为自己“一无是处”、“一文不值”，是“废物”等。以自己做的某一件事或某几件事的结果来评价自己整个人、评价自己作为人的价值，其结果常常会导致自责自罪、自卑自弃的心理及焦虑和抑郁情绪的产生。过分概括化的另一个方面是对他人的不合理评价，即别人稍有差错就认为他很坏、一无是处等，这会导致一味地责备他人，以致产生敌意和愤怒等情绪。按照艾利斯的观点来看，以一件事的成败来评价整个人，这无异于一种理智上的法西斯主义。他认为一个人的价值就在于他具有人性，因此他主张不要去评价整体的人，而应代之以评价人的行为、行动和表现。这也正是合理情绪治疗所强调的要点之一。因为在这个世界上，没有一个人可以达到完美无瑕的境地，所以每个人都应接受自己和他人是有可能犯错误的现实。

三是认为事情糟糕至极。这是一种认为如果一件不好的事发生了，将是非常可怕、非常糟糕甚至是一场灾难的想法。这将导致个体陷入极端不良的情绪体验，如耻辱、自责自罪、焦虑、悲观、抑郁的恶性循环之中而难以自拔。糟糕就是不好、坏事了的意思。当一个人讲什么事情都糟透了、糟极了的时候，对他来说往往意味着碰到的是最坏的事情，是一种灭顶之灾。艾利斯指出这是一种不合理的信念，因为对任何一件事情来说，都有可能发生比之更坏的情形，没有任何一件事情可以定义为是百分之百糟透了的。当一个人沿着这条思路想下去，认为遇到了百分之百的糟糕的事或比百分之百还糟的事情时，他就把自己引向了极端的、负面的不良情绪状态之中。糟糕至极常常是与人们对自己、对他人及对周围环境的绝对化要求相联系而出现的，即在人们的绝对化要求中认为“必须”和“应该”的事情并非像他们所想的那样发生时，他们就会感到无法接受这种现实，就会走向极端，认为事情已经糟到了极点。“RET 认为非常不好的事情确实有可能发生，尽管有很多原因使我们希望不要发生这种事情，但没有任何理由说这些事情绝对不该发生。我们必须努力去接受现实，尽可能地去改变这种状况；在不可能时，则要学会在这种状况下生活下去。”

在人们各种不合理的信念中，往往都可以找到上述三种特征。每个人都会或多或少地具有不合理的思维与信念，而那些患有严重情绪障碍的人，这种不合理思维的倾向尤为明显。情绪障碍一旦形成，往往是难以自拔的，此时就极需进行治疗。合理情绪疗法认为，人们的情绪障碍是由人们的不合理信念所造成的，因此简要地说，这种疗法就是要以理性治疗非理性，帮助戒毒人员以合理的思维方式代替不合理的思维方式，以合理的信念代替不合理的信念，从而最大限度地减少不合理的信念给情绪带来的不良影响，通过以改变认知为主的治疗方式，来帮助求治者减少或消除他们已有的情绪障碍。

（2）ABC 理论在改变心理依赖错误认知方式中的应用。ABC 理论认为，人们的不合理观点主要表现在：一是对自己的不合理要求。比如，戒毒人员在看到别人吸烟或喝饮料时会出现条件反射，有一种想吸的冲动，便认为心瘾是无法控制的，情绪沮丧，产生了放弃的念头。二是对他人的不合理要求。总认为人们必须善待我、体谅我，以我希望的方式来对待我。因此一旦感觉别人不是这样做便引起消极的情绪。三是对周围环境及事物的不合理要求。只希望环境适合自己，自己却不能适应环境。不合理的要求都有绝对化的要求及过分概括化的特点，表现在语言上经常出现“必须”、“应该”、“绝不能”等字眼。

根据戒毒人员常有的不合理观点，ABC 理论在改变其心理依赖错误认知上首先要明确治疗人员的角色与作用。在使用合理情绪疗法时，治疗人员应当是主动性、劝说性和教育性的。治疗人员主要是采用强调教育的说服方法，具体步骤为：

① 鼓励戒毒人员发现基本的导致吸毒和复吸的错误认知，使他们发现自己已经有了不合理的认知。

② 展示这些认知是如何无效的以及它们是如何导致后来的情绪和行为障碍的。

③ 要求戒毒人员改变他们的思维和放弃他们的不合理认知。戒毒人员常因戒毒失败而自暴自弃，要帮助他们理解自我责备过程的恶性循环。这也能够改变他们的自我挫败行为。

④ 使用一些认知、情绪和行为方法来帮助他们直接处理自己的情感和改变障碍，建立一种合理的生活哲学，以使他们将来能够避免成为其他不合理认知的牺牲品。

其次是要使戒毒人员学会认识自己的情绪，知道通过改变认知方式来控制不良情绪是保证他们保持操守的重要环节，使戒毒人员将导致自己不良情绪事件发生后的内化性语言写出来，找出不合理的观点，并试着纠正这些观点，消除导致不良行为的负面情绪。具体步骤是：

① 找出以往生活中的受挫事件；

② 记录当时的认知方式，找出存在哪些不合理的观点；

③ 确定自己当时的情绪体验；

④ 通过讨论等方式引导戒毒人员寻找合理的认知方式来克服负面情绪；

⑤ 确定应当采取的有意义的行动。

在治疗过程中，治疗人员首先要向戒毒人员指出，其思维方式、信念是不合理的；帮助他们弄清楚为什么会变成这样、怎么会发展到目前这样子，理清不合理的信念与他们的情绪困扰之间的关系。这一步可以直接或间接地向戒毒人员介绍 ABC 理论的基本原理。治疗的第二步，要向戒毒人员指出，他们的情绪困扰之所以延续至今，不是由于早年生活的影响，而是由于现在他们自身所存在的不合理信念所导致的，对于这一点，他们自己应当负责任。治疗的第三步，是通过以与不合理信念辩论方法为主的治疗技术，帮助戒毒人员认清其信念的不合理性，进而放弃这些不合理的信念，帮助他们产生某种认知层次的改变。这是治疗中最重要的一环。治疗的第四步，不仅要帮助戒毒人员认清并放弃某些特定的不合理信念，而且要从改变他们常见的不合理信念入手，帮助他们学会以合理的思维方式代替不合理的思维方式，以避免再做不合理信念的牺牲品。

这四个步骤一旦完成，不合理信念及由此而引起的情绪困扰和障碍即将消除，戒毒人员就会以较为合理的思维方式代替不合理的思维方式，从而较少受到不合理信念的困扰了。在合理情绪治疗的整个过程中，与不合理的信念辩论的方法一直是施治者帮助求治者的主要方法。

（三）现实疗法

现实疗法（Reality Therapy）是美国精神病学家威廉·格拉塞（William Glasser）开创的一个心理咨询和治疗流派。1961 年，格拉塞在《心理健康还是心理疾病》一书中首次谈到现实疗法的一些基本思想和实践尝试。1965 年，格拉塞的《现实疗法》一书问世，标志着现实疗法的正式推出。在这本书中，格拉塞对传统心理治疗的一些基本理念作了批驳，系统地阐述了现实疗法的理论和应用。自此以后，现实疗法就以其一些受欢迎的特色迅速受到咨询者和治疗者的注重，并推广开来。格拉塞把现实治疗界定为由治疗环境和改变行为的特定方法构成的咨询循环。通过咨询，建立了一种朋友般的关系，这种关系在后期得到了强化。

从基本倾向来看，现实疗法属于认知——行为的治疗，因而具有这一取向的若干特色。它的理论通俗易懂，符合常理；它依赖人的理智和逻辑能力，以问题为中心，以现实合理的途径求得问题的解决；它注重思维和行为，较少直接针对情感和情绪。它强调现在和将来，而不纠缠于过去，重视“怎么办”而不是“为什么”；它反对以医学的或“疾病”的模式来看待人的心理困难，而强调人的自主自立、自己对自己负责这些品质的作用；它也重视咨询者和来访者之间的关系，主张咨询者要“卷入”(involvement) 关系，允许咨询者更积极主动，给予他们更多一些指导。

由于这样一些特点，现实疗法很容易被各种从事人际协调工作的人士所掌握，而不是局限在少数受过专门训练的治疗者手中 (Gilliland)。它被广泛地应用于学校、监狱、戒毒中心、社区和其他社会服务机构。

现实疗法对人的一个基本假定是，每个人都力求较好地控制自己的生活，以达到一种“成功的统合感”(success identity)。格拉塞认为人有一些基本需要。在早期理论中，格拉塞提出两种需要：爱的需要和自我价值感需要。一个人需要爱人，也需要被人爱；需感到自己在别人眼里是重要的，体验到自己是一个有价值的人。20 世纪 80 年代以后，格拉塞提到人有五种基本需要：生存、归属、力量感、乐趣和自由。这些需要都得到较好的满足的人，会体验到成功的统合感。与具有成功的统合感的人形成对照的是具有“失败的统合感”的人，他们相信没有人爱自己，觉得自己卑微渺小，没有能力做任何有意义的事情，对自己的问题也无能为力。在格拉塞看来，有心理困难，需要咨询和治疗帮助的人就是具有失败的统合感的人。

一个人总是生活在一个“现实的”世界中，要满足他的基本需要，体验到成功的统合感，就必须在现实环境中有合适的行为。只有作出合适的选择和合适的行为，他才有可能从与环境和他人的关系中获得他需要的东西。从这个意义上说，一个人的命运取决于他自己，必须由自己对自己负责。换一种说法，环境中总是存在社会评价、社会期望、奖励和惩罚的力量，一个人要满足自己的基本需要，必须依赖环境和他人，而他能控制的是他自己的行为，他能够决定自己做或不做、怎样做某些事情，使自己的行为既符合自己的需要，同时又不剥夺他人满足他们自己的需要的机会。这样的行为才是现实、负责的行为。

在现实治疗者看来，不存在什么心理疾病，所有的心理障碍皆源于失败的统合感。正如前面所提到的，发展出了失败的统合感的人感到孤独，与他人疏离。他们的行为无益、无效，不能满足基本需要。他们自责、自卑，觉得自己一无是处，且认为自己无能力改变自己，不能承担责任。他们倾向于让步、放弃、投降，习惯于接受失败。这些都是心理障碍者在症状后面的共同特点。

现实治疗者把这样一些东西作为治疗追求的目标：帮助戒毒者认清什么是他们真正需要的，认清自己为什么需要这些；辅助他们对自己当前的所作所为进行分析评价，看看现有行为是否有益、有效、负责（对满足自己的需要而言）；协助他们选择负责任的行为，制订建设性的行动方案，以便作出改变，达到对自己生活的有效控制。因此，负责任的行为是现实治疗的核心目标。负责任的行为的含义是“满足自己的需要，而在这样做的时候其行事方式又不剥夺他人满足其需要的可能性”（格拉塞语）。

现实疗法认为行为包括四种组成成分：行动、思维、情感体验和生理反应，根据格拉塞的行为控制理论，从控制的有效性或容易程度来说，比较容易控制的是行动，其次是思维。因此，现实治疗把治疗过程的重点放在行动—可观察的行为上。它并非完全不理会情绪感受，但它总是从情感与行动和思维的关系、联系的角度来谈论情感。相信随着个人成功地控制其行动，情感体验也会随之改善。格拉塞说："我们不能够命令自己感到好受些，但我们总能够命令自己做得更好些，而做得更好些会使我们感到好受些。"

更进一步地说，现实治疗者关注的外显行为是当前和今后的行为，而不是过去的行为。他们认为人不能改变他的过去，关注过去的失败是浪费时间，关注现在和将来才是建设性的。因此，现实治疗者总是把主要精力放在帮助来访者分析他当前在做什么，他的所作所为是否能有效地满足个人需要；帮助来访者设计新的行为，并随即付诸实践。

在治疗过程中，现实疗法采取的是协助当事人找出更有效的方法，以满足其归属、权力、自由、快乐等需求。具体措施是：

（1）发展相互卷入的咨访关系。现实治疗非常重视咨询者和当事人之间的个人关系。它把这种关系叫做相互的"卷入"（involvement）。在咨询者这方面，他要以个人化的、真诚的、理解的态度对待来访者，创造一种亲密、相互信任的关系气氛。重点是让来访者感到咨询者相信他（她）有能力做出负责任的行为，感到咨询者对他的接纳和尊重，从而体验到自我价值感。但这种关系不能向来访者传递这样的感觉：由咨询者对来访者负责，他可以依赖咨询者，不必依靠自己。

在治疗的初始阶段，有意识地让来访者在思想上认清自己的要求和希望也是一项必需的工作。要让来访者明确地意识到什么是自己不想要的（例如焦虑、痛苦、抑郁、人际矛盾等），什么是自己想要的（例如愉快、轻松、爱情、金钱、称心的工作、良好的人际关系等）。

（2）探讨当前行为。现实治疗者坚持把焦点集中在当前行为上。如前所述，他们虽然也注意情感、态度等方面，但为了从较易控制的方面着手，则始终坚持以行为为中心。如果讨论涉及情感，那么现实治疗者总是设法使之与行为或行动联系起来。假如来访者说，"我今天的心情糟透了，难受死了"，咨询者不会问"你能向我描述一下这种感受吗？"而可能问"你做了什么使自己这么难受？"同时，咨询者也尽可能把重点放在当前和将来的行为上，少涉及过去。对上面一个问题，咨询者更可能问："你能够做点什么使自己感到好受一些呢？"对过去的行为进行讨论只在以下两种情况下才是合适的：① 为了证明过去行为的无效、无益；② 为了给将要作出的改变寻找合适的行为。

探讨当前行为的主要目的是让来访者意识到自己正在做什么，判断这种行为是否能够满足自己的需要，是不是负责任的行为。在多数情况下，这种探讨实际上是让来访者意识到自己的行动与自己的需要背道而驰，是不负责任的行为。这一步骤与下一步骤难以分开。

（3）帮助来访者评价自己的行为。评价行为的标准是看行为是否有助于满足自己的需要。当然，还要兼顾行为是否妨碍他人和社会的利益。但评价不应由咨询者来作出，而是来访者的责任。咨询者要尽量保持客观，只是鼓励、支持来访者作出评价。

但这不是说咨询者要消极被动一些。事实上，来访者要客观地正视自己的不适应行为常常比较困难，他们往往不能看出那些习以为常的行为的自损性质，有时会不自觉地为不适行为辩护，找借口证明该行为是必要的。所以咨询者要积极主动地询问。他们往往以质辩的形式设法迫使来访者作出客观的评价。但有一点要注意，咨询者在这样做的时候始终要有真诚、关怀的态度。

（4）帮助来访者选择、设计负责任的行为。如果来访者肯定地认识到自己的行为是不适当的、不负责任的，咨询者就开始帮助他重新考虑现实、负责的行为，制订一个新的行为方案。在做这项工作时，咨询者要注意这样四点：首先，咨询者不能越俎代庖、有意无意地代来访者选择行为，把自己认为合适的行为强加给来访者。其次，要密切地参与选择、评价新行为的活动，如果来访者的选择不合理，应引导他认识这种不合理。再次，新的行为方案不能太复杂、太难，要注意其成功的可能性。最后，坚持要求把行为方案以书面形式写下来，制订一个类似行为合同一样的计划书。

（5）帮助来访者承诺履行行为计划。让来访者承诺负责地履行行为计划，这种承诺既是对他自己，同时也是对约定的行为计划和咨询者负责。通常这需要做一些鼓励和强化工作，以激发来访者的行动动机。在多数时候，咨询者要求把承诺以书面形式写入行为合同。

（6）当来访者未能履行计划时，不接受任何借口和开脱。如果来访者未能按计划行动，除了的确发现计划本身不可行，需要修改的情况以外，咨询者不接受任何解释和借口，他在这一点上应表现得非常坚决。在处理这类问题时，咨询者会根据不同情况分别对待，但始终要注意两点，一是坚持计划必须执行，二是避免生硬、攻击的态度。咨询者很少去讨论行动为什么失败，而是问，“你觉得下一次应该怎样做才会成功呢?”如果来访者显得对计划是口惠而心不至，咨询者会说，“如果你内心里的确不想做，那我不希望你觉得是为了我你不得不做，我情愿听你直言‘我不想做’”。

（7）不使用惩罚手段，但要求来访者承担行为后果。现实治疗者坚决摒除对来访者运用惩罚的手段。如果来访者未能按计划去做，他不会受到咨询者的责难、鄙视或任何别的惩罚，但他应该承担自己不负责任的行为所导致的自然结果。格拉塞认为惩罚有诸多弊端，其中最重要的是会强化来访者的失败感、无价值感和无能感，而这正是现实治疗力求消除的东西。行为后果则不同，它是行为的逻辑结果，是自然现实的东西。它使来访者认识到“种瓜得瓜，种豆得豆”的道理，认识到个人须对自己的行为负责。这种认识不是外人灌输给他的，而是现实教给他的。行为后果对来访者同样有鞭策、激励的作用，但不会有惩罚的那些弊端。

（8）决不放弃。在治疗过程中，当遇到困难、阻力时，咨询者应表现出百折不挠的劲头，并鼓励来访者不要放弃。格拉塞认为放弃不仅意味着承认失败，而且意味着接受失败。咨询者如果放弃，其榜样作用会感染来访者，损害咨访关系，增加来访者的无价值感；而咨询者如果不放弃，同样可以通过榜样作用感染来访者。

如果的确是由于计划不周或者其他无法克服的原因导致行为失败，咨询者应该设法避免来访者把责任归咎于自己，防止他因此而认为自己无能、自己不好，而应该客观冷静地从计划、外在条件方面找原因。既不放弃，又不顽固地坚持不当的行动路线。

虽然现实疗法将治疗分为八个阶段且有步骤的过程结构，但在实施中要求治疗者要有灵活机变性，不要把这些步骤看成一个凝固不变的烹饪手册。在这八个阶段中，卷入关系是最基本的原则，所有其他原则及其派生的策略和方法都要在真诚、接纳的个人卷入关系中来展开和实施。①

二、心理治疗的基本技巧

不论采用何种心理治疗模式，都会使用下列心理咨询的一些基本技巧。

（一）倾听

倾听是建立治疗性咨询关系的基本要求。倾听体现了治疗者的真诚态度及对戒毒人员的尊重与重视。倾听可帮助治疗者准确了解戒毒人员的想法和问题。治疗者通过眼神交流、躯体姿势、言语等表示自己对戒毒人员的关心与兴趣。倾听是咨询、治疗初期的重要技巧。

心理治疗的起始阶段是获取信息、建立信赖关系阶段，这需要通过会谈来实现。治疗之初，治疗人员应热情、真诚地接待戒毒人员，解除他们的顾虑，创造和谐、轻松的氛围，使戒毒人员能畅所欲言。治疗者应专注地倾听，使戒毒人员有被关注、被接受之感，促使他们敞开心扉以及建立对治疗人员的信任感，这是获取信息、建立信赖关系的重要基础。

（二）积极反应

治疗人员除了专注地倾听，对戒毒人员的叙说也要作积极的反应，这有助于戒毒人员倾诉的深入，而且便于其在治疗人员的反应中审视自己的情绪情感、心理问题等。积极的反应包括提问、鼓励、复述、情感反应、澄清、概述等。

（1）提问。提问是最易于获取详细信息，引导谈话向纵深发展的技巧之一。它包括封闭式提问和开放式提问。

封闭式提问是可用“是”或“否”等简短字词回答的提问。如“你对他这一行为感到很气愤，对吗?”“你紧张吗?”“你向她表白过吗?”这种提问方式可清楚明了地查证某些信息，澄清事实，缩小讨论范围。但这种提问方式在会谈中要适当运用，因为滥用不仅不利于获取更多更广泛的信息，而且还限制了戒毒人员倾诉，同时令戒毒人员处于被动地位，这样会造成戒毒人员产生倾诉被堵塞、被压抑的不愉快感受，妨碍彼此关系的发展。一般在需要补充了解某些细节或查证某些问题时，或戒毒人员谈话漫无边际、偏离主题时可采用此提问方式。

开放式提问是常用“什么”、“怎么”、“为什么”等问句来提问，不能仅用简短字词来回答的询问方式。如“你有什么问题需要我帮助吗?”“对这件事你是怎样想的?”“能不能告诉我，你为什么说大家都看不起你?”这种提问方式可使戒毒人员自由表述，从而获取广泛资料。一般运用“什么”问句可了解到问题的事实信息，用“怎么”问句可了解戒毒人员对问题的看法以及事情的经过等，“为什么”问句常引出戒毒人员对某种事件的观念、态度、看法及情绪情感等。在采取开放式提问时，治疗人员应注意语气、语调，避免造成咄咄逼人的印象，而可采取温和式、尊重理解式、姿态谦和式的提问语气，这会使戒毒人员感到被真诚关心，觉得治疗人员是出于帮助自己的目的而探询。

---

① 摘录于百度百科 http：//baike. baidu. com/view/1225056. html，引用中有所修改。

（2）鼓励。鼓励即治疗人员对戒毒人员表示接受，对其所谈的话题感兴趣，并促进其继续和深入讲述。这主要通过点头微笑，或说出一些支持性的话，或一些示意语，如"我理解"、"请继续"、"是的"、"后来呢"、"怎样"、"嗯"等。鼓励是最简单的技巧，但它是成功的治疗所应具备的特征。因为它使戒毒人员感到被接纳、自己所讲的有人愿意听、自己的感受能被理解，这促使戒毒人员更进一步敞开心扉，并促进双方关系的进一步深入和亲密。

（3）复述。复述是对戒毒人员所谈内容中的一些关键词，或显示的重要信息的语句作简短重复。复述有其重要作用，它能引导谈话进一步深入，也有助于戒毒人员审视自己的所思、所感，并且能核实治疗人员的理解是否正确。如戒毒人员说"不知为什么我常感觉紧张，内心怦怦直跳，特别是面对言辞尖刻、关系不好的学员时，我就常感到恐慌……"治疗人员回应"哦，你常在和厉害的学员相处时感到恐慌，感到将受到威胁、受到伤害?""是的，……"戒毒人员说。可见在会谈中，好的复述既可抓住问题的重点，又可表示对对方的理解。

（4）情感反应。咨询员/治疗师对戒毒人员在会谈中所表达出来的情绪情感用言语加以反应。这一技巧要求治疗人员对人类丰富的情绪情感有较敏锐的感悟能力，并能准确地表述一些常见的情绪情感，如内疚、懊悔、愤怒、恐惧、焦虑、抑郁、高兴、悲哀、孤独等。在治疗过程中，有的戒毒人员可能说不清自己的内心体验和真实感受，有的可能只说事情的经过，不说自己正经受某种情绪的感受。这都需要治疗人员能将那些朦胧、模糊的情绪情感加以准确表述，将那些不愿表达的感受加以显现，使戒毒人员意识清晰地体验自身的情感、正视自己的情感。这有助于戒毒人员情绪的疏泄和对情绪情感的自我理解，也有助于治疗人员与戒毒人员共情的产生。

（5）澄清。澄清是指治疗人员将戒毒人员述说中那些意义不明确、含混、笼统、抽象的表述请其作进一步的明确、具体说明。如戒毒人员说"这段时间我感觉很烦躁"，治疗人员便回应："哦，近来你很烦躁，能不能具体谈谈是些什么事令你如此呢?"戒毒人员解释，"即将解除强制隔离戒毒了，我还没考虑好回去后怎样面对亲人"，"同寝室其他人员的关系紧张，我觉得应付不了……"可见具体化能促使问题更加清晰明确，使表述的事实、情感更加丰富、翔实，从而便于治疗者把握问题的实质，能更好地理解戒毒人员，达到共情的境地。

（6）概述。概述是治疗人员每次会谈必用的技术。它是治疗人员将戒毒人员在会谈中所讲述的事实、情绪情感、行为等信息简明扼要地概括出来。它提供双方整理思想的机会，既回顾所谈的内容，使戒毒人员再次审视自己的心理问题，并可进一步探查是否还存在其他的问题，同时核实治疗人员对戒毒人员的理解程度。概述这一技巧既可在每次会谈即将结束时进行，也可在会谈中为了条理化讲述内容、核查理解程度而采用此法。

三、康复期心理治疗需注意的问题

（一）治疗人员的角色定位

1. 尊重和温暖

（1）尊重戒毒人员。要求心理治疗人员能接受戒毒人员，能容忍甚至接受他们的不同观点、习惯等。在治疗过程中，尊重事实上还可以使积极关注的效果增强，具有鼓励戒毒人员向前迈进的作用。

在实际工作中，治疗人员很可能同时就是强戒管理人员，并参与日常的管理工作，这对心理治疗是不利的。在强制隔离戒毒所里，大多数心理治疗人员认为治疗要有权威性，而很多人理解的权威性就是告诉戒毒人员他应该做什么、不应该做什么，要求对方绝对跟着自己的思路走，不允许有相悖的想法，不是靠引导、说服，而是靠权威性。一般来说，在强制隔离戒毒所里，这样的咨询或治疗对于某些愿意相信权威的戒毒人员是有效的，但对于愿意独立思考的戒毒人员则效果不佳。治疗人员以权威的身份出现，本身就是一种不平等，因为具有管理者身份的人员习惯于对被管理者进行压制，这实际上是对对方的不尊重，易伤害戒毒人员的自尊心，咨询或治疗的效果将受到很大的影响。

（2）温暖。能够尊重戒毒人员的治疗人员可能更易于做到给戒毒人员以温暖的感觉。虽然尊重不是必然能让戒毒人员感受到温暖，但在治疗中，“尊重”、“温暖”都是建立良好的治疗关系所必不可少的因素。温暖是治疗人员对戒毒人员的主观态度的体现，它不是以语言来表达的，而是以某些人类交往中最基本的成分来表现，如语气、姿势、面部表情等。温暖感要求治疗人员把组成他自身态度的每一种成分都动员起来，以表现对戒毒人员的关心。一个冷漠的治疗人员可能是个称职的专业人员，但在他那种职业的面孔背后却可能潜隐着对戒毒人员无意识的敌意和嫌恶；而一个好的治疗人员是会喜欢和尊重别人的，并且知道怎样与他人交流这种体验。温暖是治疗人员主观态度的一种体现，它是很难装出来的。治疗人员只有真正关心戒毒人员的命运，真正达到共情的境界，温暖才会从他的言谈话语、姿势、动作、眼神、表情中流露出来，才会让戒毒人员感到自在而舒适。

2. *真诚可信的治疗态度*

真诚可信就是要开诚布公地与戒毒人员交谈，直截了当地表达你的想法，而不是让戒毒人员去猜测你谈话中的真实含义，或是去想象你所做的一切是否还提供了什么别的信息。你为你的治疗对象树立了一个榜样，你这样做，实际上也在鼓励他们以同样的态度对待治疗，这也是在促使他们不再去装假、掩饰、否认或隐藏他们的真实思想和感受。真诚可信包含两方面的内容：一方面，治疗人员要真诚地对待自己；另一方面，要真诚地对待戒毒人员。

在治疗中，戒毒人员要向治疗人员袒露自己的内心想法，但仍有些内心深处的东西不肯轻易流露，他们也看对方是否诚实可信。特别是对于戒毒人员而言，由于他们特殊的经历以及毒品对他们身心的影响，撒谎已经成为他们自我保护的一种行为习惯。同时，很多戒毒人员是被迫来戒毒的，本身就对治疗有抵触情绪，不会主动接受治疗。戒毒人员能否真心地配合治疗，直接影响到治疗的成效。因此，治疗人员更需要解除他们的心理防备。在心理咨询和治疗中，常常有这样的现象，就是戒毒人员在与治疗人员初次见面时往往要拐弯抹角地盘问治疗人员，探清对方的底以决定是否要把自己的事情和盘托出。有些戒毒人员经过与治疗人员的多次会面后方肯把心底的秘密讲出来，这就要求治疗人员在治疗过程中始终要对戒毒人员坦诚相待。在这种情况下，对戒毒人员的一般问题可以据实相告，但如果有些工作上的事情必须保密，也可以明确告诉对方不能告之的理由。

治疗人员应给戒毒人员更多的情感的关心和反馈，鼓励他们讲述自己的经历及戒毒过程中的成功和失败，了解他们的需求，从而缩小他们与治疗人员、管理人员之间的心理距离，建立起良好的辅导关系。这样才能打破他们坚固的心理防线，袒露心胸。在训练中，戒毒人员一旦觉察到治疗人员的确在关心他们，是值得信赖的，那么他们的自尊就会提高，治疗人员也就获得了促进戒毒人员向积极方面转化的影响力。

（二）共情（empathy）

“empathy”一词，中文有许多译法，如移情、同情、同感、共感、投情、拟情、同理心等。我们这里所说的“共情”，是指体验别人内心世界的能力。治疗人员应该是非常敏感的，对于前来寻求帮助的每一个特殊的个体都能保持这种敏感，变换自己的体验。这种共情是特殊、个别的，而不是泛泛、一般性的；是能够理解与分担对方精神世界中的各种负荷的能力，而不是进行判断和支持对方的能力。共情要求治疗人员能够进入另一个人的精神世界，这样才能更好地理解那个需要你帮助的人。它是心灵治疗师应具备的一种重要品质和能力，也是心灵治疗过程中最为重要的技术之一，它贯穿于整个心灵治疗过程中，包含了以下四个方面的内容：

（1）治疗人员首先要放下自己的主观参照标准，进行有效的聆听，设身处地地从戒毒人员的角度去感受他们。

（2）共情的重点在于感受戒毒人员的情绪感受，而不是戒毒人员的认识。

（3）共情并不是完全认同的戒毒人员的认知和感受。

（4）共情还包括治疗人员能够通过语言把自己对戒毒人员的感受有效地传达给对方。

要做到共情以上所要求的任何一方面都不是轻而易举的事情，特别是在时间非常短暂，同时又必须认真倾听对方的话语并进行分析综合的情况下。但是，达到共情的境界却是非常重要的，做不到这一点就容易导致对方认为你不理解他，不懂得他正在经历的一切，或者根本不关心他的事情。

治疗人员必须有良好的共情和倾听技巧，必须尽力对戒毒人员的实际情况和内在困难加以理解，这样有助于建立良好的关系和制定合理的目标。如果戒毒人员经常沉默或经常发表反对意见，不要教训或指责他们缺乏动机，而应该客观地接受他们意见中可接受的部分，与他们进行积极的辩论。在辅导的全过程中，不管戒毒人员是否对保持操守有疑惑或在许多方面没有进展，治疗人员都应该保持共情，尽量避免道德或价值的判断，要理解戒毒人员的困难。

（三）积极关注

积极关注是一种共情的态度，是指治疗人员以积极的态度看待戒毒人员。注意强调他们的长处，即有选择地突出治疗对象言语及行为中的积极方面，利用其自身的积极因素。积极关注的出发点应当是：如果你想帮助戒毒人员，使之有所改变，你就必须相信他们是能够改变的，而且他们自身已具有一些积极因素；但如果你认为对方是顽石一块，那么任何帮助都只能是徒劳无功的。而且，如果你不相信对方是能够接受帮助的，戒毒人员就会接收到这种信息，他们在治疗中也就可能真的不会有所收获。

在训练时戒毒人员会反映出大量消极的思想，但是作为治疗人员，不要过分关注这些消极的方面，否则会增加他们的焦虑。要努力培养他们关注自己积极方面的习惯，即使是很小的优点也要恰当地反复强调，以增强他们的自信心。要重视每个人、每一句话，给予他们尽可能多的积极的言语或肢体语言的鼓励。

（四）避免冲突

训练小组的戒毒人员会对这个群体有不同的反应。有人消极一些，但服从治疗人员的安排；有人可能会存在逆反心理，否定治疗人员的引导；有人可能用自己的安排来取代训练项目的目标；有人可能会认为治疗人员象征着所规所纪；有人可能很害羞或神经质。这些情况会表现出不同行为而使治疗人员感到局面失控。治疗人员的工作是容忍，这样戒毒人员便知道即使彼此观点不同，也仍可以彼此倾听，并且接受“并非所有人都没有信心戒除毒瘾”这一事实。也只有这样，每个戒毒人员才会积极参加活动并发表意见。①

实训　脱瘾教育指导实操题：拒绝毒品训练

1. 角色扮演

（1）要求：以小组为单位，每人轮流扮演有吸毒冲动并拿出自己如何延缓欲望方法的人，其余同学旁听，然后帮他出主意，提出补充延缓欲望的方法。

（2）背景：你离开强制隔离戒毒所回到家中，远远地看到过去的“朋友”坐在一起吸烟、喝酒，想起了进强制隔离戒毒所前和他们一起吸毒的往事，心中突然冒出一股强烈的再吸一口的冲动，你用什么方法来克服这种冲动呢？

（3）小组讨论：各人提出自己的办法，分析各自的方法哪些更能有效地延缓冲动。

2. 拒绝毒品训练：与毒品说“不”

治疗者：当面临高危情境时，一个重要的技巧就是在别人给你毒品时如何说“不要”。或许你能想到你曾在哪些情况下成功地说出“不要”，说“不要”是一种坚持保护自己的方式，没有人有权利要求你使用毒品。

板书：如何说“不要”

治疗者：虽然在别人给你毒品时说“不要”似乎很容易，但你的肢体语言也是很重要的。如果你说“不要”时却不敢正视对方的眼睛，并且肩膀下垂，身体畏缩着，那你会显得紧张或不肯定。你必须表现得很有信心，眼睛要正视对方的眼睛。大家可以通过角色扮演进一步练习。

3. 练习拒绝技巧（角色扮演）

组织训练：

（1）将学员配对。

（2）各自轮流，一个扮演正在康复中的吸毒者，另一个扮演提供毒品的人。

（3）提供毒品的人要设法用尽三分钟的时间说服康复中的吸毒者使用毒品。

（4）康复中的吸毒者只能回答“不要”，不要再说其他的话或借口。

（5）观察拒绝者的肢体语言，看他是否表现得很有信心。

治疗者可四处走动，观察学员的沟通方式并给予意见，然后对每轮表演进行讨论。②

① 蔡燕强．戒毒矫治康复手册．广州：暨南大学出版社，2006．150～154．

② 广东省戒毒管理局．脱瘾教育指导手册．

单元五
巩固期矫治与管理

巩固期管理，指的是戒毒人员经过脱毒戒断期的脱毒治疗和康复矫治期的教育矫治并收到一定的效果后，转入出所队进行回归社会训练的过程。

本单元学习的目标和要求是：通过本单元学习，了解巩固期戒毒人员的心理状态，掌握该时期教育、矫治及管理的方法。

项目一　回归社会准备期戒毒人员的心理特点及教育管理

【知识目标】

通过本项目内容的学习，了解和掌握强制隔离戒毒所内回归社会准备期戒毒人员的心理特点以及预防复吸的相关知识和要求。

【能力目标】

能运用心理分析的方法实现对回归社会准备期戒毒人员的教育矫治，并掌握预防复吸的相关训练方法。

【工作任务】

回归社会准备期戒毒人员心理特点分析；认识、了解复吸；建立戒毒信心。

【引例】

不能面对众人的目光①

从戒毒所出来后，居住在柳州市柳南区某社区的缨子一直没出家门，她实在受不了别人异样的目光。记者试图采访她，但也遭到婉拒。

记者从社区了解到，三十出头的缨子面容姣好，本是闺中待嫁的姑娘，却因吸毒而耽误了终身大事。缨子曾是小区内的“名人”，不是因其相貌出众，而是因为筹措毒资手段的狠毒，她对本就不富裕的离异母亲索要钱物不成后，就威胁要将自家房子付之一炬。没等母亲回过神来，大火已燃起，经邻里扑救，房子才幸免被毁。

从戒毒所出来半年，缨子现在家依靠美沙酮继续进行药物戒毒。由于没人对仍在戒毒阶段的缨子进行心理治疗，她的母亲也只是对其生活饮食进行简单照顾，缨子至今仍不能独自一人出门面对社会。

问题：戒毒人员戒毒期行将届满准备出所前，他们都会出现这样那样的思想问题，

① 平安广西网．http//www．pagx．cn．

尤其是特别惧怕回归社会后人们的目光和自身生活的艰难，应当怎样帮助他们树立信心、顺利回归社会，是强制隔离干警的一项重要任务，它关系着所内强戒目标的实现，关系着戒毒工作的成效，也是戒毒人员操守保持的基本保证。

任务一 回归社会准备期强制隔离戒毒人员心理特点分析

一、回归社会准备期概述

戒毒人员复吸率高、回归社会难，是禁毒工作的大难题。吸毒人员进入强制隔离戒毒场所后，通过物理隔离的办法强行戒毒，但他们回到社会后，绝大多数很快复吸。究其原因，既有社会因素，也有个人因素。近代以来，人们以理性的眼光审视法律处分，刑事、行政处罚等均逐渐趋于缓和。当代刑罚、行政处罚理念更加趋于理性、人道，注重对违法犯罪人的教育、改造，使其能重返社会。对于被限制自由、剥夺自由的违法犯罪人来说，他们大多只有一段时间在监所，无论时间长短，他们始终还会重返社会，而我们处罚的目的之一，也是要让违法犯罪人在接受处罚之后，能够回归社会，并且不会再危害社会，甚至要为社会作出贡献。如何保证违法犯罪人重返社会时不至于因与社会脱节而无法融入其中，是监所的再社会化工作的重要课题。

目前大多数强制隔离戒毒所都采用了所内三个阶段的戒毒管理模式，即生理脱毒期——康复期——回归社会准备期。

戒毒人员回归社会是戒毒治疗康复工作的最终目的。回归社会包括两方面的内容：一是戒毒人员作为对社会有用的人重新回归到社会中，再次融入正常的社会生活中，重新开始新生活；二是戒毒人员能坚持远离毒品，不受毒品的诱惑，能坚持寻求社会支持，成为正常的人。

所谓回归社会准备期，是指戒毒人员临近解除强制隔离戒毒出所前1～2个月的时期，主要目标是使戒毒人员树立正确的人生观，树立对生活的信心，增强社会适应能力；对毒品和复吸有正确的认识，不再害怕向别人谈论自己的过去，能敢于面对自己的人生；乐于接受人生的种种挑战；能时刻警惕自己不再接触毒品及违反法律法规；能对己、对人、对社会充满希望，能承担起社会的责任和义务，即将戒毒人员由在强制隔离戒毒所接受戒毒矫治的人转化为遵纪守法的社会公民。在回归社会的问题上，戒毒人员的个人因素是第一位的。戒毒人员若没有自身积极心态的调整，仅依赖社会帮助，想成功回归社会是不可能的。

二、回归社会准备期戒毒人员的心理特征

经过所内的生理脱毒期、康复期的治疗和训练，戒毒人员基本上都已能戒除生理毒瘾，急性戒断症状和稽延性戒断症状已逐步减轻甚至消失。毒品的生理依赖问题基本上得到了解决，同时，他们也基本适应了戒毒场所的生活。但是，长期吸食毒品对戒毒人员在生理和心理上的影响仍然存在。一些特定因素或场景都能唤起他们对毒品的欣快感的回忆，内心深处对于毒品的追求依然存在。他们既渴望新生活，又对未来感到迷惘，对自己也缺乏信心。因此，这一时期戒毒人员的心理是很复杂的，情绪变

化也较大。

（一）情绪波动、情感不稳定

大部分戒毒人员经过戒毒治疗和训练，都希望自己能戒断毒瘾，回归社会，开始新生活，对于回归社会抱有一种美好的期望。同时，这个时候的戒毒人员思亲思家的情绪会更加迫切。他们渴望早日回到家中，期望得到亲人和社会的接纳。但是，由于自己曾吸毒，以前的种种“劣迹”、“恶行”使他们担心回归社会后不被社会和家人所接纳。他们忏悔自己的过去，痛恨自己的行为。这种既期望又恐惧、既向往又担心的情感，在他们临近回归社会时越发凸显。不少人出现了情绪低落、焦虑不安或沉闷等心理现象，自制力差的还会无事生非借以发泄情绪。

（二）松懈心理

急性戒断综合症状减轻了，生理毒瘾也基本消除了，很快就可以回归社会，有些戒毒人员的心理在这一时期会开始松懈，原先配合治疗的积极性减弱了，对自己的要求也降低了。

（三）自暴自弃

自暴自弃的心理在多次戒毒人员的身上比较常见。由于他们曾多次戒毒，对于戒毒失去了信心，感到前途渺茫；而且多数戒毒人员文化水平低，缺乏一定的职业技能，对回归社会后的生活没有信心，很容易产生消极的心理。因此，对于各种治疗、训练抱着应付的心态。

三、回归社会准备期戒毒人员的错误认知

大多数戒毒人员，特别是“多进宫”人员，他们的心理本身就不够健康，吸毒后屡次想戒但因为没有进行全程康复治疗，导致他们戒了吸、吸了戒，一次又一次的失败经历使他们出现了许多错误的认知：

（1）自我淡化吸毒导致的危害。如有的戒毒人员说，我一不偷二不抢，只不过是吸毒罢了，对社会没有什么危害。

（2）逃避。在调查中发现，很多吸毒人员都把吸毒归因于家中烦心事多，没法解决，吸食毒品后什么都不用想，躲避一时是一时。

（3）偏执。有的戒毒人员认为，吸毒是自己的问题，不影响别人，为什么要强制隔离戒毒？我出去后偏要吸。

（4）否认自身存在的价值观念是导致吸毒的真正原因，总是借口说自己吸毒是因为交友不慎，是上当受骗。

（5）夸大戒毒的困难程度。有的戒毒人员认为，“一日吸毒，终生戒毒”，想要戒除毒瘾，除非到死的那天，认为毒瘾是戒不掉的。

（6）自欺。不少复吸的人都这样说，到戒毒所戒毒后，自我感觉已经能戒断毒瘾，出去后见到昔日的“粉友”，以为再来那么一次问题不大，自己可以控制，结果导致前功尽弃。

（7）推诿。将吸毒的责任推给他人。如有的戒毒人员就这么说：“我也不想复吸的，这次复吸是因为家里人总是啰啰唆唆，对我一点都不信任，老是跟踪我，弄得我很烦，才又吸上的。”

(8) 复吸是很可怕的事，只有完全戒断才算成功。可完全戒断实在太难了。

(9) 吸毒不可怕，只要进了戒毒所就能把毒瘾戒掉。

(10) 完全否定自己，认为吸毒人员都是有罪的，吸毒人员的人格都已经变态，不可救药了。

(11) 认为戒毒主要靠自己的意志，别人无法给予帮助。①

各种不健康的心理交织，多次的戒毒失败产生了“一经吸毒就再无康复的可能”的绝对思维定式，导致许多戒毒人员出所后很难保持操守。

任务二　认识、了解复吸

如前所述，吸毒人员是一个特殊的群体，他们的变异人格及心理特点和对戒毒的错误认知使得他们中不少人出所后不久便重蹈覆辙。戒毒干警要深入了解复吸的原因和影响因素，从中找出有效的预防、治疗及康复方案，延长他们保持操守的时间，降低复吸率。同时，还要帮助戒毒人员认识和了解复吸，使他们建立对复吸的正确认识，增强戒毒的信心。

一、复吸概述

(一) 复吸的概念

复吸，在医学上又称药物滥用的复发。复吸一般是指吸毒人员在戒断毒瘾之后重新吸毒的行为。复吸是一个过程，包括三个阶段：① 失足或偶吸，即戒毒后重新开始使用毒品，只偶尔用了一次或几次；② 偶吸与复吸之间的转化状态，偶吸后继续间接使用毒品，但尚未再次产生毒瘾；③ 从偶吸后继续使用毒品发展到再次有规律地使用毒品至依赖状态。复吸与偶吸是不同的，偶吸是在脱毒并保持操守一段时间以后重新开始尝试毒品，是一次或几次破坏规则事件，可以迅速终止，不再重复；复吸则是完全破坏自己制定的操守规则，回到治疗前的水平，是偶吸的恶性发展和不能控制的状态。

由于吸毒行为的复杂性和研究角度的不同，给复吸下一个确切的定义似乎有一定的困难。但从操作的角度出发，可以从以下方面加以理解：一般情况下，判断是否复吸，首先要明确的是，复吸主要是指阿片类药物的重新使用，因为它不仅会形成严重的生理依赖，而且还会产生强烈的心理依赖，形成强烈的稽延性戒断症状，尤其是海洛因的成瘾性最强，而可卡因、大麻和安他非明类药物一般只会产生心理依赖，不会出现戒断后的生理反应。另外，海洛因戒毒人员的情况也最为突出。其次是复吸的标准应该是该吸毒人员先要经过专门的脱毒治疗，并基本上摆脱了对毒品的生理依赖。再次是吸毒人员再次产生药物依赖性，即对药物的依赖性重新恢复到原来的水平或加重了药物依赖性。

(二) 复吸的危害

复吸率是考察吸毒行为治疗和康复效果、衡量吸毒现象的整体社会控制的一项重

① 蔡燕强. 戒毒矫治康复手册. 广州：暨南大学出版社，2006. 186～188

要指标。由于复杂的作用机制，降低复吸率已成为与吸毒问题作斗争的重点和难点。复吸的危害主要表现在以下三个方面：

（1）高发的复吸率导致戒毒人员的数量高居不下，形成庞大的顽固戒毒人员人群并使吸毒问题恶化。

（2）复吸导致社会资源的巨大消耗，除毒资、违法犯罪、HIV传播、劳动力资源浪费等方面的社会损失以外，复吸直接降低社会投入的效益，使大量的社会投入处于社会效益低下且恶性循环的局面。

（3）复吸行为不仅会产生严重的生理和心理损害，而且是导致戒毒人员死亡的重要原因。其中，戒断后首次复吸是导致海洛因戒毒人员死亡的最重要的因素。一名吸毒成瘾者在经过一段时期的治疗后，机体对海洛因的耐受性降低，敏感性提高，但复吸者一般都按其以往的剂量使用，或加大剂量试图满足长时间对欣快感的渴求，从而导致中毒死亡。据专家统计，因首次复吸过量中毒而死亡的占海洛因滥用者死亡的90%。①

二、复吸的原因分析

吸毒行为是个体、毒品和社会环境因素综合作用的产物。这一原理同样适用于对于复吸原因的分析，但由于毒品的毒理作用和个体在吸毒行为延续过程中社会环境的变化，导致复吸的原因进一步复杂化。复吸由多方面因素综合作用所致，既存在个体之间的差异，也有外部的、客观的原因。由于阿片类药物的成瘾性在理论上和现实中非常典型，以下主要分析海洛因以及其他阿片类毒品成瘾者戒毒后复吸的原因。

（一）复吸原因的一般分析

造成海洛因戒毒人员高复吸率的原因是多方面的，其中主要原因有：海洛因的存在和可获得性；重返吸毒环境、“毒友”引诱；心理渴求难以消除；康复治疗、回归社会措施得不到开展；吸毒人员素质低下，防毒、拒毒能力差；稽延性戒断症状的困扰；戒毒动机不纯；社会、家庭支持度低等。此外，负面生活事件的影响、缺乏应对生活困境的技巧和吸毒前后的人格改变等也是导致复吸的原因。从一般角度分析，复吸的原因主要为以下三个方面：

1. 毒品的损害或吸毒后果

戒毒人员虽然经历了一定时间的戒毒治疗，但由于毒品对戒毒人员生理或心理上的巨大破坏作用，使戒毒人员在康复的过程中在客观上普遍地面临着障碍，这主要是指心理依赖、稽延性戒断症状和戒毒人员产生的人格变异，这些是可能导致复吸的内在因素。

2. 戒毒的态度、动机和效果

戒毒人员上一次戒毒的动机和决心对于戒毒效果具有重要影响，而戒毒效果对于是否复吸也具有直接的影响。同时，戒毒的模式、方法对于是否复吸也具有重要的影响，这包括戒毒的期限是否合理、药物的使用是否得当、戒毒机构的管理是否严格以及有关工作人员的素质和态度如何等复杂的因素。

---

① 蔡燕强．戒毒矫治康复手册．广州：暨南大学出版社，2006. 198.

3. 不可忽视的社会因素的影响

由于许多戒毒人员在经过一段较长时期的吸毒、戒毒以及法律处分之后，加之毒品和吸毒行为所带来的无法短期克服的生理和心理障碍，戒毒人员在康复和回归社会的过程中势必面临多方面的困难和不利境遇。尤其严重的戒毒人员在经过封闭的治疗之后，又将重新面临一个开放的环境，又将受到毒品和其他吸毒人员的诱惑。这些外在的因素对于复吸率具有重要的影响。

（二）导致复吸的主体因素

1. 对毒品的心理依赖和渴求

药物依赖性是遏制吸毒现象、减少吸毒行为的关键性障碍。药物依赖性在不同的阶段有不同的表现。在吸毒成瘾期间，由于药物依赖性和药物耐受性同步发展，生理依赖和心理依赖综合作用，戒毒人员只有反复维持药物摄入才能避免出现不良反应；在急性脱瘾期，停药后戒毒人员会出现剧烈的生理反应，身体依赖的反应主要是在这一阶段；在脱毒之后，对于毒品的心理依赖或渴求将在相当一段时间内扮演着重要的角色，并成为导致药物戒毒人员复吸的最重要的原因之一。

此外，条件反射学说及其实验表明，条件反射因素对于复吸也具有一定的影响。戒毒人员经治疗回到原来吸毒的环境后，如果见到毒品或吸毒用具，或见到吸食或注射毒品的情景，都可能产生渴求感，甚至见到别人吸烟、注射都会联想到自己过去吸毒的情形和感受。有些研究还说明，安眠药物也可以引起阿片类药物的复吸，饮酒也常常可以引起可卡因依赖的复发。据了解，在戒毒场所内许多戒毒人员不仅吸烟，而且烟瘾非常大，从某种角度来讲，这是其缓解心理渴求的一种表现。吸毒条件反射因素的存在进一步证明了“心瘾”是客观存在的。

2. 稽延性戒断症状

稽延性戒断症状，又称稽延症状，是戒毒人员对毒品依赖性延续的表现，是成瘾者在阿片类药物戒断后所普遍存在的神经、内分泌和其他生理、生化的紊乱和代谢障碍。戒毒人员摄入的大量外源性阿片类药物作用于机体，由此产生了药物依赖性和药物耐受性。一旦终止用药，机体反复连续用药之后形成的适应状态和机体的正常功能被破坏，出现难以忍受的临床戒断症状，即戒断综合征。这种症状一般可以自行缓解或自愈，大部分症状在6～12天可以消失。

许多戒毒人员在急性戒断症状消失之后，由于机体的系统恢复过程不均衡，普遍地出现顽固性失眠、关节肌肉疼痛等非常典型的症状，还有的有食欲下降、浑身无力、易出汗、忽冷忽热、胸闷、感觉过敏、烦躁、情绪恶劣等表现，且可以持续1～2年之久。这些症状的存在，不仅影响着戒毒人员的功能恢复，更有相当一部分人因此而故态复萌，导致复吸。有的戒毒人员认为自己没有戒断毒瘾，甚至认为根本无法戒断；有的为缓解痛苦而重新吸毒，结果致使前功尽弃。

3. 戒毒动机不纯和戒毒决心不坚定

戒毒人员是否具有纯正的戒毒动机和坚定的戒毒决心，是能否成功戒毒、防止复吸的关键的内在原因和个体原因。研究表明，戒毒人员戒毒决心的大小对是否复吸有很大的影响。例如，不少毒品依赖者在求治或被迫治疗时，内心所定的目标并不是彻底戒断，而是希望减少用量、恢复身体状况。因此，这些人治疗后的复吸率自然会高于那些确实有戒除毒瘾愿望且希望彻底摆脱毒瘾的戒毒人员。

戒毒动机不纯不仅会导致戒毒不彻底或失败，而且，由于吸毒人员对毒品的迷恋和对毒品的危害缺乏必要的认识，易于导致在经过治疗后很快复吸。因此，戒毒动机不纯是复吸的一个重要原因。有关调查表明，戒毒人员的戒毒动机是非常复杂的，有相当一部分人员的戒毒动机不纯。这主要包括以下五种情况：① 由于毒资入不敷出或失去毒品来源，无法维持毒品摄入，为暂时摆脱毒瘾和避免出现痛苦的戒断症状，无奈进行戒毒；② 由于长期吸毒体质衰弱，甚至疾病缠身，为“保命”而暂时放弃吸毒；③ 为逃避法律追究（如拘留、罚款）而戒毒；④ 在亲友或单位的压力下被迫戒毒；⑤ 为应对某些急迫事项，如就业、出国，不得已才戒毒。这部分戒毒人员复吸的可能性势必大于戒毒目的单纯的戒毒人员。根据一项对 571 名复吸者的调查显示，有超过20%的戒毒人员戒毒动机不纯。课题组[①] 1998 年对 1 200 名吸毒成瘾者的调查表明，有28.41%的被调查者表示复吸的原因是上一次戒毒不彻底。

上述种种戒毒动机不纯的情况在医疗戒毒机构内体现得尤为明显。但是，从我国目前的戒毒体系来看，强制隔离戒毒仍是主要的部分，因此，强制隔离戒毒人员更值得、更需要经过教育改造和治疗来树立对戒毒的正确态度。

可能导致复吸的另一个重要的主观因素是戒毒的决心。据研究，戒毒人员的戒毒决心并非是稳定的，而是处于波动的状态。因此，维持和增强戒毒动机和决心成为许多专业工作人员为之努力的目标。在戒毒初期的一段时间内，戒毒人员戒断的愿望较为强烈，决心也较大。但是，经过一段时间的戒毒治疗和恢复之后，随着身体的恢复和一段时间对于毒瘾的抑制，戒毒的决心淡化，许多戒毒人员又在渴求感、侥幸和放纵心理的驱使下产生了“再来一次”或“最后一次”的想法，结果出现了所谓的“失操守效应”，陷入反复吸毒、反复戒毒的恶性循环。

据调查，由于意志不坚定或出于侥幸而复吸的比例很高，达到了50%～70%。据另一项对443名戒毒人员的调查发现，随着戒毒次数的增加，不同群体的复吸率显著提高，保持操守率降低。第一次戒毒在一周内复吸的比例为59.91%，第二次和第三次戒毒的相应比例分别达到88%和97.28%。出现这种情况的原因是复杂的，但这一情况说明戒毒经历对于戒毒人员的康复具有明显的影响，戒毒失败的经历有可能降低戒毒人员的戒毒动机水平，有的学者认为“我只再吸一次就不再吸了”这种错误认识对于戒毒人员的复吸起着主导作用。因此，戒毒动机和决心的维持和巩固对于预防复吸具有重要的作用。在强制隔离戒毒场所内，帮助他们建立正确的戒毒动机和坚定的戒毒决心，使戒毒者在主观上立志远离毒品，这样才能从根本上解决问题。

4. *戒毒人员的心理变异和人格改变*

国外大量研究表明，吸毒人员普遍具有偏执型或分裂型人格的特征，不能很好地适应环境和建立良好的人际关系，易出现紧张、多疑、抱怨、逃避等变态心理，产生退缩性防御或逃避现实或自我中心、自卑感和无能感；而且还具有行为轻率、缺乏自我控制能力和认知能力、情绪不稳定、缺乏责任感和前途感等人格特征。吸毒人员的情绪障碍是复吸率增高的一个重要因素。

另有研究和调查证实，吸毒人员在戒毒后存在的心理障碍和负面情感经历往往是复吸的“引线”。从戒毒人员的情绪状态来看，戒毒人员中抑郁症的现患率及既往患病

① 指广东省戒毒研究所课题组，下同。

率均高于一般人群，未达到临床水平的情绪障碍更是较为多见。而已有的研究显示，戒毒人员的情绪障碍影响总体预后，使复吸率增高。因此，应有针对性地进行药物或社会心理干预。据调查，有84%的复吸者是企图用毒品缓解不良情绪而导致复吸。

由于戒毒人员的不良个体基础，且在其回到原来的社会环境中还不可避免地遇到就业、恋爱、婚姻、经济来源、周围人的态度、社会环境等因素所产生的负面影响，就有可能引发或加剧其人格、情绪等方面的不良状况，使其自暴自弃，以致想再次借助毒品来摆脱眼前的困境。在1998年调查的1 200名吸毒劳教人员中，有超过半数（52.17%）的被调查者表示复吸的原因是解除烦恼、亲友不信任、生活或工作不如意等。所以说，戒毒人员的情绪障碍也是复吸率增高的一个重要因素。

（三）导致复吸的外部因素

1. 社会因素的负面影响

“粉友”或“毒友”的拉拢和诱惑，地下毒品黑市的存在，家庭成员或其他人的不理解甚至歧视，监督、服务、保障体系的不发达等一系列原因对于降低复吸率具有消极的影响。这些社会的、外部的因素与个体的、内部的因素交互作用，往往使戒毒人员在回到社会之后不仅得不到有力、有效的监督和帮助，反而会让他们面临社会的压力，加剧了他们产生人格缺陷和负面情绪的可能，刺激了他们对毒品的渴求，增加了他们在心理康复过程中的困难和障碍。根据课题组的调查和个案访谈，许多在场所内的戒毒人员对于将来可能面对的“粉友”的影响充满了忧虑甚至是畏惧心理，其中26%的被调查者回答此次复吸的原因是“受人拉拢”。根据有关调查，不良社会环境的影响、就业问题及生活来源无法解决、婚姻家庭问题的挫折等是影响复吸的主要社会因素。

在特定条件下或对特定个体而言，同伴压力和家庭环境是两个重要的影响因素，对复吸起着关键的作用。戒毒人员原先所属的同伴群体对戒毒人员的影响也不可低估。从戒毒人员处理困境的技巧来看，由于复吸大多发生在一些特定情境中，如果训练个体在特定情境及同伴压力之下能够自持，或能坚定有效地拒绝他人的影响，就可为保持操守奠定基础。国外有些预防项目的重点就是训练人们在关键时刻能够说“不”。许多人称，自己一回到原先的那伙人中，便难以抵御同伴的劝说和引诱，禁不住“再来一口”，从而再陷泥潭。而一些成功戒断的事例也说明，要想在较长时间内不复吸，斩断与原先小圈子的联系，重建人际关系及社交网是重要的一环。有的戒毒人员的家庭中有人仍在滥用药物，或原有的家庭互动模式仍然存在，或原来的同伴在继续鼓励、怂恿其饮酒或吸毒，这些诱因都可能促使复吸的发生。

2. 治疗的成效

对吸毒成瘾者是否进行了科学、有效的治疗，对于降低复吸率具有显著的影响。因此，戒毒机构的治疗也是预防复吸的一个重要环节。治疗包括医学心理学、行为学等方面的技术和方法的运用。目前，对于戒毒人员的治疗还存在机构方面的不足或缺陷，主要包括：心理治疗和康复在我国的专业戒断机构中仍是很薄弱的环节；药物治疗的方法和药物的应用较不集中，效果不明显。

医学治疗的方法对于复吸率的降低具有重要的影响。何种医疗方法和药物对于预防复吸具有更好的作用，是目前各国都在积极探索的问题。目前，国际上通常采用两种药理作用完全相反的药物，一类是阿片受体激动剂类药物，典型的有美沙酮替代维持疗法，还包括阿片受体半激动剂丁丙诺啡；另一类是阿片受体拮抗剂，如纳曲酮。另外，在药物治疗中还使用不具有特异性效应点的镇静、催眠、抗焦虑、抗抑郁药物。据调查，用抗精神病药物戒毒的复吸较快，其次是以二氢埃托啡、美沙酮治疗者，保持时间最长的是以丁丙诺啡治疗者。治疗方法和药物是一个仍在积极探索中的问题，近几年新的药物和方法不断推出，但不论采取何种方法，其关键是降低药物的副作用和不良后果，最大限度地避免产生新的药物依赖，减轻戒毒人员的痛苦，延长药物依赖者的操守时间，增强降低复吸措施的有效性。同时，医学治疗还必须与心理治疗、心理康复、社会监督和支助等措施有效地结合起来。①

任务三　激励戒毒人员建立戒毒信心

一、燃起戒毒人员的希望

迄今为止，国家在戒毒工作方面下了很大的工夫，但复吸率仍然居高不下，究其根本原因，戒毒人员的绝望感是一个严重的影响因素。对于多次戒毒的人员，一再的失败使得他们对成功重返社会丧失了希望，在无望的情绪下，更容易重蹈覆辙。要解决这个问题，必须激励戒毒人员燃起希望、建立信心。

1. 希望的意义

鲁迅曾经说过："希望是附丽于存在的。有存在，便有希望；有希望，便是光明。"人活着不能没有希望，否则会像失去控制的小船，随波浮沉。若有了希望，便有了前进的动力，有了战胜困难的勇气，有了奋勇拼搏的力量。希望是个体的一种特征和状态。人的行为是受思想观念制约的，有什么样的观念就会产生什么样的行为，有什么样的行为就会产生什么样的结果，而这个结果又会对你以前的观念更加坚信不疑。如此多次循环，便形成了信念。由希望而产生的力量往往是很难预测的，希望往往能超越生理的极限。一个满怀希望的人，生活是有目的的，表现为乐观、积极的人生态度，言语及行为多为正性。

2. 希望的三大要素

（1）有生存、学习、改变、康复的意愿。有人称其为自我保全的追求，是人类对安全感的一种追求。每个人一生都为未来抵达一个目标而努力。实现了目标，我们就会觉得自信、优秀和完美。因此，人们努力争取由卑微的地位升至优越的地位，由失败到成功。

许多戒毒人员开始吸毒的各种活动和态度也是在争取所谓的优越，不过他们认为的"优越"是完全错误的。例如，在调查吸毒原因时，不少吸毒人员自述自己之所以开始接触毒品，是因为当时自己周围都是有钱有地位的人才吸毒，他们为了表明自己也是有地位的人才走上吸毒的道路。正是由于戒毒人员在戒毒过程中没有修正这一根本错误的认知，导致了一再的失败，令他们中的大多数人对今后的生活能通过学习来改变、能达到康复的目的已经失去了希望。

---

① 蔡燕强．戒毒矫治康复手册．广州：暨南大学出版社，2006．

（2）自我效能。自我效能的观念是美国心理学家班杜拉提出的，是个体对自己在组织、执行行动达到目标的过程中的一种能力、判断与信念。它是个体自身潜能最有影响力的主宰。它是在人们作出选择或决定时，发挥核心作用，激发个体为达到目标付出持久的努力，不怕困难与失败，力图实现目标的一种能力、一种信心。

信心的产生来源于对自己能力的认可，也来自周围社会的支持系统，包括他们的家庭、朋友、康复自助团体，也包括强制隔离戒毒场所干警的帮助、支持和鼓励。戒毒人员由于反复复吸，由此引起种种不良行为，令家人与朋友伤心失望。同时，吸毒人员内心自卑感与多次的戒毒失败，也影响着吸毒人员的自我效能的发挥；再加上社会的歧视，严重削弱了有效的社会支持系统的作用。要提高吸毒人员的自我效能，就要在整个社会中改变对待他们的态度，调动其有效的社会支持系统，帮助他们重新燃起康复的希望。

（3）想象力。想象力指的是一个人看到将来的能力，并能以开放的态度面对新的人生、新的环境的可能性，它是在人的头脑中创造一个念头或思想画面的能力。

在康复工作中，要充分发挥成功戒断毒品的人员和社会成功人士的榜样作用。在整个康复过程中，让每个戒毒人员都能体会到自己点滴的进步，都有利于提高他们对未来希望的想象力。一个人只有对未来的希望充满想象力，才能运用想象力去创造自己所希望实现的事情，才能持续地把注意力集中在这个想象的思想或画面上，给予自己肯定性的能量，直到最后使想象的画面成为客观的现实。联想集团的广告语说得很好，“人类失去联想世界将会怎样”。有了想象才会有所创造，才会激励自己不断前进。

二、提高戒毒人员的自信心

1．自信的概念

自信是社会科学中广泛使用的概念之一，但其内涵一直以来都缺乏明确的界定。大多数学者认为，自信就是确信自己所追求的目标是正确的，也确信自己有力量与能力去实现所追求的那个正确目标。自信，是对自己的力量的充分估计，相信自己的价值与能力，自信心是自我观念的重要组成部分。

自信心的产生源于对自己的适当评价。一般来说，自信心包含三个基本要素，即自信认识、自信体验和自信行为。

（1）自信认识是对自己和所处环境有清晰、明确的了解，自信不是盲目的骄傲，自信认识是建立在了解自我、认识社会的基础上的一种积极、健康而有益的心理。

（2）自信体验表明一个充满自信的人必然朝气蓬勃、神采奕奕，做任何事都能体验到成功感和把握感。

（3）自信行为是自信心理的外在行为体现。具有自信心的人，在审慎权衡主客观条件之后，会提出一个适当的目标，目标确立之后便义无反顾地向着这个目标奋进。这个目标不仅切实可行，而且明确具体。自信的人由于相信自己，相信自己的能力，也相信自己的价值，因而凡事也就会尽力争取，积极主动。①

自信是人的精神支柱，是对自己力量的充分估计，自信的人用坚定的心筑起心中亮丽的风景。

---

① 蔡燕强．戒毒矫治康复手册．广州：暨南大学出版社，2006．

2. 自信的特征

（1）感染力。自信的人对生活充满了信心，容貌、神态和言行举止都具有强烈的感染力，能对他人产生影响。在自信的员工的周围，往往是一片生机勃勃的工作景象。

（2）坦诚。自信的人诚实坦然，总是能够直接而坦诚地说出自己的意见，也毫不掩饰自己的缺点。自信的人总是说自己想说的话，而不是看别人脸色行事，不会唯唯诺诺。

（3）虚心。自信的人能坦然承认错误，虚心接受批评。遇到问题，只找原因，不找借口。

（4）宽容。自信的人能包容别人的缺点，原谅别人的错误，也能坦然接受别人对自己的各种评价。不苛求、不仇视、不嫉妒、不憎恨。

（5）乐观。自信的人乐观开明，积极上进，遇到挫折能保持冷静，绝不轻言放弃。

（6）和谐。自信的人言行一致，表里如一，气质与形象相符，内心思想与精神面貌和谐。

（7）适应性。自信的人能积极主动地进行自我调节，沉着自如地应对各种事物的发展和变化。

（8）幽默。自信的人能轻松自然地面对生活和工作上的各种问题，包括困难、失意和挫折。

（9）勇敢。自信的人总是不惧艰险，从容面对复杂的问题和突如其来的挑战，表现出大智大勇的气度。

（10）坚定。自信的人坚定果断，勇于承担责任和风险，不瞻前顾后、不优柔寡断、不逃避困难。

3. 自信心形成的心理过程

自信心是指人们相信凭借自己的能力，能够克服各种困难，在学习与工作中有所成就。它是自我观念的重要组成部分。所以有人说“自信是成功的第一秘诀”。人的自信心形成的心理过程是：对目标的确信（我一定能实现目标）——产生勇气、能力、精力——产生解决问题的技巧、方法——得到自尊、自我价值。针对这样一个过程，应该采取的教育机制是：信任——期望——机会——评价。信任是基础，只有信任戒毒人员，我们才能产生对他们的积极希望；期望是对戒毒人员的积极希望和信任的反映，也是给他们机会的前提，没有期望就没有皮格马利翁效应；机会就是我们给戒毒人员创造使其相信自己，建立自信心的契机；评价是给戒毒人员一种积极的有利于其上进的评价，巩固他们刚刚建立的自信心。

4. 自信的培养与提高

真正自信心的建立基于全面、客观地了解自身的价值取向、个性特征、能力水平（包括智力及非智力水平）以及社会交往能力。有了真正的自信心，才能立足自己的潜力，扬长避短，完善自我，发展自己，创造更高的人生价值。

许多戒毒人员在面对自己时，从没有很好地自省，弄清做人的基本原则和自己的实际能力，所以他们很难有真正的自信心。因此，对他们而言，提高自信心的第一步就是要好好地思索自己及自己的人生；第二步就是要克服自己的自卑心理，认真进行自信训练。

人的自信心不是天生的，也不会凭空产生。要培养自己的自信心，必须做到以下三点：

（1）树立正确的成败观。俗话说："胜败乃兵家之常事。"无论在学习、生活还是事业上，成功了不要忘乎所以，傲视他人；失败了也不要小看自己，妄自菲薄。"胜不骄败不馁"才是真正的自信。

（2）正确地认识自己。每个人都有优点和缺点，你的优点被别人发现了，并不说明你的缺点就没有了；你的缺点被别人看到了，也不说明你的优点就不存在。不要用自己的短处和别人的长处比较，要在自己的强项上下工夫。

（3）要有意识地训练自信心。第一，不要总是用阴暗的眼光去看待别人，要学会正视别人，主动与别人交往；第二，要改变自己的不正确的认知，多参加有意义的集体活动，去充分感受生活，多看一些健康的书籍，向那些积极改变自己人生的人学习，努力改变自己的性格；第三，试着去帮助别人，在帮助别人的同时能体现自身的价值，也能改善自己的心情；第四，要有健康的自我意识，正视现实，面对现实，凭着进取心去适应环境；第五，培养健康的情绪，保持乐观的心境，用微笑面对每一个人。当遇到挫折、出现退缩时，多给自己一些积极的自我暗示，如"我能行"、"只要努力就会有成功"等；还要注意积累自己的点滴成功，以资对自己的鼓励。

自信来自个人的内心世界，来自对自己公正、客观的审度与分析，每个人都要意识到自己的信心在哪方面有欠缺，畏缩和自卑又是从何而生，在认真反思的基础上，有针对性地进行学习和训练，才能不断地培养和提高自己的自信心。

5. 自信的训练

（1）自信训练的原理。自信和不自信行为都是后天获得的。不自信的人是由于以前没机会学习自信行为所致。通过重新训练、学习，就可变不自信为自信。

（2）自信训练的三种方式：

① 角色扮演，又叫行为练习。具体做法是：设想一种情境，戒毒人员自己扮演自己，治疗者扮演交往对象，然后进行练习，比如下级与上级的对话、被管理者与管理者的对话等。

② 模仿。让戒毒人员模仿治疗者的反应，在反复的模仿中得到强化。

③ 强化与指导。治疗者及时肯定与纠正戒毒人员的行为。

（3）自信训练的步骤：

① 治疗者和戒毒人员共同讨论不自信情境，并按程度排列出等次。

② 通过角色扮演等，对列出的情境进行练习，从最轻等次开始。

③ 当戒毒人员感到掌握了某些情境中的自信行为时，再讨论这些情境中其他可能需要的自信行为。如当对方出现消极反应时，戒毒人员应怎样应对，并进一步学习这些反应。

④ 鼓励戒毒人员在实际中运用学到的自信行为，并把双方的行为及个人的体会记录下来，以便及时解决发现的问题。

⑤ 鼓励戒毒人员继续实践，并认真做好记录，不断探寻自信的行为。

（4）自信训练可以从具体的问题开始。例如：

治疗者：如果你被亲人怀疑复吸，而你确实完全没有碰过毒品，他们又不向你道歉，你怎么办？

戒毒人员：有什么办法呢？都是自己造成的，自认倒霉算了。

治疗者：那你心里好受吗？

戒毒人员：当然难受，肺都气炸了。

治疗者：既然如此，为何毫无反应呢？

戒毒人员：我怕说了也白说，并且怕他与我吵架，影响不好。

治疗者：你不觉得这样太窝囊了吗？

戒毒人员：是的。

治疗者：那你可以很客气地说："你们弄错了，请下次注意点，弄清楚后再讲。"如果你说出口了，会使内心感到轻松。相反，你生闷气是不舒服的。

戒毒人员：那当然，可问题在于，第一，我怕无论怎么样说，他们就是不信。第二，我怕以后真的再复吸。

治疗者：那么，针对你说的第一个问题，请你把现在的地方当做是在家中，我就是那位家人，你能对我说出我刚才说的那些话吗？

戒毒人员：不行，还是说不出口。

治疗者：那这样吧，我先说一遍，你跟我说。

戒毒人员：可以试试。

（戒毒人员跟着治疗者说）

治疗者：你不是说了吗，并且说得很好。

治疗者：现在考虑你刚才说的第二个问题——怕以后真的再复吸。这需要你本人认真去做。你明天再来见我，我要你从现在开始，保持24小时不吸，行吗？

戒毒人员：应该没问题，我试试看。

（第二天）

治疗者：怎么样？这24小时没有吸吧？

戒毒人员：没有。

治疗者：保持24小时没有吸吧？

戒毒人员：没有。

治疗者：保持24小时不吸难不难？

戒毒人员：好像不怎么难。

治疗者：你不是做到了吗？并且做得很好，今天再来一次24小时不吸没问题吧？

戒毒人员：没问题。

……

通过这样的训练，戒毒人员就能学会一种新的自信行为。①

---

① 蔡燕强. 戒毒矫治康复手册. 广州：暨南大学出版社，2006.

任务四　预防复吸

一、预防复吸的原则

预防复吸是一项非常复杂、烦琐的工作。它不仅需要各方面、各专业人员协同工作，更需要从事这一工作的人员认真负责，具有献身精神。在具体工作时，应根据戒毒人员的特征，从宏观着手制订出有针对性的预防复吸工作计划。同时，还应针对每一个体的不同情况进行细致的个别教育，为他们出所后的生活、工作提供必要的帮助，以增强他们回归社会的信心，提高操守率，降低复吸率。

1. 确立戒毒矫治康复所内开放的理念

在所内的最后阶段——回归社会准备期，戒毒人员的心情更为复杂，各种顾虑油然而生，作为强戒管理人员，主要是针对戒毒人员普遍存在的“心瘾”难除，一有可能就会复吸的问题，实施更为宽松的开放式的管理形式。通过以民警为主导、戒毒人员为主体，民警与戒毒人员之间的互动，逐步改变戒毒人员的不良认知；通过戒毒人员之间相互讨论、交流等形式，相互启发、相互借鉴，从同伴身上吸取有益的经验和做法，用集体的智慧、他人的经验来提高和充实自己。此阶段距离出所时间很近，为了保证戒毒成果，一方面，要组织戒毒人员参加社会公益活动，进行回归见习和实习，帮助他们了解和掌握不断变化的社会形势，增强他们时不我待、珍惜光阴的思想意识，促使戒毒人员在思想上同现实社会“接轨”；另一方面，要采取针对性措施，强化出所教育，加强回归适应性指导和训练，为他们出所后的顺利回归社会打下良好的基础。

2. 面向社会，加强社会适应能力的培养与锻炼

戒毒人员最终要回归社会，成为一个社会人，加强戒毒人员社会适应能力的培养与锻炼措施的落实，是检验戒毒矫治康复工作成败得失的关键。要积极动员社会力量、亲情力量、社区力量，建立协作协调机制。为了帮助戒毒人员“再社会化”，让他们切身体验回归后的感受，可以利用戒毒成功人士的经验，通过成功戒除毒瘾的人来所现身说法，激励戒毒人员增强戒断信心，强化戒毒决心；还可以通过戒毒人员原籍相关领导的报告形式，向他们介绍家乡、社会的变化，使之可以结合实际思考自己的出路问题；亲情的力量是伟大的，它可以鼓舞人类向文明进发，亲情是戒毒人员的精神支柱，它能弱化戒毒人员的抵触情绪，工作中要及时安排戒毒人员打亲情电话，让他们了解家里的情况，倾听家人的真情呼唤，增加亲情会见次数，融洽其与家庭之间的关系；积极配合当地做好帮教和规劝工作，还可安排其给亲人、单位写思想汇报信，以便得到其家人、单位的鼓励和关怀，增强其情感上的归属感，坚定戒毒信心。要充分发挥亲情的作用，让亲情成为鼓励戒毒人员告别毒品的重要力量；发挥亲情的作用，就是要让戒毒人员感受到社会和家人对他们的关爱，特别是戒毒人员的子女，最能牵动戒毒人员的情感，激发他们的爱心，使他们有信心下决心戒掉毒瘾。还要整合戒毒工作各方面资源，加强相关部门协同作战，建立戒毒工作社会协调机制。加强与公安、社区、民政、药监社会团体及有关科研机构的联系和沟通，充分利用社会各部门的资源，共同促进戒毒工作全面协调发展。

3. 加强恢复性的心理矫治工作

成瘾的核心问题既是认知也是情绪。强烈的成瘾消极情绪，如羞愧、恐惧、被遗弃、无能感、无助感、孤独感、绝望等消积情绪会渗透到成瘾者的生活之中，影响他们的思考、行动等，时常会使戒毒人员故步自封并不断重复同样的消极行为。要通过心理咨询、心理治疗和心理危机干预等心理治疗手段，尤其是通过戒毒技能训练的方法，提高他们的自我心理调节能力，激发和强化戒毒人员的戒毒动机，增强其戒毒信心，磨砺其戒毒意志，不断地将“拒绝毒品、珍爱生命”的意识内化为他们的信念和自觉追求，以达到重塑健康、正常人格，消除对毒品的心理依赖。

二、预防复吸的措施

吸毒是生物、心理、社会等因素综合作用所致，吸毒成瘾以后，吸毒成瘾者的行为和思维方式发生了一系列变化，生活多方面受到影响。复吸也与多种因素有关，如戒断症状、心理渴求、身体不适、回到有毒品的环境、同伴的压力、药物的作用、错误的认知等，这些情绪状况、精神应激、外部影响都可能导致复吸，而且成瘾者中人格异常、情绪障碍、精神异常者较多，使预防复吸更加难以控制。吸毒成瘾者的康复是一个从开始戒断成瘾物质，改变自身行为模式，经历长时间考验，最终保持稳定戒断、社会功能完整的漫长过程。在康复过程中，戒毒人员往往要经历异常或数次的偶犯现象，偶犯并不一定发展到复发，偶犯也可以停止并走向康复。进入强制隔离戒毒所的戒毒人员，急性脱毒治疗只是戒断治疗的第一步，康复期是各种戒断治疗的保障，出所前的回归社会准备期更是真正走向康复的关键，这是目前戒毒工作的重点和难点。此阶段预防复吸的主要措施有以下方面：

1. 预防复吸的心理治疗和技能训练

国内外数十年的研究及临床实践表明，要彻底戒断毒瘾，单纯给戒毒人员进行药物治疗是远远不够的。药物对成瘾者的各种社会心理因素是无能为力的，如果忽视了复吸的心理治疗，复吸率将高居不下，戒毒人员对治疗的依从性差，为此，应结合各种心理社会康复综合治疗，提高戒断的成功率。目前，国外有许多专门进行戒毒治疗的机构，这些机构都会辅助一定的心理社会治疗，这对提高戒毒人员对治疗的依从性、减少毒品的使用、减少因吸毒引发的违法犯罪、改善戒毒人员的社会功能等方面有着积极的作用。随着认识的深刻、经验的丰富，我国戒毒工作者已经认识到对戒毒人员进行心理社会康复治疗是整个治疗程序中的一个重要组成部分。全国各强制隔离戒毒所都相继建立了心理矫治中心，司法部出台的《强制隔离戒毒教育工作规定（试行）》第六章就专门规定了在回归社会准备期的教育中，要进行预防复吸训练，使戒毒人员掌握抵御毒品诱惑、拒绝毒友拉拢、应对高危情境和生活挫折的方法，增强他们的自我防范意识。

预防复吸心理治疗的技术包括：帮助戒毒人员识别促发心理渴求的情绪和环境因素；帮助他们发展和训练应付内外应激以及复发高危情境的方法；探讨导致吸毒的决定过程并帮助戒毒人员改变扭曲的认知；帮助戒毒人员从偶尔短暂的复吸中了解导致复吸的因素，找到有效的早期干预的方法；帮助戒毒人员找到应对负面情绪的方法，发展社会支持网络；帮助戒毒人员形成健康的生活方式，等等。

心理技能不是与生俱来的能力，而是在生活、实践中学习和提高的。心理技能训练的形式主要以小组活动为主，建立训练小组时应考虑到成员之间的熟悉程度、环境舒适程度，建立支持性、开放性氛围，成员之间相互理解、互相帮助，无交流障碍；还要建立小组规则，以保证小组能正常地开展活动。

心理技能包括以下四种：

（1）情绪调节技术。人们在日常生活中要面临各种挑战和压力，难免经受失意、挫折和打击，受到不良情绪的困扰。只有学会应用心理调节手段，克服不良情绪影响，战胜各种压力和挑战，才能成为生活的强者。

① 自我引导。自我引导是通过宣泄、回避、补偿、升华等方法调整心态，变不利为有利，化被动为主动，通过新的努力获得补偿，以摆脱不良情绪的困扰，走出不良情绪的阴影。自我引导的方法包括宣泄法、回避法、补偿法和升华法等。

② 自我安慰。在人生的道路上，每个人都难免会因做错事、出现失误而带来悔恨、烦恼、自责等不良情绪，出现自我埋怨、自我谴责、自我惩罚的行为。自我安慰是克服自我悔恨、烦恼和悲伤的有效方法。可采取自勉法、漠视法、暗示法等达到自我安慰的效果。

③ 调节认知。情绪的产生与人们对外界事物的认知有关。不同的认知结果导致不同的情绪反应，可以通过改变这些认知来调节人们的情绪反应。非理性的认知一般表现为绝对化要求、过分概括化、糟糕至极任意推断、选择性消极关注、消极情绪推理及个人化等。可通过辩论、语义分析、重新归因、概念重建、真实性检验、“无损失”行为作业、合理情绪想象技术等来改变非理性认知，保持健康的情绪状态。

④ 放松技术。自我放松技术可帮助人们的精神和躯体从意识要求中解脱出来，变得不再紧张、焦虑，恢复理性思维，建立美好人生。自我放松包括躯体放松和精神放松。这些放松技术具有缓解压力、训练注意力、控制思维过程、提高处理情绪的能力和放松身体的作用。情绪调节的方法很多，可根据自己的实际情况选择。当情绪困扰严重影响一系列学习和生活，自我调节难以奏效，出现严重的躯体症状，如失眠、食欲减退、体重下降等时，应到专业的心理咨询机构寻求帮助。

（2）社交技能。与人交往是一门学问，更是一门艺术，需要在社交过程中不断学习。掌握社交技能，才能建立良好的人际关系，才能更好地融入社会。与人交往的基本技巧有很多，如寒暄、寻找双方的共同点、文明礼貌的言语、经常保持微笑、真诚地赞美他人、设身处地地为对方着想、尽量避免争论、与人交往时多倾听、消除交往障碍等。要增强人际吸引力，就要提高个人修养，拥有受人欢迎的品质；在社交场合，讲究社交礼节；主动交往；与人交往时注意沟通的技巧，通过眼神、姿势、面部表情、仪容穿着、声音等，为自己与他人交往构筑沟通的桥梁。

（3）应对应激训练。

① 运用心理应付机制，积极应对。积极的心理应付机制可起到缓冲应激、减轻焦虑的作用。要及时调整好心理状态，寻求解决问题的方法，赢得战胜挫折的时机。常见的积极心理防御机制有：仿同，即效仿他人成功的经验和办法，使自己的心理、言行更适应环境的需求；升华，即将自己不为社会认可的动机和需求转变为社会许可的动机或需求，或者将自己的行为引导到建设性、有利于社会和自身发展的行为上去；补偿，因限于客观条件，个人目标无法实现时，设法以新的目标和现有的成功去弥补原有的失败和痛苦；幽默，在遇到挫折、困境时，用幽默的方式来化解困境，维持心

理平衡。

② 运用认知调节技术。外在应激事件是通过认知这一中介来产生各种心理和行为反应的，不同的人对同一事件的不同认知，可能产生截然不同的反应。许多不良的反应是由于当事人对应激事件不合理的看法和态度造成的。常见的不合理的认知方式有以下特征：认为不应发生、以偏概全、夸大后果等。因此，面临应激事件出现情绪困扰时，应检查自己的认知方式有无偏差，通过主动调节自己对外在应激事件的看法和态度，可减少挫折感。通过调节认知的角度，采取就事论事的态度，不要把后果想象得非常可怕、糟糕透顶。采取积极应对行为来应对外在应激事件，维持心理平衡。

③ 积极争取社会支持。积极的社会支持可以缓冲应激反应。面临应激事件时，应善于调动所有社会资源，积极寻求各种帮助和社会支持，找到战胜压力和挫折的方法。

④ 掌握自我调节的技术。心理调节技术有利于有效缓解应激产生的焦虑、紧张、郁闷等不良情绪，提高适应和承受能力。常见的心理调节方法有暗示调节、想象调节、放松调节等。心理调节技术要经常训练，在面临应激时才能应用自如，发挥良好的心理调节效果。

（4）认识和完善自我训练。

① 正确认识自我。只有对自我有一个全面客观的认识和评价，才能扬长避短，发展自我，完善自我。正确认识自我，首先要从物质、心理、社会三个方面全面了解自我，在全面深刻了解自己的基础上，对自己进行客观准确的评价。评价自我时，要有合适的社会尺度，从多角度、多层面来评价自我，既不妄自菲薄，也不夜郎自大。

② 积极接受自我。一个人首先要自我接纳，才能被他人接纳。应无条件接受自己的一切，包括优点和缺点、成功和失败，平静理智地对待自己的优点和缺点、得失和成败。在自我接受的基础上，培养自信、自立、自强、自主的心理品质，从而发展自我、完善自我。

③ 有效控制自我。控制自我是主动地、定向地告别自我的心理品质、特征和行为的心理过程。有效控制自我是健全自我意识、完善自我的根本途径。要积极有效地控制自我，首先要合理定位理想自我；其次要培养自尊和自信；最后要培养健全的意志品质。

④ 自我认知的方法。可以通过自我观察法、实践检验法和借助外力法等，积极主动地体验个人心中的自我，不断感知和内省；注意从自己对某件事情的态度和专注来确认自己的志向、兴趣，从完成某事的状态来确定自己的水平；从做一件事情遇到的困难来确认自己的意志品质；并通过与他人的比较，感受他人的态度和借助他人的评价来认识自己。还可以通过专家的咨询、心理测验、反馈控制等方法来进行自我认知，掌握自我认知的方法。①

2. 强化政治教育

政治教育除一般的形势、政策、道德、前途等内容外，应以近现代中国深受烟毒危害，中国人民不屈不挠的禁烟斗争历史，新中国成立后禁毒工作的伟大成就，现在国际国内日益严峻的毒品形势和危害为重点，把禁毒、戒毒工作上升到爱国主义的范畴。使戒毒人员清醒地认识到吸毒、戒毒不只是个人行为，还是关系家庭、社会、国

① 施红辉，李荣文，蔡燕强. 毒品成瘾矫治概论. 北京：科学出版社，2009.

家的大事，培育其戒掉毒瘾的信心和决心。临近出所的戒毒人员，他们因入所时间长，对外界了解不多，对出所后的一切都感到彷徨无助，尤其是不知道怎样去融入社会。此阶段应当对他们进行形势和政策教育，帮助他们了解自己将要回归的社会环境，让他们感同身受党和国家解决民生问题采取的一系列惠民政策，唤起他们对党的政策的理解和对现实的认同。

3. 预防复吸训练

社会学习理论认为，药物依赖行为是一个过度学习的不良行为模式，由一系列适应不良的行为习惯组成，如追求即刻满足、沉溺于危险情境和不平衡的生活方式等。由于受早年环境、习得性体验、优势强化条件（奖惩）、认知期望以及生理因素等影响，个体没有学会采取适应性的行为，当他们在生活中遇到应激情况时，只能通过不适应性的方法来替代。在社会学习理论的基础上，针对药物依赖行为，Marlatt 和 Gordon 于 1980 年提出预防复吸的概念，认为可把克服药物依赖的过程看成重新学习新的适应性行为的过程，包括三个步骤：承诺和产生动机（准备改变）；特定的行为改变（终止某种行为）；维持行为改变（预防复吸）。Marlatt 等研究者于 1985 年建立了复吸的认知—行为理论模型，提出戒毒康复者在高危情境中的认知与应对模式决定了是否发生复吸的可能性，即当戒毒康复者在高危情境中如不能有效应对则会导致复吸。治疗者可通过帮助他们识别复吸的高危情境，通过认知和行为的训练，教会他们相应的应对技巧，降低戒毒人员对危险情境的敏感性，提高他们抵御毒品诱惑的能力。Marlatt 等提出的有关复吸的理论是预防复吸治疗的一种很重要且应用很广泛的方法。

预防复吸训练以心理学中的认知行为治疗思想为基础，即通过正确的认识替代错误的、歪曲的认识，进而使行为发生改变。预防复吸训练的基本目标是：① 通过决策分析，了解倘若继续吸毒会带来的长期和短期的得与失，增强戒毒人员保持操守的动机；② 明确高危情境，教会他们采用恰当的行为应对高危情境；③ 改变与使用毒品有关的生活方式，建立健康的生活方式，从而改变强化的条件；④ 训练识别和应对渴求感的技术，帮助戒毒人员学会忍受其他强烈的情感，增强对痛苦情感的控制；⑤ 通过角色扮演学习新的行为，学习如何适应新的环境，在支持性的治疗环境中练习如何拒绝或中断不良关系，塑造自己新的行为；⑥ 用条件反射原理帮助戒毒人员认识和理解条件性渴求感，识别自身的渴求条件性环境，避免暴露到这些环境中，有效地应对这些渴求，降低条件性渴求感。

预防复吸训练具有很强的专业性，开展这项工作的人员需要经过相关培训，训练时应以主持人的身份参与小组活动，与戒毒训练小组的成员产生积极的心理互动，必须坚持如下基本工作原则：① 心理辅导员的角色定位问题。一般情况下，最好由专业的心理咨询师及社会工作者担任心理辅导员的角色。但在实际工作中，心理辅导员很可能同时就是强制隔离戒毒所的管教干警、医生等，因此，在进行心理辅导工作时，应尽量将两者的角色分开来。辅导员要给予戒毒人员更多的情感关心和反馈，拉近与戒毒人员的心理距离，建立良好的治疗关系。② 治疗者的态度问题。在治疗中经常要设定一些改变的目标，在目标设定上要采取灵活的态度，应该尽量反映戒毒人员的需要。一般来说，辅导员会将自己认为最佳的几种方案提出来，供戒毒人员选择与决定，倘若戒毒人员不准备改变，应与他们协商制定出他们可以接受的治疗目标。③ 要做到通情。辅导者必须有良好的通情和倾听技巧，必须尽量了解戒毒人员的实际情况和内在困难。只有这样，才能与戒毒人员建立良好的关系，更好地制定复吸预防的目标。④ 积极关注。戒毒人员在训练的时候会反映出大量负面的东西，但作为辅导员，不要过分关注这些负面的东西，否则会增加他们的焦虑感。要努力关注他们积极的方面，并尽可能地多给予鼓励。⑤ 重点突出。每一个训练内容都要突出重点，要强调技能训练。通常每一次训练活动只安排一到两个重点内容，让戒毒人员每次从容地学习一到两个应对方法，重点掌握这些技能并运用到实践中。值得注意的是，训练要根据戒毒人员的实际接受程度来安排。⑥ 掌握节奏。许多技能训练的概念，对戒毒人员来说也许是很复杂的，特别是对那些存在认知缺陷或应对技能很差的戒毒人员。因此要安排好节奏，确保他们已经理解所学内容并能够运用到实际生活中去。⑦ 运用技巧。在介绍应对策略的时候，最好先从戒毒人员比较熟悉的方式入手，要尽量多举例子说明问题，将戒毒人员的担忧转化到如何培养技能的主题上来。激励戒毒人员积极练习，最大限度地提高他们的自我能力。⑧ 发掘戒毒人员内在的能量。要尽可能发掘他们内在积极的方面，可以让他们采用讨论的方式，相互发表看法，发掘对训练有帮助的内容，以提高影响力和说服力。⑨ 避免冲突。训练小组的戒毒人员会对所在的群体有不同的反应。每个戒毒人员对辅导员的安排、引导反应各异，这些情况会使辅导员感到局面难以控制，但是作为辅导员，就要做到以宽容心态对待，用自己的行为感染戒毒人员，让他们知道即便彼此观点不同，也仍可以彼此倾听，激励他们积极参加活动并发表意见。

预防复吸训练的主要目的是让戒毒人员学会识别导致自己复吸的高危情境并改变导致复吸的错误认知，学习有效应对高危情境的方法，提高自我效能，防止复吸。主要包括以下内容：激发改变动机；明确个人的高危情境；学习应对高危情境的技能；学习放松和应激处理技能；思考成瘾活动即刻和延迟的效应；如果发生偶吸，应采取什么样的行动；通过认知训练控制行为；如何应对心理渴求，学会观察渴求而不是付诸行动；改变自己的生活方式，发展健康的兴趣替代成瘾的行为；建立复吸警报系统，及时发现复吸的危险信号；建立支持系统等。

① 准备阶段：采用动机强化访谈方式增强戒毒人员的治疗动机，减少他们对改变行为的阻抗和疑虑，将可能存在的问题简要地呈现在戒毒人员面前，如习惯行为、危险因素、长期后果、家庭状况等。不要只停留在问题的表面，而要讲清复吸的危险和后果，增强他们对问题的认识，让他们自己进行思考和选择，以便能够顺利完成维持治疗。

② 确认和检测高危情境：根据专业人员列出的高危情境列表来确定哪些是自己的高危情境，并对该情境下的危险性进行评分；每天进行自我监控，明确存在哪些潜在的威胁（如不良情绪、朋友的危险邀请等）；戒毒人员根据录音或录像中的高危情境，描述自己认知和行为上的反应，评估自己有多大的信心拒绝诱惑（自我效能评分），并对在高危情境下的应对技巧进行自我评判。

③ 应对技能训练：针对各种特定的高危情境，运用恰当的应对技能。常用的方法包括控制刺激因素，减少暴露在高危情境下的机会；尽量回避与不良行为有关的场景；通过角色扮演演练如何果断地拒绝朋友的诱惑；停止复吸幻想，教会戒毒人员识别渴求感伴随的负面幻想，大声或在心里说“停”，打断幻想；携带“渴求锦囊”，在产生渴求感时帮助自己进行自我控制。

④ 认知重构：治疗上通常采用认知重构技术来对付偶吸后的归因和情感反应。将对偶吸内在、稳定和普遍的归因方式重构为外在、暂时和特殊的归因反射。认知重构的内容包括：将偶吸反复归因为外在的、特殊的和可控制的因素；偶吸可以转化为不吸而不是复吸，只要戒毒人员偶吸后不复吸，就能保持戒断状态；不管偶吸发生与否，预防复吸的目标是唯一的，即预防下一次偶吸或复吸。

⑤ 建立新的健康生活方式：健康的生活方式对戒毒人员保持长久的操守非常重要。在外界的要求和个人的追求之间达到平衡，就是一种健康的生活方式。如果生活的“应当”超过了“想要”，个体就会有被剥夺感；如果“想要”超过了“应当”，就会导致自我沉溺和追求即刻满足。在治疗中，鼓励戒毒人员去参与一些替代活动（如冥想、放松、跑步），有助于改善旧有的生活方式。这些替代活动如果变成了他们“想要”的，就会成为一种健康的生活方式。

⑥ 建立社会支持系统：很多戒毒人员坚持认为他们完全能够自己控制康复过程，这是错误的想法。戒毒人员必须努力学会建立外在的社会支持系统，这是行为管理计划的重要组成部分。

总之，预防复吸的过程可教会戒毒人员如何面对和应对真实的或潜在的复吸诱因，帮助他们理解导致复吸的各种心理过程。

4．生活技能训练

生活技能是指一个人有效地应对日常生活中的需求和挑战的能力，也可称为心理社会能力。它是一个人保持良好的精神状态，在个人所处的文化环境中以及与他人的交往中所表现出来的适当的、健康的行为。生活技能训练的主要对象是青少年戒毒人员，训练内容涉及学校教育、职业培训、行为矫正、物质滥用以及艾滋病的预防、精神病人的康复等领域。生活技能以提高人们应对人际关系问题和各类社会刺激的能力，促进戒毒人员身心健康以及预防行为问题等为目的。它不同于针对某些疾病或行为问题的各种流派的心理治疗，它以被训练者的需要为中心，强调每个训练对象的参与性，通过一定的方法和程序，使训练对象自己真正掌握他们所需要的各种生活技能。

生活技能训练的基本内容包括作出决定和解决问题等处理问题技能的培养，创造性思维和批判性思维的培养，有效交流、建立及保持良好人际关系、抵制不良同伴的压力等人际交往方面的技巧培养，自我认识、培养自信自尊、树立正确的价值观和人生观等自我定向方面的技能培养，还有控制情绪及行为方面的技能培养，如情绪调节、愤怒与冲动的控制、应对外在压力等。近年来，生活技能训练以及个人与社会发展教育在西方发达国家发展很快，世界上很多国家已经开始了生活技能训练。许多实践经验表明，生活技能训练在很多方面卓有成效，如预防艾滋病、果断处理来自同伴压力的物质滥用等。香港在预防青少年吸毒的生活技能教育方面就开展得比较好，具体内容有：认识毒品、识别吸毒人员、如何欣赏自己、善用闲暇时间、应对不良情绪和压力、拒绝诱惑、学会说“不”、找出对自己最重要的东西、如何交朋友，等等。实践证明，生活技能训练是一种行之有效、投入较少的方法，有着广阔的发展前景。许多吸毒人员缺乏生活技能，可通过生活技能训练来预防他们的复吸，帮助他们形成健康的生活方式，适应社会。可以说，生活技能训练在促进戒毒人员走向康复、减少复吸等方面有着积极的作用。[①]

---

① 蔡燕强．戒毒矫治康复手册．广州：暨南大学出版社，2006．

5. 职业技能训练

（1）职业技能训练的作用。资料显示，无业闲散人员已越来越成为我国新滋生和复吸人员的高危人群。2004 年初，在全国累计登记在册的 105 万余名吸毒人员中，无业闲散人员就有 57.3 万人，所占比重达到了 54.6%。由于许多戒毒劳教人员没有掌握一技之长，缺乏就业谋生技能，重新回归社会后无法正常就业谋生，自暴自弃的心理迅速冲淡了尚未得到巩固的戒治效果，最终铤而走险，走上了靠偷、抢进行复吸的恶性循环之路，严重危及人民群众生命财产安全。在毒品问题比较严重的个别地方，多数戒毒劳教人员在投教前都经历了多次的自愿戒毒或强制隔离戒毒；现有在所戒毒劳教人员当中，投教前两次以上自愿戒毒或强制隔离戒毒的占 85.7%，戒毒劳教人员解教出所复吸率竟高达 85% 以上；而因为没有一技之长不能正常择业从而导致复吸的占所有复吸人员的 46%。一个因为吸毒多次被劳教的戒毒劳教人员刘某在回答为什么还要吸毒的问题时，他的回答令人深思。他说："没有办法。解教回去了，没有技术，找不到工作，生活没有着落，只有和以前那些一起'吃粉'的朋友一块过。"刘某走上复吸之路的原因无疑具有一定的普遍性。另外，为了支付昂贵的吸毒费用，复吸人员似乎没有选择地从事各种违法犯罪活动，严重地破坏社会治安稳定。这些状况就像无声的警报时刻提醒我们戒毒形势的严峻，必须找准切入点，努力降低复吸率。

（2）职业技能训练的必要性和可行性。大力开展具有针对性和实用性的职业技能教育与培训，不仅理论上必要，而且实践上也可行。

首先，抓好职业技能教育与培训是劳动教养法律法规赋予我们的重要职责。《劳动教养试行办法》第一章第三条规定："在严格管理下，通过深入细致的思想政治工作、文化技术教育和劳动锻炼，把他们改造成为遵纪守法、尊重公德、热爱祖国、热爱劳动，具有一定文化知识和生产技能的建设社会主义的有用之才。"《劳动教养戒毒工作规定》第二章第八条第三款明确规定："对身体已经康复的戒毒劳动教养人员进行心理矫治，进行道德、法制、文化教育和职业技能培训，组织开展文体活动和参加习艺性劳动，控制其因精神依赖产生的复吸欲望。"

其次，大力开展职业技能教育与培训，是降低复吸率、维护社会治安稳定、促进禁毒工作深入开展的需要。事实表明，通过对在所戒毒劳教人员进行有针对性的职业技能教育与培训，使他们掌握一技之长，回归社会后能够顺利就业，对于抑制他们对毒品的复吸欲望具有十分明显的实际作用，进而对进一步遏制新滋生吸毒人员的蔓延起到不可估量的积极影响，利于有效减少社会治安中的不稳定因素。据有关媒体报道，南方一些毒品问题比较严重的省在 2002 年开展的禁毒严打斗争中，由于公安机关收戒了大量吸毒人员，戒毒劳教场所开展了以"着眼回归社会，努力降低复吸率"为主题的心理矫治和职业培训，不仅实现了复吸率大幅下降的目标，而且使"两抢"发案率比往年同期下降了 28～38 个百分点，确保了社会治安稳定和政治安定。某市戒毒劳教所在对 2002 年解教吸毒人员进行跟踪回访调查中发现，该所当年解教吸毒人员 55 名，其中解教后无业的有 30 名，一年后因为复吸受到处理的有 14 名，所占比重为 46%；因为具备一技之长而谋取正当职业的有 25 名，一年后因为复吸受到处理的有 2 名，所占比重为 8%。从这一组数据的对比中，我们不难发现职业技能教育与培训在防范复吸工作中的重要作用。

最后，加强职业技能教育与培训是响应党的号召，实施人才战略的需要。

我们对吸毒人员进行教育矫治，目的不仅仅是帮助他们矫正恶习，将他们从毒品的泥潭中解救出来，更重要的是帮助他们掌握一技之长，增强就业谋生的本领，从而把他们进一步培养成为全面建设小康社会的积极力量。

《中共中央、国务院关于进一步加强人才工作的决定》首次提出“人才是第一生产力”的论断，倡导“尊重劳动、尊重知识、尊重人才、尊重创造”，明确指出，凡是在各行各业中从事创造性工作的劳动者都是人才。毋庸置疑，人才培养与全民素质的提高关乎祖国的繁荣富强，关乎中华民族的伟大复兴。

吸毒人员作为社会成员的一分子，同样有责任为祖国的社会主义事业增砖添瓦。作为戒毒工作者，我们不仅有义务把他们挽救成为健康的人，更有责任把他们塑造成为全面建设小康社会贡献才智的人。而要实现这一目标，加强有针对性的职业技能教育与培训则显得尤为迫切和必要。

事实上，开展职业技能教育与培训，不仅得到强制隔离戒毒人员亲属的拥护与支持，而且受到广大强制隔离戒毒人员的普遍欢迎。在某市强制隔离戒毒所做的一次问卷调查中，79%以上的戒毒人员希望政府能够为他们提供更具针对性的职业技能教育。这充分说明，开展职业技能教育与培训不仅可行，而且前景十分广阔。

（3）开展职业技能训练的方法。诚然，戒毒工作是一项非常复杂的系统工程，需要运用包括管理、教育、医疗、心理矫治、习艺劳动在内的诸多方法。多种方法构成一个相互联系、相互促进的有机整体，并且每种方法在戒毒治疗的不同时期都发挥着各自不可替代的重要作用。职业技能训练作为教育体系中的一项重要内容，对于消除戒毒劳教人员好逸恶劳的思想，树立正确的劳动观，进而增强其就业谋生本领和自食其力的能力，进一步降低复吸率等具有越来越明显的实际作用。在一些戒毒部门，在三期制戒毒模式的基础上，又尝试增加一个“回归照管期”，即在解除劳动教养之前专门安排对戒毒劳教人员进行针对性的职业技能培训和安置联系，事实证明，效果是明显的。所以，职业技能教育作为一种重要的教育挽救手段，必须受到高度重视。

要以做好戒毒人员帮扶工作为切入点，积极做好各项工作，努力为戒毒人员解决生活出路，主要抓好戒毒人员职业技能培训，全面提升他们的就业竞争力，帮助戒毒人员解决就业问题，使他们真正融入社会。

① 建好、用好职业技能教育与培训中心（学校），采取灵活多样的方式，切实提高教育培训质量。

应当进一步加强与当地劳动部门的沟通和联系，努力把强制隔离戒毒所办成职业技能教育与培训的特殊中心或特殊学校，使之成为强制隔离戒毒人员回归社会再就业的中转站和重要基地；要发扬与时俱进的精神，努力实现信息资源市场化，不断根据社会需求科学设置教育培训门类，为强制隔离戒毒人员提供广阔的自由选择空间；要进一步加强师资队伍建设，在培训、提高技术教师专业素质的同时，有选择地聘请社会专业人士担任教师并使之成为一项制度，实现经常化、规范化、科学化。

② 与开展强制隔离戒毒工作紧密结合起来，积极走社会化、市场化之路，有力推动职业技能教育与培训工作的深入发展。

应当充分利用全国开展强制隔离戒毒工作的有利契机，按照“深化改革，转变职能，强化服务”的工作思路，以市场为取向，主动加强与社会团体和企事业单位的联系，采取“请进来，走出去”等多种方式，为强制隔离戒毒人员提供广阔的实践舞台，以利于进一步检验、巩固教育培训成果，不断增强强制隔离戒毒人员适应社会的能力和就业谋生本领。

③坚持“两条腿走路”和多措并举的原则，与时俱进地建设和发展职业技能教育与培训中心（学校）。充分发挥职业技能教育与培训中心（学校）在挽救吸毒人员、降低复吸率和维护社会稳定方面的重要作用。

一方面，要进一步转变思想，努力克服强制隔离戒毒经费不足等实际困难，主动加强与有关部门的沟通和联系，用实际工作赢得他们的理解，争取政策上和财政上的更大支持和帮助。另一方面，要充分发挥强制隔离戒毒所在禁毒宣传教育中的重要作用，广泛吸纳社会资金，促进职业技能教育与培训中心（学校）的建设和发展；要进一步拓宽思路，通过采取与有关单位联营或共建等灵活多样的形式，在坚持职业技能教育与培训基本功能不变的同时，积极对外承揽、开拓服务项目，增强职业技能教育与培训中心（学校）的自我更新、自我发展能力，更好地促进职业技能教育与培训工作的深入、持久、健康发展。

（4）职业技能培训的内容。就业技能是回归社会的关键。吸毒成瘾后，戒毒人员尤其是海洛因吸食者，会不愿意劳动，荒废原有的劳动技能——何况他们吸毒前也许并不具备多少劳动技能。所以戒毒人员想要自立自强，必须具备最起码的生活与生存技能。其中，生活技能就包括自我认识能力、调节情绪能力、缓解压力能力、解决问题能力、人际关系能力、决策能力以及让自己离开毒品的控制力。而生存技能就要通过自谋职业、参加培训等方式来获得。

职业技能培训以实业型技术教育为重点，其培训内容首先要适应社会发展的需要。戒毒人员职业培训的内容安排要考虑三个要素：一是考虑戒毒人员回归社会后的就业需要；二是从社会迫切需要的短线紧缺专业进行设置；三是考虑戒毒人员的个体差异。每一个戒毒人员因为成长的环境不同，在身体状况、气质、性格、兴趣爱好等方面都会存在较大的差异，这在很大程度上影响了戒毒人员的就业选择，也影响到他们在接受职业技能培训时的选择。所以，设置职业培训课程前要做好调查工作，让戒毒人员自愿选择自己感兴趣的项目和认为自己有能力掌握的职业技术。同时，结合戒毒场所的实际情况，如场地经费、师资等情况进行设置。

职业技能培训的内容主要包括以下五个方面：

①第一产业的职业技术培训。针对来自农村的戒毒人员，职业训练应该主要集中在种植和养殖业上。如粮食、蔬菜、花卉及林木种植，家禽家畜、水产和特种养殖等。这些培训教育设施的投入不大，简单易学，受教育者一般不需要太高的文化知识基础。

②第二产业的职业技术培训。第二产业的职业技术培训适合来自城市的戒毒人员，但随着社会的发展，农村经济中出现了很多工业经济的成分，很多农村人口也成为乡镇企业、私营企业的主要劳动者。所以，组织参加包括机械制造、原料加工以及机械修理技术等职业训练，有广泛的适应性。

③第三产业的职业技术培训。第三产业的发展水平与规模是衡量社会经济发展水平的重要标志。其以服务业为主，可以为社会提供多种就业机会和就业岗位。服务业为职业技术教育提供了多样的选择，如汽车摩托车维修、家电维修、厨师、家政服务、美容美发等。这些为戒毒人员重归社会后改善自己的生存条件和经济状况等提供了有利条件。

④劳动观念教育。开展职业技能训练，一方面可以使戒毒人员树立正确的劳动观念和劳动态度，培养劳动习惯和劳动技能，矫正他们好逸恶劳的恶习，增强他们就业的能力；另一方面，通过劳动来磨炼他们的意志，减轻其对毒品的眷恋情绪，增强抵制毒品的诱惑力。同时，通过劳动可以增强体质，抵抗戒断症状给他们身体造成的痛苦，从根本上改变他们的认知结构、思想状况和行为方式，培养劳动兴趣，改变他们的懒惰思想。

⑤职业道德教育。职业道德教育应以正确的人生价值教育为主线，围绕爱岗敬业、诚实守信、办事公道、服务群众、奉献社会的职业道德教育和意志品质、适应能力、合作精神、心理承受能力等进行培养训练。开展职业选择、职业理想、职业精神和职业道德原则与规范的教育，使其树立起敬业、乐业、创业的精神。[①]

实训　复吸预防训练

【引例】

伟两个月前离开了强制隔离戒毒场所。他很难和家人同住，因为家里人仍为他偷钱购买毒品的事生气。他大部分的时间都独自坐在房里，而且也没有出去找工作。他没有新朋友。

一天，他与父亲争吵，因为父亲说他好吃懒做。于是，他决定去找他过去的朋友(此人还在使用毒品)，想请教他在哪里能找到工作。当他到那朋友家时，突然萌生了对毒品的强烈欲望。朋友给了他一些海洛因，此时他抵制不了诱惑。当他吸食完后就对自己说："管他呢，我反正无法摆脱毒品，干脆继续吸毒。今天可是我离开强制隔离戒毒所后第一次感觉那么好。"他没有寻求帮助，而是继续吸毒。三个星期后再次被送入强制隔离戒毒所。

问题：

1. 怎样帮助戒毒人员学会处理人际关系?
2. 如何处理回归后难过、孤独、自怜的心理问题?
3. 遇到高危情境该如何处理?

任务五　回归社会准备期强制隔离戒毒人员的管理

由于回归社会准备期的强制隔离戒毒人员都经过了一段时间的教育矫治，不少人已对自己的吸毒行为有了正确的认识，基本上能够自觉地遵守所里的各项规章制度，并开始规划自己出所以后的人生，因此，此阶段在管理上应与前几个阶段的管理有所区别。为了尽量避免封闭式管理带来的缺陷，更好地实现戒毒人员再社会化的目的，开放式管理逐渐发展成为一种新的处遇方式。本阶段主要针对戒毒人员普遍存在的"心瘾"难除、回归社会后很难融入周围的环境，一有可能就会复吸的问题，实施更为宽松的开放式管理形式。在这一阶段，让他们除了学会学习和做事外，还要学会做人。

---

① 施红辉，李荣文，蔡燕强．毒品成瘾矫治概论．北京：科学出版社，2009.

此时，戒毒劳教人员的健康生活方式才刚正式建立起来，因此，要通过道德、伦理等教育，使他们掌握与人共处、交流、合作的知识和技能，通过沟通和互动，让戒毒劳教人员相互交流戒毒经验和脱毒历程，从而帮助劳教人员提高对毒品的抵御力和控制力。同时，要让戒毒劳教人员学会生存，主要通过对戒毒劳教人员进行就业前“生存训练”教育和“回归就业”指导工作，培养劳教人员在未来生活中生存并获得成果所需的综合素质和能力，以适应和改造自己日后将会遇到的生存环境，并通过对劳教人员进行就业形势和政策教育、择业技能教育和回归前心理辅导等，帮助劳教人员选择适合自己身心特点的发展道路。在管理中，要注意以下方面：

一、以达成目标为中心

（一）实施目标管理的意义

目标管理是20世纪80年代以来世界各国广泛重视的一种管理制度。强调根据目标进行管理，即围绕确定目标和以实现目标为中心，开展一系列管理活动。目标管理的本质是注重工作成果，营造充分发挥主动性和创造性的组织环境，激发实现目标的强烈动机。强制隔离戒毒工作的最终目标是使戒毒人员完全摆脱对毒品的依赖，并实现身心的康复。因此在回归社会准备期，管理的所有工作都必须围绕这一目标进行。要帮助戒毒人员巩固康复期心理治疗的成果，使之适应心理治疗结束阶段情况，使他们在没有心理治疗帮助的情况下也能克制自己，不再接触毒品。

推行和实施目标管理，可以取得以下五个方面的管理效果：

1. *形成激励*

当目标成为组织的每个层次、每个部门和每个成员自己未来时期内想要达到的一种结果，且实现的可能性相当大的时候，目标就成为成员们的内在激励。特别是当这种结果实现，组织还有相应的报酬时，目标的激励效用就更大。从目标形成激励因素来看，这种目标最好是组织每个层次、每个部门及每个成员自己制定的目标。

2. *有效管理*

目标管理方式的实施可以切切实实地提高组织管理的效率。目标管理方式比计划管理方式在推进自己工作进展、保证组织最终目标完成方面更胜一筹。因为目标管理是一种结果式管理，而不仅仅是一种计划的活动式工作。这种管理迫使组织的每一层次、每个部门及每个成员首先考虑目标的实现，尽力达成目标。因为这些目标是组织总目标的分解，故当组织的每个层次、每个部门及每个成员的目标达成时，也就是组织总目标的实现。在目标管理方式中，一旦分解目标确定，且不规定各个层次、各个部门及各个组织成员完成各自目标的方式、手段，从而给予大家在达成目标方面一个创新的空间，就能有效地提高组织管理的效率。

3. *明确任务*

目标管理的另一个优点就是使组织各级主管及成员都明确了解组织的总目标、组织的结构体系、组织的分工与合作及各自的任务。这些方面职责的明确，使得主管人员也知道，为了达成目标必须给予下级相应的权力，而不是大权独揽，小权也不分散。另外，许多着手实施目标管理方式的组织，通常在目标管理实施的过程中会发现组织体系存在的缺陷，从而帮助组织对自己的体系进行改造。

4. 自我管理

目标管理实际上也是一种自我管理的方式，或者说是一种引导组织成员自我管理的方式。在实施目标管理过程中，组织成员不再只是做工作、执行指示、等待指导和决策，此时其已成为有明确规定目标的单位或个人。一方面，组织成员们已参与了目标的制定，并取得了组织的认可；另一方面，组织成员在努力工作实现自己的目标过程中，除目标已定以外，如何实现目标则是他们自己决定的事，从这个意义上来看，目标管理至少可以看成自我管理的方式，是以人为本的管理的一种过渡性试验。

5. 控制有效

目标管理方式本身也是一种控制的方式，即通过目标分解后的实现最终保证组织总目标实现的过程就是一种结果控制的方式。目标管理并不是目标分解下去便没有事了，事实上组织高层在目标管理过程中要经常检查、对比目标，进行评比，鼓励先进，及时纠偏。从另一方面来看，一个组织如果有一套明确的可考核的目标体系，那么其本身就是进行监督控制的最好依据。①

（二）实施目标管理的方法

在回归社会准备期推行和实施目标管理，可采取以下措施和方法：

（1）将整体目标分解为具体单位的目标和个人的目标，形成目标体系。比如，要实现本阶段强制隔离戒毒人员的再社会化教育，出所队应有个总体的规划，而每个戒毒人员也应针对自身出所后可能遇到的问题制订具体的学习、训练计划。当然，初次制定目标时应该考虑在短期内能实现的目标，以利于激励戒毒人员去努力、去争取。

（2）建立分权组织体制，上级根据分解目标的内容在一定范围内给下级最大限度的权力，使下级能充分运用权力谋求目标的完成。要充分发挥民管会及戒毒人员小组的作用，让他们通过民主管理、自我管理逐渐养成自我管理的习惯，让他们在心理和行为上成熟起来，以更好地实现再社会化。

（3）制订实现目标的具体计划、方法和建立评价标准。

（4）发挥奖惩措施的刺激作用，对目标实现的情况实行定期检查和考核，并据此给予奖惩。

（5）在目标完成后，再制定新的目标体系，形成新的目标管理过程，开始新的循环。

二、以科学激励为动力

既然管理的最终目的是使戒毒人员完全摆脱对毒品的依赖，而要达成这一目的，就必须充分发挥管理的矫正作用，而最为根本的，是通过管理提供强大的内外诱因，激励戒毒人员端正戒毒动机。所以，强制隔离戒毒工作管理的过程，实质是如何有效运用激励机制达成目标的过程。

1. 激励管理的含义以及原理

激励就是组织通过设计适当的外部奖酬形式和工作环境，以一定的行为规范和惩罚性措施，借助信息沟通来激励、引导、保持和规范组织成员的行为，以有效地实现

---

① 施红辉，李荣文，蔡燕强．毒品成瘾矫治概论．北京：科学出版社，2009.

组织及成员个人目标的系统活动。激励机制则是将这一系统活动形成一种健全的制度。激励是从动态的角度探讨动机的激发，但是人的行为是由最强烈的动机引发和决定的，因此，要使其产生组织所期望的行为，就是激励的实质。在当前不确定的市场宏观经济环境面前，奖酬激励的价值更被凸显。激励管理理论对戒毒工作管理具有重要的意义，通过建立一套有效的激励机制，能激发戒毒人员戒毒的主观能动性，变被动地接受教育和矫正为主动接受教育和矫正，从思想、心理和行为上发生转变，成为合格守法的新人。同时，建立机制也能提高戒毒工作人员的自觉性、主动性和创造性，激发戒毒工作人员的工作热情、兴趣及持久的干劲，以提高工作效率。

激励管理包括以下含义：

（1）激励管理是一种管理模式，广泛运用于政府管理部门、企业、公司等，同样也运用于戒毒工作管理。

（2）激励管理能调动人的主观能动性，这是以人为本的管理哲学的管理方式，戒毒人员也是有血、有肉、有生命的人，他们同样需要鼓励、支持。激励管理就是要适当满足戒毒人员的一些需要，以激发他们戒毒的内在驱动力。

（3）激励管理是戒毒工作管理的重要组成部分。强制隔离戒毒工作管理具有强制性的特点，即强制隔离戒毒人员遵纪守法、接受戒毒，这种强制性管理突出的是他律性，是戒毒工作管理的基本手段；而激励管理突出的是自律性，即强调主观能动性的管理模式，自律性与他律性相结合，效果更为突出，两者相互依附，形成周延的关系。激励的主体是强制隔离戒毒机构、工作人员或是戒毒人员的需要，这是激励的源泉，即适当满足戒毒人员的需要以激励他们产生行为的动力——动机；有了动机就会寻找适当的目标，需要说明的是，要针对不同的对象设置不同且合理的目标；在合理目标的引导下产生组织所期望的行为，整个过程是一个动态过程。

马斯洛的需要层次理论揭示了需要—激励—行为的关系，从而揭示了激励过程的共性。马斯洛认为，人的价值体系中存在着不同层次的需要，形成了一个需要体系。人的需要是由低级到高级层次的形式出现，自我价值的实现是需要发展的顶峰。人的低级需要是不可缺少的，但是易于满足，因而其动力是短暂的，当人的低级需要得到满足后就会有高级需要，高级需要的满足是无限的，其动力是持久的。激励管理的原理正是通过适当满足主体的需求达到激发其主观能动性的目的。①

2. *激励管理的具体形式*

（1）实惠管理机制。激励，从心理学的角度来讲，就是根据人的需要科学地运用一定的外部刺激手段，激发人的动机，使人始终保持兴奋状态，朝着期望的目标积极行动的心理过程。对于戒毒人员来说，他们中大部分戒毒人员的需要层次处于低级层次，因此，在激励管理中更强调的是实惠管理机制。如建立分类管理、分级处遇制度等。戒毒人员有着其自身的需求结构特点：一是主观品质不高，在需要结构上多为低级需要，满足于“伙食好一点，管理宽一点，劳动少一点”；二是在某一层次（多为低级需要）的需要得到满足后，一般不向高层次需要发展，而是在同一层次的需要横向发展，如“吃得更好一点，管理更宽一点，劳动更少一点”；三是需求结构畸形、扭曲，追求虚荣。追求醉生梦死，将低级需要当做人生的最大目标，如仅仅满足于吃好、

① 施红辉，李荣文，蔡燕强．毒品成瘾矫治概论．北京：科学出版社，2009.

玩好。根据以上分析，戒毒人员的需要呈浅显性——实惠的特点。在强制隔离戒毒所的管理中，实惠的具体体现就是处遇，即生活待遇和奖惩。运用实惠管理机制，关键在于帮助戒毒人员建立适当的价值标准，即期望值，也就是实惠实现的可能性。如果实惠（期望值）目标过高，不易达到，就会失去激励作用；实惠过小，对戒毒人员则没有了驱动力。

（2）奖惩结合。奖励是对人的某种行为给予肯定和表彰，使其保持和发扬这种行为；惩罚则是对人的某种行为给予否定和批评，使其消除这种行为。在这里，惩罚得当与否是非常重要的；奖励应该处理好物质奖励和精神激励的关系，以及奖励的典型性与普遍性之间的关系。惩罚要合理，要做到惩罚与帮助相结合，在实施处罚过程中要一看性质，二看影响，三看态度，以教育本人和他人为出发点，坚持教育从严、处罚从宽的原则，真正使受罚者从中得到启发和教育。实践证明，惩罚得当同样能起到激励作用，会产生很大的感召力。

三、强化人性化和民主管理

强制隔离戒毒的最大特点是强制性、封闭性和单向性，强制隔离戒毒的这些特点令一些人质疑这种戒毒模式的有效性。一些专家呼吁，有效的戒毒模式应该是激发戒毒人员的自主戒毒动机，让他们学会自我管理并在开放的社会环境中重新习得社会规范。

人性化管理强调的是以人为本的管理。它是在研究被管理者的心理和行为规律的基础上，采取一种符合人性的比较理性且有针对性的方法，激发被管理者的内在潜力，从而改变其不良行为的一种全新的管理模式。人性化管理是一种强化以人为中心进行管理的科学理念，是在对戒毒人员进行管理教育过程中，坚持以人为本，坚持法治与德治并重，充分体现社会主义法制精神，尊重和保障人权，体现人文关怀，从而激发戒毒人员深刻认识毒品危害、主动接受管理教育的内在动机，达到自觉遵守管理制度、确保安全稳定、提高戒毒效果的目的。强制隔离戒毒所实施人性化管理是实现文明管理的重要手段，也是强制隔离戒毒所科学管理的具体体现。

民主管理是相对于绝对服从、绝对权威的管理而言的。即管理者在“民主、公平、公开”的原则下，科学地传播管理思想，协调各组织的各种行为，以达到管理目的的一种管理方法。因此，民主管理既符合人们的心理要求、体现“以人为本”管理思想，又是管理者所追求的一种管理艺术，即一种被管理者意识不到正在接受的管理，而事实上他却正在接受管理的积极性，唤醒人的主体意识，弘扬人的主体精神，发挥人的主观能动性。因此，民主管理又是一种群众参与下的多数人管理多数人的管理方式。在一定的范围来看，民主管理与人性化管理是密不可分的。

（一）实行人性化和民主管理的重要性和必要性

（1）实行人性化和民主管理是发展社会主义民主政治、体现社会主义政治文明的需要。随着我们国家“依法治国”、“以德治国”方略和政治文明建设的大力实施，我国已进入社会主义法制建设的快车道，人们的思想观念以及民主意识和法制意识都发生了明显的转变，以往“一看、二守、三送走”的旧管理模式已经不能适应新形势的需要。在新世纪新形势下，强制隔离戒毒所的管理工作已从单纯看管型向管理教育型转变，从低层次粗放管理向依法、严格、科学、文明的高层次管理模式转变。创造有利于戒毒人员戒除毒瘾、恢复自尊、重塑人格的人文环境，保障人权、实行人性化管理，是实践“三个代表”重要思想，发展社会主义民主政治，建设社会主义政治文明的需要。

（2）实行人性化和民主管理是缓解和消除强制隔离戒毒人员对立情绪，保证安全稳定的需要。强制隔离戒毒人员或多或少都带有抵触情绪，特别是一些经过劳动教养或反复多次强制隔离戒毒的人员，他们的对立情绪更强，有些甚至在强制隔离戒毒期间打架斗殴、千方百计地企图脱逃等，因此，对强制隔离戒毒人员除了采取严格管理外，还必须对他们实行人性化管理，因为严管只能防止他们危害安全行为的发生，而不能有效消除他们危害安全的思想和动机。所以，只有对强制隔离戒毒人员进行严格管理的同时采取人性化管理，通过采取这些“人性化”、“亲情化”的管理方式，在强制隔离戒毒所营造愉悦的气氛，促使戒毒人员感受到党和政府的温暖，减轻或消除其对立情绪，才能消除事故隐患或不安全因素，从而确保安全稳定。

（3）实行人性化和民主管理，可以促使强制隔离戒毒人员深刻认识毒品的危害，增强其戒除毒瘾的信心和决心。对戒毒人员的教育是在限制其人身自由的情况下进行的，灌输式的课堂宣教或书本教育显得枯燥、乏味，而且带有强制性的特点，不容易被戒毒人员接受，而实行人性化的管理教育，以理服人，以情感人，注重心灵感化，通过摆事实、讲道理，循循善诱、启发引导，使戒毒人员心服口服，自觉转变错误的思想认识，深刻认识到自己的吸毒行为对国家、社会、个人造成的危害，懂得对自己进行强制隔离戒毒的重要性和必要性，主动接受教育和管理，增强彻底戒除毒瘾、悔过自新、重新做人的信心和决心。

（4）实行人性化和民主管理有利于深挖犯罪工作的顺利开展。实践证明，强制隔离戒毒所是打击违法犯罪的第二战场，蕴藏着极其丰富的违法犯罪线索资源。在日常管理工作中可以充分运用人性化管理手段，重在攻心，施予爱心，宣讲政策，促使戒毒人员悔过自新，从而主动交代自己或他人的违法犯罪线索，达到深挖犯罪的目的。

（5）人性化和民主管理有利于提高管教民警岗位技能。人性化和民主管理对管教民警队伍政治、业务素质提出了更高的要求。管教民警长期处于一个较为封闭的工作环境中，受传统观念的影响，容易停留在“一看、二管、三送走”的工作追求上而忽视了工作技能的提高。而人性化和民主管理与这些现象是格格不入的。要想将人性化和民主管理运用在强制隔离戒毒管理工作中，就必须彻底清除管教民警中存在的特权思想和封建牢狱观，树立现代管理理念，确立人性化管理和民主管理的思维理念，新的管理模式要求管教民警必须努力学习，掌握技能以适应工作需要。如果不思进取，满足现状，停留在较低的技能水平，就会跟不上形势发展的需要，甚至会被不断发展的形势所淘汰。

（二）人性化管理的内容

1. *注重戒毒人员的人格尊严*

虽然强制隔离戒毒人员因吸食毒品被限制人身自由，进行强制隔离戒毒，但他们也是人，一个有情感、有思维的普通人，作为管教民警，不能因为其有吸毒行为而贬低其人格或看不起他，而是要从人格上尊重他们。在日常管理中，对其称呼、谈话、教育、接受报告等方面要尊重其人格，不能歧视、讽刺或侮辱其人格，如果不这样，他们在思想上、心理上、行动上就会和管教民警形成对立，不会把真实的思想活动和其他人员的情况反映给管教民警，这样会使管理工作陷入被动，要耐心细致地做戒毒人员的思想教育工作，了解掌握其思想脉搏，对其进行法律、政策、道德、人生价值观的教育，为他们解决一些实际困难，让他们感受到党和政府的温暖，使他们稳定思想和情绪，安心接受管理和教育，从而确保管理工作的安全稳定。

2. 保障戒毒人员的合法权利

强制隔离戒毒人员享有的合法权利主要有：人格不受侮辱，不受打骂、体罚、虐待，人身安全、合法财产不受侵犯权；具有申诉、检举、控告权；具有选举、通信、被探视权；享有基本生活保障权；强制隔离戒毒所工作人员行使职权造成其合法权益受到损害的，有依法取得国家赔偿的权利。可见，因强制隔离戒毒人员的人身自由受到限制，行使合法权利和合法权利不受侵犯，必须依赖于戒毒管理人员才能得以实现，并受管理行为所控制。为此，要切实保障戒毒人员的合法权利，首先必须规范民警的管理行为。在管理过程中，不能因为戒毒人员的不良行为而影响民警的管理行为，而应以民警的规范管理行为去矫治戒毒人员的不良行为。同时，必须给予戒毒人员一个畅通的诉求渠道，对民警管理行为进行有效监督，严防民警发生侵害戒毒人员合法权利的行为，从而在制度上确保戒毒人员合法权利不受侵犯。

3. 营造有利于戒毒人员戒毒康复的良好氛围

传统的监管环境肃穆、冷酷、无情、沉闷，但这已成过去。在新时期，我们必须以激励戒毒人员的戒毒热情，提高戒毒效果为目标，开展有利于戒毒人员身心健康的活动。一是树立管教民警的良好形象，主要表现在管教民警的精神状态、言谈、举止、仪表以及警容风纪和执法水平等方面。二是营造良好的戒毒治疗环境。戒毒人员居住环境要注意采光、通风，保持卫生清洁，居住舒适；戒毒治疗区环境要优美。三是加强戒毒人员文化建设。戒毒人员的生活一般比较枯燥、单调、乏味，要加强戒毒人员文化建设，通过对戒毒人员举办读书演讲、技能竞赛等文娱活动，营造健康向上的、有利于戒毒人员戒毒的文化氛围。四是组织队列训练及体育锻炼，以增强纪律性和在押人员体质。五是重视戒毒人员法律知识的学习教育。

4. 做好谈心教育工作

谈心教育是人性化管理的最重要的形式。通过谈话了解掌握戒毒人员的思想动态，有针对性地进行教育、疏导，把工作做到戒毒人员的心里去，往往最能打动和感化戒毒人员。但谈话教育一定要讲究方法，注重实效，在谈心教育过程中要采用科学引导的方式拉近与戒毒人员的距离，用人格的力量去感染他们，让他们真切感受到管教民警是真心诚意地教育他、帮助他、关心他。

（三）人性化管理和民主管理的主要措施

1. 树立正确的管理理念

强制隔离戒毒的强制性从根本上讲不具有惩罚性，它是服务于戒毒治疗的一个保障性措施，因此，我们不能在强制性方面无限制地扩张，相反，应在能保障正常工作秩序的前提下，弱化这种强制性，使强制隔离戒毒的环境更贴近于社会。强制隔离戒毒工作不是对吸毒人员的惩罚，而是对吸毒人员的帮助，因此，我们的管理工作应以治疗、教育、挽救为主导，而不应以惩罚为主导。在管理模式上必须突出医院化和学校化，避免监狱化。戒毒人员成功康复的障碍之一是无望感和消极被动心态，长期使用毒品对其心理、躯体都产生了很多负面影响，成瘾后又受到社会的歧视，失去工作或遭到家庭的遗弃、丧失亲情，自我价值感因此也在逐步丧失，自尊跌至低谷。加上大多数戒毒人员每次戒断后复发，会使他们产生极强的失望感，致使他们在依赖毒品的泥潭中陷得更深。尤其是被强制隔离戒毒的人员，他们是因为违反相关的法律法规而被强制送往戒毒机构接受治疗和教育的，他们的戒毒动机远远低于自愿戒毒的戒毒人员，或者根本没有戒毒动机。而很多调研表明，戒毒动机是戒毒的关键，戒毒人员戒毒的决心大小对是否复吸有很大的影响。面对无望感和消极被动心态，最重要的是激发他们的希望，唤起他们戒除毒品的动机。因此，在管理中，要树立正确的管理理念，通过人性化、民主的管理，加强保护戒毒人员的各种权益，更加注重戒毒人员的各种待遇，则可以有效激发戒毒人员自主戒毒的动机，变强制戒毒为自愿戒毒，在行为的选择上实现由"要我戒毒"向"我要戒毒"的转变。

2. *正确理解和处理严格管理和人性化管理、民主管理的关系*

严格管理和人性化管理是相互统一的，依法严格管理是人性化管理的前提和要求。因为，首先是只有严格管理，才能维护正常的管理秩序，以避免戒毒人员相互欺压行为的发生，防止不良文化和行为的滋长、传播，才能有一个良好的环境，使戒毒人员安心生活、治疗、学习和锻炼，才能使戒毒人员的合法权益得到有效保障；其次是只有严格管理，才能规范戒毒人员自身的行为，有效矫治其固有的各种不良行为习惯、心理和认知。如果对戒毒人员放松管理，必将导致管理秩序的混乱，使一部分人的权益受到侵害，同时又会助长另一部分人的不良行为，这对戒毒人员来说，归根到底是不人性的。当然，严格管理必须建立在依法、文明、科学的基础之上，而不是以严格管理为借口的野蛮、粗暴管理。

心理学的研究表明，戒毒人员学会自我管理，也是有效降低复吸率的重要一环。吸毒人员吸毒后情感一般都表现得很淡漠，自我控制能力很差；情绪低落，对所有的事情都失去了兴趣；再加上生理稽延性戒断综合征的出现，他们的心理状态非常不稳定。他们作为一个特定环境中的特殊群体，面对身体疾病、婚姻家庭、似乎无望的未来等问题，困扰必然会比普通人群多，从而易产生抑郁、焦躁、反社会和自暴自弃等情绪。虽然在强制隔离戒毒过程中经过了脱毒和康复期的教育、矫治，但也仅能起到暂时的缓和作用，要根除毒瘾还必须依靠他们自己。要进行有效的自我管理，戒毒人员必须先学会增强自我控制力，学会延缓满足。这是帮助自己增强自身意志力的一个重要因素，吸毒人员通常都很明白吸毒的危害性，也愿意戒毒，也懂得进行自我控制。但是这种自我控制总是没有效果。他们总是一边对自己说"我不应该吸毒，我一定要戒毒"；但一边又吸毒不止，然后再责骂自己意志薄弱，没有恒心。行为疗法认为，产生这种现象的原因是即时后效与延迟后效之间的矛盾，也就是轻微的即时惩罚与更严厉的延迟惩罚相对立。当吸毒人员因一时吸不到毒品而难受或得不到欣快感时，即会出现即时惩罚；如果无法抗拒即时惩罚而继续吸毒，就会有更严重的后果，会使毒瘾加重，发作时更为痛苦，甚至随时有死亡的危险，这就是延迟后效。按照正常的逻辑来讲，应该是延迟后效在人的心中占上风，然而对吸毒人员而言，却往往是即时后效占了上风。从这种情况来看，戒毒的失败乃是追求长远目标的意愿——即戒毒后身体康复、重新做人，不敌直接后果——吸毒后的欣快感，而有效的自我管理的目的就在于帮助戒毒人员克服吸食后效。

自我管理是指个体自我设定目标，履行、反馈目标并达成目标的一个过程。自我管理作为一种新型的行为疗法，在承袭了传统行为疗法注重行为本身和环境因素作用的前提下，加入了被治疗者的主观认知倾向，要求他们自己对行为的改变负责，这样就提高了被治疗者的主观动机水平。在强制隔离戒毒所内，管理基本上依靠各种规章制度和各种行为规范，因而极容易形成一种单向的管理模式，戒毒人员基本上是被动地接受戒毒机构和民警的管理，因而很难培养戒毒人员自我控制和自我管理的能力。如果在管理的模式上加以改革，从单向管理向双向互动的民主管理转变，由民警指导戒毒人员学习并养成自我管理，从双向互动的民主管理中培养他们对痛苦反应的自我管理能力，提高自控能力，使其学会自我心理调节，即用自身的意志力抵制对毒品的渴求，把不良心理转变为良性心理状态，为后续的康复治疗和回归社会打下良好的基础，这样戒毒的效果就会事半功倍。

3. 不断提高康复医疗水平

首先是提高戒毒治疗水平，毒品使吸毒者逐步丧失人性，因此，如何帮助吸毒者摆脱毒品，是强制隔离戒毒工作的立足点和关键点，更是强制隔离戒毒工作中人性化管理的出发点和立足点。要提高人性化管理的水平，就必须在切实提高戒毒效果上下工夫。具体地说，就是要采取中西药相结合的方法，帮助戒毒人员减轻稽延性反应带来的痛苦，提高戒毒人员的抗复吸能力；同时生理治疗与心理治疗相结合，开展心理疏导，帮助戒毒人员恢复心理健康。其次是提高对躯体疾病的发现、预防和医治能力，使戒毒治疗和躯体疾病治疗有机结合，尽最大努力避免因戒毒而耽误躯体疾病的治疗，或因躯体疾病的治疗而耽误戒毒的情况发生。

4. 切实提高教育质量

这是针对毒品对人的社会性侵害所采取的有效措施。吸毒使人丧失理智，造成人生观、世界观扭曲，这依靠医疗是无法解决的，必须通过教育的手段来挽救，因此，在戒毒人员即将出所时，要继续加大教育、矫治工作的力度，必须要有科学的方法和实质性的内容，回归社会准备期教育，以心理咨询团体活动为载体，涵盖法律知识、道德底线教育、理性面对社会及社交技巧、HIV 相关知识教育、职业技能及求职技巧教育等内容。不仅要从毒品知识、法律、道德、人生观、世界观等方面进行系统性教育，而且还需要从文化、体育、文艺和亲情等方面进行多渠道的感化，从帮助他们适应社会、融入社会方面下工夫，帮助戒毒劳教人员学会生存，主要通过对戒毒劳教人员进行就业前“生存训练”教育和“回归就业”指导工作，培养他们在未来生活中生存并获得成果所需的综合素质和能力，以适应和改造他们出所后将会遇到的生存环境，并通过对戒毒人员进行就业形势和政策教育、择业技能教育和回归前心理辅导等，帮助戒毒人员选择适合自己身心特点的发展道路，以较高的教育质量收到较好的教育效果。因此，强制隔离戒毒工作的教育学校化，并非是空洞的，而是切合强制隔离戒毒工作实际需要的，是人性化管理的重要内容。

四、解除强制隔离戒毒的管理

解除强制隔离戒毒有三种情况：一是强制隔离戒毒的期限已满；二是提前解除强制隔离戒毒；三是由于严重疾病等原因改为社区戒毒。

现行的《禁毒法》规定，强制隔离戒毒的期限为两年，如果期限执行届满，强制隔离戒毒决定机关又没有作出延长戒毒期限的决定，强制隔离戒毒所应解除对戒毒人员的强制隔离戒毒。强制隔离戒毒执行时间以戒毒人员收到《强制隔离戒毒决定书》之日起计算，戒毒人员在被送到强制隔离戒毒所前先行收容审查或羁押的，羁押一天折抵强制隔离戒毒期一天。即决定机关在制作《强制隔离戒毒决定书》时就应该先将先行羁押的时间计算、折抵，以明确该戒毒人员应在强制隔离戒毒所戒毒的时间。强制隔离戒毒所在收治登记时，也应对其戒毒时间进行核对，并作出明确的记录。

由于严重疾病等原因改为社区戒毒，是指该戒毒人员在强制隔离戒毒期间出现严重疾病，不适合继续留在强制隔离戒毒所戒毒，转为社区戒毒的情况。由于《禁毒法》及相关法规没对此种情况作出具体规定，各省市基本是参考劳动教养戒毒模式中的有关规定执行，此种情况尚有待于实施细则和相关制度进一步加以明确。

解除强制隔离戒毒的具体程序包括：一是对应当依法解除强制隔离戒毒的人，具体负责执行的强制隔离戒毒机关应当在办理解除强制隔离戒毒手续之前的一段时间里，对其进行回归社会和应对有毒环境的训练。二是戒毒人员所在中队在强制隔离戒毒期满前一个月，应对戒毒人员作出鉴定，填写《解除强制隔离戒毒手续鉴定表》，送强制隔离戒毒所报原作出强制隔离戒毒决定机关批准。三是强制隔离戒毒的决定机关批准解除强制隔离戒毒的，强制隔离戒毒所管理部门应按期填写《解除强制隔离戒毒证明书》，由其所在中队宣布并发给本人。四是戒毒人员所在中队应按时办理出所手续，如结清其在所内的账户，退还其入所时寄存的财物等，按时送其出所。

实训　如何适应环境

（一）

【引例】

在非洲的大草原上，每天曙光刚刚划破夜空，羚羊就睁开眼睛，告诫自己赶快跑，否则就可能被狮子吃掉，于是撒腿向着太阳狂奔而去；而醒过来的狮子也在同一时刻提醒自己，赶快跑，慢了，就可能会饿死，于是，起身就跑，一齐向着太阳奔去——谁快谁就赢，谁快谁生存，大自然如此，人生亦如此，那些还没睡醒的“准狮子”们，有没有想过，你们明天的“羚羊”将会在哪里呢？

问题：在现代社会中，出所人员应当怎样适应环境，寻找生存之路？自己有何打算？

（二）

【引例】

丢丢的故事[①]

我使用过毒品，心里感到很混乱，不要问我为什么吸毒，连我自己都不明白究竟是为什么，但我确实不愿意这种事情发生。

那是一个假日，我去逛商店，碰到一个以前在一起闲荡的朋友，他刚好也来找我，还没谈到毒品就吵了起来，我离开了他，又向前面不远的地方走去。

---

① 蔡燕强．戒毒矫治康复手册．广州：暨南大学出版社，2006．引用过程有所修改。

路过一个商店，顺便看一看是否有我需要的衬衫，突然想起过去我在这曾经得到过一些什么。不过请相信我，我并没有打算获得毒品，我所认识的吸毒朋友没有住在附近的。即便如此，当我走近这幢建筑物时，就不由地想起往日的那些时光。我感到一阵冲动，是一种需要的冲动，但我并不打算去满足它。正在这时，我遇到两个曾经认识的小伙子，他们中的一个问我是不是在找什么东西，我说“没有的事”。我并不想对他们说我已经戒毒了，因为如果这样的话，我就没有理由留在那个角落了。这确实是一种虚弱的情感。他们拿出了一些海洛因来，我们一同注射了它。我压根就没有考虑过下一步会发生什么事情。我获得了快感，但我又想极力掩饰它，这真是一件令人讨厌的事。

父母并不知道我的这一切，他们认为我一切都很好，我有一个女朋友，她也不知道我的过去。我找不到真正能理解我的人。我想将这一切都告诉我表哥，他也曾经用过药丸和酒精，但他已经戒断几年了，我想他可能会给我较多的帮助。但他会对我讲一些什么我不知道的东西呢？我知道我不应该待在这儿，我总是感到害怕，我可能永远都不会好起来了。

问题：

1. 丢丢的“选择”得到的快感多吗？为什么多或为什么不多？

2. 他现在应该怎么办？如果他是诚实而有决断的话，那么他需要做些什么？

3. 我们从这个故事中能学到什么？

规则：

1. 组织戒毒人员练习时必须包括对一些生动概念的确切解释，治疗人员必须预先做好准备，做到用交谈的方式而不是通过阅读和演讲的方式表达出来。

2. 在活动过程中可以让戒毒人员举例说明，他们有时虽然已不再依赖毒品，但可能突然间会有一种想获得欣快感的强烈需要。如果遇到此类问题，应该怎么办。

提示：

此练习主要是让戒毒人员更好地明白心瘾是什么，怎样减小心瘾。对于戒毒人员来讲，心瘾是每一个人都会碰到的重要问题，要想预防复吸，必须学会减小心瘾。

项目二　预防复吸的心理技能训练及操作实例

【知识目标】

通过本项目的学习和训练，了解预防复吸心理基础知识，熟悉预防复吸心理技能训练操作要点和程序。

【能力目标】

能熟悉并学会应用各种预防复吸心理技能的方法。

【工作任务】

动机强化治疗技术；应对渴求感训练；拒绝毒友训练；获取家庭支持的技巧与训练；人际交往技能训练。

【引例】

两年之中他四次复吸

吸毒，戒毒，再吸毒，再戒毒……五次吸毒五次戒毒的经历，成为陈某这两年摆脱不了的噩梦。“这五次戒毒，四次是我自愿的。其实，我比任何人都想恢复自由!”陈某说。

陈某，1980年出生。2003年5月，他第一次来到戒毒所戒毒。2005年6月初，陈某第五次走进市戒毒所的大门。他成为出入市戒毒所次数最多的一名学员。2004年11月初，他第四次被家里人送到市戒毒所。三个月后，即2005年2月初，陈某成功戒掉身体对毒品的依赖。此时，正是回家过春节的时候。可就在这时，陈某父母给戒毒所陈所长打来了电话。

在通电话时，陈某父母不断请求戒毒所收戒儿子的时间长一点。“就让我们过个好年吧!”陈某父亲近乎哀求。因为每一次戒毒回家后，被关在家里的陈某脾气暴躁，而没过几天，他不知通过什么渠道又吸上毒品。

陈所长理解陈某父母的心情，多留了陈某十几天。

“不知为何，每次戒毒出去后，在焦虑、烦闷、自卑等多种情绪支配下，就会想吸毒。”陈某对记者表白了自己的心情。

据介绍，戒毒回家后，他被家里人限制在家里。偶尔出门，感觉周围的人对自己的眼光变了。“比如，平时和一个邻居见面都是不打招呼的，知道我在戒毒后，见面时突然和我打招呼了。”这种过分关爱的“另眼相看”反而让陈某抬不起头。

于是，陈某用“周围人看不起我”、“生活无聊”等各种借口说服自己去重新吸毒。①

思考：许多戒毒人员都很想戒掉毒瘾，然而，由于毒品的心理依赖特性决定了他们很难顺利和毒品划清界限，而吸毒人员文化、心理素质和情商都比较低，在生活中遇到困难、挫折或受到打击时缺乏积极的心态，普遍存在着焦虑和抑郁，在毒品的心理依赖作用下，往往无法忍受生活挫折从而复吸。如何戒掉吸毒人员的心瘾，是进行心理技能训练要解决的重要问题。

任务一　动机强化治疗技术②

一、动机强化治疗的理论基础

1. 什么是动机强化治疗

动机强化治疗是基于药物依赖特殊性发展起来的。对于心理行为问题，心理治疗师要求来访者能认识到自己有心理问题而前来求助，即要求对方具有治疗动机，这是进行心理治疗的前提，如果来访者没有治疗动机，再高明的心理治疗师也无能为力。

---

① http://health.sohu.com/20050623/n226056265.shtml.

② 赵敏．药物依赖心理治疗的基本技术——动机强化治疗的理论与技术．中国药物滥用防治杂志，2006（6）．引用过程有所修改。

但大多数戒毒人员并没有很强的治疗动机，因此面对缺乏治疗动机的戒毒人员就需要特别的治疗技巧，动机强化治疗就是针对戒毒人员这一特点而发展起来的。

动机强化治疗是指采用一定的治疗策略强制戒毒人员改变自己吸毒行为的动机，帮助他们认识到目前存在或潜在的问题，并帮助他们处理这些问题。动机强化治疗法特别适用于那些不愿意改变自己或对改变自己犹豫不决的戒毒人员。戒毒人员是否有纯正的戒毒动机，是能否成功戒毒、防止复吸的关键因素。但是，在强制性戒毒场所的戒毒人员中，有不少戒毒人员并没有明确的戒毒动机或戒毒动机不纯，这样很容易导致出所后复吸。在戒毒矫治过程中，需要对他们的认知结构进行重构，促使他们形成正确的戒毒动机。在戒毒人员回归社会前，采用动机强化治疗，是一种有效的心理矫治方法。

动机强化治疗认为，戒毒人员的内在戒毒动机是发生改变的真正动力和关键因素。戒毒人员的戒毒动机不是指其内在拥有的某种特征，也不是固定不变的，而是表现在戒毒人员的态度、认知、情绪及行为的改变过程中。戒毒动机是多维度的、动态变化的。动机强化治疗者主要扮演激发者的角色，兼做教育者和合作者，其目的是应用一定的心理治疗技术来激发戒毒人员自身改变动机，然后制订计划，采取行动进行改变的过程。动机强化治疗在药物依赖治疗中应用非常广泛，可单独作为一种治疗模式或整合到其他治疗模式中。

2. *戒毒人员内在动机康复阶段（过程）*

戒毒人员的康复过程是一个长期的过程，需经历不同的阶段，美国心理学家 Diclemente 根据戒毒人员的内在动机把康复过程分为以下六个阶段：

（1）不考虑改变阶段（precontemplation）。在药物依赖早期，吸毒者认识不到吸毒的危害，因此不考虑改变自己的药物滥用行为；在药物依赖后期，吸毒者否认吸毒对自己生活有影响或不相信自己能康复，因而不愿意改变自己的行为。

（2）考虑阶段（contemplation）。当药物依赖的后果越来越明显时，吸毒者认为自己有问题，需要改变，处于矛盾阶段，并反复考虑是否需要改变。

（3）准备阶段（preparation）。戒毒人员经过反复考虑，认为必须改变自己的行为，开始准备改变，制订具体的行动计划，如收集戒毒治疗方法及治疗机构的信息，对治疗时间、治疗费用、家庭事务等进行安排，为治疗作充分准备。

（4）行动阶段（action）。戒毒人员做好戒毒准备后，采取具体的行动来改变自己的吸毒行为，如求助于专业机构及专业人员进行戒毒治疗，或自己采取其他方法戒毒，停止药物滥用的行为。

（5）保持阶段（maintenance）。戒毒人员经过努力，采取一系列行动改变了药物滥用行为，如经过脱毒治疗停止了吸毒，但如何保持已发生的改变是治疗成功的关键，也是戒毒人员康复的最大挑战。

（6）复发阶段（relapse）。戒毒人员虽然经过种种努力，但仍有因为各种原因又开始滥用药物的行为。

每个戒毒人员所经历的康复阶段以及处于每一阶段的时间均不相同，并有可能多次循环经历这些阶段，所处的阶段及时间与戒毒人员心理、生理、家庭、社会等多种因素及治疗模式有关。有的戒毒人员长期打算戒毒却不采取实际行动；有的吸毒者一旦认识到吸毒对自己有严重的影响便努力改变自己的行为；有的戒毒人员戒毒治疗后保持很长时间才复吸或保持长期戒断状态；有的戒毒人员戒毒治疗后短期即复吸，复吸后又重新回到第一个或第二个康复阶段，循环经历改变的阶段。大多数戒毒人员可能要经过多次循环才能最终成功保持戒断状态，药物依赖康复的过程是一个螺旋式上升的过程，过程中可能会经过多次反复与倒退，戒毒人员从中不断总结经验、吸取教训，直至最后成功。

3. 促进戒毒人员改变的过程及策略

在药物依赖康复的过程中，治疗者可以采取许多策略来影响吸毒者改变自己的态度、认识、情绪及行为，帮助吸毒者成功度过上述几个康复的阶段。改变一般发生在认识过程与行为过程两个层次。

（1）认识过程。主要强调戒毒人员的内在态度与认知过程，即如何看待自己的问题，提高意识、突然觉醒、自我再评估、环境再评估、改变社会环境等均可促使戒毒人员改变其认知过程。

（2）行为过程。主要着重于患者的行为和行动，行为在改变过程中更为重要，控制促发因素、应对条件反射、行为强化、坚信自我、帮助支持系统等可影响戒毒人员行为改变的过程。

治疗师可通过许多策略来促使戒毒人员改变自己的认识与行为过程，这些策略包括：促动性交谈技巧、心理教育、澄清价值、决定权衡、解决问题、设定目标、预防复吸计划、果断性训练、角色扮演、认知技术、调整环境、角色澄清、行为强化、加强社交技能、澄清需求、评估和反馈等。由于戒毒人员处于不同的康复阶段，治疗师应根据戒毒人员所处的不同阶段采取不同的促进改变的策略，即必须在正确的时间提供正确的帮助，才能成功促进其改变。例如，对于一个尚未认识到自己的问题、没有治疗动机的戒毒人员可应用促动性交谈、澄清价值、决定权衡等技巧来帮助其发现并认识到自己的问题，进而采取行动改变自己的问题；对于一个戒毒动机强、处于行动阶段的戒毒人员，应该采用预防复吸、行为强化、社交技能训练等来帮助其保持戒断状态。

二、重要的心理咨询策略：促动性交谈（motivational interviewing，MI）

促动性交谈是动机强化治疗的最重要的一个心理咨询策略，它不仅是一种咨询的技巧，还是一种与来访者的交往方式，治疗师需要与来访者建立一种信任、合作的治疗关系，在帮助来访者的过程中，治疗师接纳、理解对方的感受与需求，通过与来访者共同探索其内在的动机与价值观来解决其矛盾心理，引导来访者自己发现问题并认识到改变的必要性，并帮助其选择解决问题的方法，强调激发戒毒人员积极改变自己的内在潜能，许多研究证实促动性交谈是一种很有效的干预策略。

1. 促动性交谈的基本原则

（1）表达共情（express empathy）。尊重与理解来访者及其感受与需求，支持、引导性的咨询方式是促进改变的条件。来访者是改变的主体，只有接受才能促进改变，因此需要建立非评判性、合作性咨询关系。咨询师的作用主要是在康复的过程中提供支持，要多听而不是多说。下面是常见的非共情的反应方式，在实践中要尽量避免使用。

命令或指挥：权威的方式，如父母、老板等。

警告或威胁：公开或暗示如果不按照咨询师的建议会有不良后果，“如果你不听我的，你将会……”

建议或过早提出解决方案：咨询师根据自己的判断提出行动建议，“如果是我的话，我会……”

用逻辑、辩论、演说来劝说：认为患者不了解自身的问题，需要他人的帮助才能认识到自己的问题。

道德教育、游说、告知义务：含有“你必须”、“你应该”等意思。

评论、批评、不同意、责怪：认为对方做错了、说错了。

同意、赞成、表扬：打断交流，暗示不平等的咨询关系。

羞辱、奚落、标签、病名：公开表示不同意，试图改变某行为、态度。

解释或分析：根据自己的分析与判断来解释来访者的行为，暗示只有咨询师自己才知道问题真相。

保证、同情、安抚：想让对方感觉舒服，但会打断交流、影响倾听。

（2）发现差距（develop discrepancy）。帮助、引导来访者集中注意力发现其目前的行为与其理想的或希望的行为之间的差距，当来访者认识到其目前状态与期望之间存在的差距时，会强化其改变的愿望。

（3）避免争论（avoid argumentation）。试图说服来访者，认为其存在问题或需要改变会遭遇更大的阻力，只有来访者自己说出改变的理由，才有可能取得进步，咨询师的目标是“与来访者一起前进”，应该尽量避免与来访者争论。避免争论的具体策略有选择性同意、双向反馈、重建解释等。

（4）化解阻力（roll with resistance）。如果来访者有阻抗，可能需要改变咨询策略来化解阻力，推动改变，责怪来访者缺乏动机与阻抗是不利于改变的。

① 阻力的常见类型：

争论：来访者针对咨询人员的准确性、专业性、完整性进行争论。

挑战：对咨询人员所说的话直接挑战。

怀疑、不信任：对咨询人员个人的权威及专业知识表示怀疑。

敌意：对咨询人员表示公开的敌意。

插话：以自我防御性的方式打断咨询人员或在咨询过程中插话。

讨论、说服：在咨询人员谈话时，不等其讲完或等待适当的机会（如停顿、沉默时）就争论，试图说服对方。

打断：用一些非常明显的言语来打断咨询人员，如“别说了，我听够了……”

否认：不愿承认问题、不合作、不承担责任、不接受建议。

责怪：责怪别人造成了自身的问题。

不赞同：不赞同咨询人员提出的建议，也无其他有益的建议，包括解释建议存在的问题，如“是的，但是……”

借口：寻找借口解释自己的行为。

声称没问题：认为自己滥用药物没有任何危险或问题。

问题缩小化：认为自己的问题不是很严重，是咨询人员夸大其问题的严重性与危险性。

悲观：对自己或他人表示悲观、失望，或者语气非常消极。

勉强：对接收到的信息态度勉强、保守。

不愿意改变：缺乏改变意愿或不愿意改变。

忽视或者疏忽：忽视或不依从咨询人员，或不关心、不注意咨询人员。

不回答：当咨询人员提问时，答非所问。

不作出反应：对咨询人员的提问没有言语或只有非言语方面的回应。

转移注意力：转移咨询人员的谈话方向。

② 应对阻力的策略：

简单回应。应对阻抗最简单的方法是应用非阻抗的方式，以中性的态度来重复对方的言语，承认或验证对方所说的能引起相反的反应。如：

患者：我在短期内不计划戒毒。

咨询师：目前你认为戒毒治疗对你没有作用。

放大。另外一种应对阻抗的策略是采取放大的形式，但没有讥讽，这会促进患者向积极的方面改变。如：

患者：我不知道为什么我妻子老是担心我，与我的那些朋友比较起来，我吸毒少多了。

咨询师：所以你认为你妻子的担心是没有必要的？

双向反馈。承认患者所说的，同时指出他/她既往所说的相反的想法，这需要了解患者既往谈话的内容。如：

患者：你要我完全停止吸毒，我不想那样做。

咨询师：你知道自己存在一些问题，但你不愿意完全停止吸毒。

转移注意力。可通过帮助患者转移注意力来化解阻力。如：

患者：当朋友都在吸大麻时，我是没法停止吸食的。

咨询师：你想到我前面去了，我们还没有准备好讨论大麻是如何影响你未来的目标的。

调整性同意。通过对目前讨论的话题稍作调整后，用一种比较温和的方式赞成患者。如：

患者：为什么你与我妻子这样关注我的吸毒问题？那她的问题怎样处理？如果你的家人不停地唠叨，你也会像我一样吸毒。

咨询师：你讲到了一个重要的问题，也许我没有注意到这些问题，这不像一个人吸毒那样简单，我同意你的话，我们不应该只在这里责怪，吸毒问题的确与整个家庭有关。

重建解释。对患者的消极反应作出新的积极解释，重建解释承认患者原始观察的真实性，但提供不同的解释。如：

患者：我丈夫老是埋怨我吸毒，总叫我“瘾君子”，我真烦恼。

咨询师：据你所说他好像很关心你，虽然表达方式使你愤怒，也许我们可以帮助他，让他学会如何用更好的方式告诉你他爱你、担心你。

激将法。对消极方面进行讨论，用患者说过的话进行辩论，可以是夸大反应，如果患者处于矛盾状态，你说出争论的消极方面有可能引起患者出现“是的，但是……”的反应，然后会表达出积极的一面，但对于抑郁患者不能过早使用这种方法。如：

患者：哦，我知道有些人认为我喝酒太多了，这对我的肝脏有害，但我还是不相信我有酒精依赖，需要进行治疗。

咨询师：我们已经花了很多时间来讨论你的良好感觉与你的饮酒问题，但你还是没有准备好改变自己的饮酒方式，而在你想维持现状时，改变对你来说可能太困难了，即使你想改变，你也可能认为自己做不到。

(5) 支持自信（support self-efficacy）。产生改变动机的一个重要前提是来访者必须相信改变是可能的，许多戒毒人员难以改变是由于他们没有自信，不相信自己有能力改变，咨询师首先要相信戒毒人员能够改变，并帮助戒毒人员建立自信，让其看到希望，对改变表示乐观，并有可行的方法达到目标，可利用戒毒人员既往成功的经历或有相同经历者的成功经验来帮助其建立自信，并帮助戒毒人员将改变目标分解成许多可行的、具体的步骤。

2. 促动性交谈的技术要点

(1) 开放式提问（open-ended questions）。开放式提问没有单一的答案，以中立的态度引发出更多的信息，可促进对话、鼓励来访者多谈，避免咨询师过早作出判断，保持良好的交流，更好地理解患者的观点和感受。与开放式提问相对的是封闭式提问。如：

开放式提问举例	封闭式提问举例
请告诉我，你是因为什么来到这里的。	你是因为吸毒问题来到这里的，对吗？
你如何看待戒毒治疗？	你认为戒毒治疗对你有效吗？
能告诉我你吸毒时的情况吗？	你每天吸毒多少次？
对于吸毒，哪些感觉是你比较喜欢的？	你喜欢吸毒时的体验吗？
你上周吸毒的情况怎么样？	你上周吸毒与以前比，是多了还是少了？
你如何看待自己的吸毒问题？	你认为自己吸毒太多了吗？
告诉我你最后一次吸毒时的情况。	你最后一次吸毒是什么时候？
关于你的吸毒问题，你有什么打算？	你计划什么时候戒毒？

(2) 积极倾听（listen reflectively）。积极倾听是动机强化访谈的基本技术，在倾听过程中积极反馈，检查咨询师是否真正听明白了来访者的意思，而非“我知道你的意思”，表示咨询师准确理解了来访者的问题与感受，可加强通情的咨询关系，鼓励进一步探索来访者的问题与感受。在咨询初期，更需要主动性倾听，可减少阻抗，保持交流进行，帮助澄清来访者的真实想法，表示尊重和理解来访者，有助于强化治疗性关系。

(3) 找到切入点（elicit concerns）。在倾听的过程中发现来访者最关注的问题，如戒毒人员打算结婚生子，与其讨论吸毒行为如何影响其实现这一希望，当来访者认识到目前行为后果或潜在后果与其个人价值有冲突时，放大并聚焦于此，引起来访者的关注并承诺改变现状。

(4) 支持肯定（affirm）。诚恳地对来访者进行肯定可帮助患者建立自信，强化患者过去成功的经历有助于建立自信、防止挫折感，肯定患者面临的困难，告诉对方“我听到了、我理解”，理解患者的经历与感受，帮助患者发挥主观能动性，支持对方采取行动来改变自己的问题，向对方表示“我会与你在一起、支持你”，多对对方讲一些支持肯定性话语。引导对方多表达自我激励言语，让患者投入治疗是促动性交谈的基本目标。治疗师要使患者认识到改变后的生活会更好，然后采取行动改变自己，不是说服其必须改变，而是引导患者说出自己关心的问题及想法。成功的促动性交谈要求患者自己认识到需要改变，希望并相信自己能够改变。

支持肯定性话语举例：

我知道能下决心来到这里非常不容易，你已经跨出了一大步了。

你能采取行动来解决这个问题，这是非常好的。

那对你来说是非常不容易的。

你使用药物这么长的时间，还能保持工作……说明你已经在努力。

那是一个很好的建议。

这样的生活你都挺过来了，那的确非常不容易，如果是我，也会感到非常困难的。

(5) 小结（summarize）。定期进行小结非常重要，小结是对来访者的问题与感受进行升华并给予反馈，强化患者的改变动机，表示咨询师或治疗师认真听了，有利于患者为行动做准备，应对患者使用药物的正负两方面影响进行小结，有助于理解其矛盾心理、发现差距。小结可作为每次治疗开始与结束的方法，起到自然过渡的作用；小结还可作为一种治疗策略，对小结的内容有所选择，也可请患者纠正或补充小结的内容，可能引起进一步讨论和评论，既可帮助患者反思自己的想法与经历，又可帮助咨询师发现忽略的问题或未准确理解的问题。

实训　动机强化治疗：你能成功地戒毒吗？

【训练任务】

1. 使戒毒康复者明确戒毒的必要性，强化其戒毒动机。

2. 用康复者自身戒毒的经历，树立自己戒毒的信心。

【实操要点】

1. 本训练应进一步使戒毒康复者认识到毒品对自身的危害，强化其戒毒动机。

2. 在辩论中将学员分为两组，一组为正方，另一组为反方，两组进行辩论，并做好记录。

3. 课后辅导员（咨询师）应对学员辩论中的发言进行细致的分析，以便发现相关的认知错误，并在第二次上课时指出。

4. 在讨论课中应抓住学员在成功拒绝毒品、保持操守过程中的任何一项优点并加以鼓励，使学员认识到任何人都可以成功戒除毒品，树立起戒毒的信心。

【训练过程】

环节一：你需要戒毒吗

问题一：吸毒有哪些好处？哪些坏处？

引发动机：

辅导员：一些吸毒者认为吸毒有好处，也有坏处。现在请你回顾吸毒的过程，认真分析一下吸毒的作用，想一想吸毒有什么好处，这些是好处吗？

辩论：将学员分为两组（正方和反方）辩论。

1. 你认为吸毒有哪些好处？哪些坏处？

2. 吸毒的这些好处好在哪里？这些是好处吗？

学员讨论：

1. 如果不吸毒，你想象一下你此刻在做什么？

2. 如果停止使用毒品，你觉得有哪些好处？你能够改善你的婚姻关系吗？

3. 如果不吸毒，你能存许多钱吗？

4. 如果不吸毒，你认为你能够在工作中表现得更好吗？

辅导员总结：

吸毒的任何表面上的好处都被吸毒本身所带来的危害所否定。吸毒所带来的欣快感也很快为毒品作用过后的焦虑、痛苦、全身不适所替代。而且随着毒瘾的不断加深，这短暂的欣快感也不复存在，寻找毒品的意义仅仅是为了减轻或解除毒品作用消失后，心理、生理上的不适，而且这些不适在日趋加重，吸毒并没有解决什么问题，而紧随毒瘾之后的一些问题，如财富的消失，亲人心灵受到的伤害，家庭关系不断恶化，自身生理、心理受到严重的损害而不能进行正常的社会活动等，这些都不得不要求你戒除毒瘾，远离毒品，做一个正常的人。

问题二：你的戒毒动机是什么？

引发动机：

辅导员：在认清毒品的危害以后，现在请你谈一谈，你为什么要戒毒？戒毒能为你带来哪些好处？

学员讨论：

1. 对你来说，毒品有哪些不好的地方？

2. 如果你继续使用毒品会发生什么事情？

3. 对你来说，吸毒的主要理由是什么？

4. 是什么使你决定放弃毒品？

将这四个问题写成卡片每日背诵三次。

环节二：你曾成功地戒了毒

引发动机：

辅导员：在现实中，大多数吸毒成瘾者，通过戒毒治疗以后都有一段时间没有吸毒，并成功地拒绝过毒品的诱惑，这只是坚持时间长短的不同。应该说这就是一次成功的戒毒历程。现在请你回忆这一段成功戒毒的经历，让大家与你一起分享这份成功。

学员讨论：

1. 回忆你的戒毒历程中曾成功拒绝毒品的过程。

2. 回忆你戒除毒品后没有吸毒的一段经历。

辅导员总结：

在大多数康复者的戒毒过程中都有过成功拒绝毒品诱惑和不吸毒的一段经历，这说明只要有决心拒绝毒品，戒毒就不是遥不可及的事情。再一次造成复吸，不仅仅是一个简单的决心和意志的问题，需要用正确的方法来应对毒品的诱惑。我们开展这一课程，就是让大家在一起讨论毒品对自己身心造成损害的同时，学习正确的应对毒品的方法。

环节三：戒毒信条

戒毒信条（某强制隔离戒毒所戒毒信条）

我来到这里，是因为我失去了最后的庇护地，失去了做人的尊严。我不敢面对自己，不敢正视现实，我内心忍受着巨大的痛苦而无人可以倾诉，我正在堕落。除非有一天，我能将自己内心的痛苦和秘密告诉别人，并忍受由此带来的伤痛，否则，我的心灵没有寄托，也没有安全感，我将永远生活在孤独中。

除了这里之外，我还能在哪里找到这样一个环境。它像一面镜子，让我能清楚地看清自己的真实面目。自己既不是想象中的巨人，也不是心怀恐惧的懦夫，而是作为一个人，全体成员中的一员，为着共同的目的，与大家分享着痛苦和欢乐。在这里，我们能生根，并且成长，再不会像过去一样的孤独，而是一个为自己和为别人活着的有意义的人。

“我要戒除毒瘾，我必须戒除毒瘾，我一定能戒除毒瘾！从痛苦中觉醒，在欲火中重生，我定能战胜毒魔，重塑人生。”

戒毒誓词：“我是一名戒毒人员，深受毒品危害，深感戒毒艰辛。从现在起，我坚定信念，不再沉沦，加入阶段康复行列，自觉接受康复治疗和戒毒考验，我谨守承诺，遵纪守法，拒绝毒品，珍爱生命。为了身心健康、家庭幸福、社会和谐、自尊自爱，从头再来！”

迷茫中我误入歧途，走向了堕落，失去了做人的尊严。我不敢面对自己，也不敢正视现实，内心承受着巨大的痛苦而无处倾诉，整日处于恐惧和不安之中，心灵无所寄托，备受孤独与寂寞的煎熬，我渴望着心灵的回归。

今天我来到这里，它使我疲惫不堪的心灵找到了一处驿站，让我修复心灵，还原自我。在这样的环境中，让我清楚地认识自己真实的面目。脆弱不是我的本性，逃避也不是我处事的原则，我唯有勇敢地面对，袒露自我，正视现实，与他人共享欢乐和痛苦，为自己、为他人有意义地活着，抛却孤独与寂寞，快乐的日子就会到来！

【作业】

1. 本训练完成后写一篇戒毒决心书。

2. 熟练背诵戒毒信条。

任务二　应对渴求感训练

一、什么是渴求感

渴求感一般称为心瘾，是吸毒成瘾后的自然产物，在某些特定条件诱发下的对毒品产生的强烈需求，并产生一系列的生理（如心跳加速）、心理（如焦虑、烦躁等）反应，以心理表现较为明显。

渴求感在身体（生理）依赖消除以后会持续存在。当戒毒者的心理产生渴求感时，并不意味着戒毒的失败。但渴求感是造成偶吸、复吸的重要根源，对于戒毒康复者来说，渴求感是每一个康复者都会碰到且难以回避的重要问题，应加以认真对待。

二、渴求感产生的原因

渴求感产生的基本原理是条件反射，毒品戒断时的周身不适与毒品再获得后的欣快感，对这一反射过程进行不断地强化，并固化在大脑中。因此，渴求感在吸毒康复者中的消退是有一定难度的过程。

比如，我们每天定时喂一只狗，每次喂食时给予铃声（固定的碗或盘子），狗在进食时产生唾液的分泌过程表现为：

食物（条件刺激）——铃声（非条件刺激）——唾液（反应）

经多次使用相同的方式给小狗喂食后，这一反射过程会固化到狗的大脑中。当你打开狗进食的铃声时，小狗虽未进食，即产生大量的唾液；如果在反射形成后将小狗置于较为严重的饥饿状态下再进食，仍然给予固定的铃声，狗饥饿的不适与饱食后的舒适就会进一步强化铃声、饥饿进食与唾液分泌之间的条件反射关系。

吸毒者在吸食毒品（条件刺激）后产生了欣快感，但每次进行吸食的工具、环境情绪也会进入到他的大脑中，因此，当他虽未接触毒品，但是接触到吸毒的工具、环境等条件时，也会产生渴求感，引发对毒品的需求。这个过程表现为：

毒品（条件刺激）——吸毒工具或环境等（非条件刺激）——渴求感（反应）

吸毒工具（触发物）——渴求感的条件反射

当然，对渴求感产生的条件反射之所以如此强烈，还有一个重要的强化过程，即毒品戒断时产生的人体生理、心理的不适和获得毒品以后产生的欣快感的巨大反差，对这一条件反射有极大的强化作用，以加强巩固这个条件反射过程。

由渴求感产生的过程不难看出，只要切断条件反射的反射链，就可以阻断这一条件的产生过程，使渴求感逐渐消退。

当小狗饥饿或听到铃声想吃东西时，可采取只听铃声不给进食，时间长久以后，铃声与进食之间的条件反射联系就会减退，听到铃声时的唾液会逐步减少分泌；也可以在听到铃声，或要进食时附加某种负面刺激（如电击等），小狗便会逐步切断这种条件反射的联系。对于吸毒康复者，当在诱发因素作用下产生渴求感以后，坚持不去吸毒，那么这种诱发因素诱发的渴求感将逐步减轻，直至消失；也可以在这种诱发的渴求感产生时附加某种负面刺激，当形成一定的反射链以后，诱发因素诱发的渴求感产生的同时，会引起这种附加的刺激的负面反应，这会加速切断诱发因素与渴求感之间的条件反射。

三、渴求感的诱发因素

诱发渴求感的危险因素有以下五种：

（1）吸毒环境。当重返吸毒环境、重睹吸毒场面、重见吸毒工具、重新听到与吸毒有关的话题或接触到情境时，会立刻触景生情，产生强烈的吸毒冲动。

（2）不良情绪。当生活中发生不愉快的事件，造成不愉快的情绪，特别是在生气、悲伤、孤独、内疚、恐惧和焦虑时，想通过吸毒来减轻心理烦恼。

（3）家庭问题。由于吸毒，造成家庭经济崩溃、家庭成员关系恶化、彼此之间缺乏信任、家庭功能破坏、夫妻情感破裂、家庭成员对戒治丧失信心等，使患者觉得生活没有希望，想通过吸毒来消除烦恼。

（4）不良群体影响。戒毒后又回到以往吸毒的朋友圈子里，在以前的“毒友”的劝说下，所有的决心在刹那间忘得一干二净，重回“毒魔”的怀抱。

（5）其他情形。如厌烦、无聊的情绪，或突然有了很多钱，或遇到高兴的事情，想放纵庆贺一番。

四、应对渴求感的方法要点

（1）分散注意力。通过体育运动、与人聊天、放松练习等方式来转移对毒品的注意力，弱化对毒品的渴求感。

（2）谈论心中的渴求感。向要好的朋友和理解自己的家庭成员或者心理咨询师讲述自己的渴求感。

（3）体会渴求感在自己身上发展的过程。体验开始——高潮——减退的过程，用笔将它的时间记录下来。

（4）思考吸毒以后的不良后果。将吸毒以后的种种不良后果一一呈现出来，让戒毒者自己将保持操守的原因、好处，破坏操守的后果也一一列出来。

（5）自言自语。反驳错误的自动式思维，例如：不用毒品我并不会死，现在难受一点，但我知道过一段时间就好了。

实训　如何应对渴求感

【训练任务】

1. 让戒毒人员进行渴求体验。
2. 描述渴求感，将它看成一种正常的、有时间限制的体验。
3. 确定诱发渴求感的危险因素。
4. 练习控制渴求感的技巧。

【训练过程】

环节一：体验并了解什么是渴求感

1. 程序

（1）分发卡片。每人对自己以往的渴求感进行评分。

（2）讨论。请你用语言描述“你渴求毒品的时候是什么样子？”（每个人都描述一下）

（3）讲解。组织者（咨询师）讲解什么是渴求感，即戒毒人员在脱毒后有强烈地渴望重温梦境般的吸毒的精神体验，即所谓的“心瘾”，它是吸毒以后的自然产物，“心瘾”便是吸毒的渴求感。

2. 原则

（1）渴求感是一种普通人都能体验到的正常的生理现象，“心瘾”是吸毒以后的自然产物，在躯体依赖消除以后仍会持续存在。

（2）当戒毒人员出现吸毒的渴求感时，并不意味着他已经犯了错误，强调应该把注意力放在如何来应对渴求感上。

3. 卡片Ⅰ　渴求感强度评估表

项目	没有或者几乎没有	有时	经常	总是或者几乎总是
你平时是否储备一些毒品以备用？				
你是否在早晨醒来以后2小时以内就要吸毒？				
你是否通过吸毒来缓解全身不适？				
你是否每天在一定时间内吸毒？				
你是否通过吸毒来提神？				
醒后的第一件事情是否就是吸毒？				
你是否心里总想着吸毒这件事情？				
你是否把吸毒视为第一需要？				
你吸毒的想法是否十分强烈，无法控制？				
你每天的活动是否总是围绕着如何得到毒品？				

环节二：了解诱发渴求感的危险因素

1. 程序

(1) 头脑风暴：有哪些因素可以诱发渴求感？

(2) 讨论。

(3) 分发卡片。

2. 原则

(1) 从多个角度进行讨论，不要局限于一种情况。

(2) 讨论每种情况时要具体，最好能举例说明。

3. 卡片Ⅱ　诱发渴求感的主要危险因素

诱发渴求感的主要危险因素：

◆吸毒环境；

◆不良情绪；

◆家庭问题；

◆不良群体影响；

◆其他情形：厌烦、无聊、突然有了很多钱等。

环节三：渴求感产生的原因

1. 程序

(1) 讲解渴求感产生的原因。可用条件反射的原理解释，以狗为例：食物（条件刺激）——铃声（非条件刺激）——唾液（反应）。人吸毒的反应：毒品（条件刺激）——诱发物（非条件刺激）——渴求感（反应）。

(2) 组织交流，填写卡片。

2. 原则

(1) 通俗易懂，与实际例子相结合，最后用戒毒人员自身的例子说明。

(2) 强调条件反射可以形成，也可以消除。

(3) 要及时表扬较好或者积极有效的方法。

3. 卡片Ⅲ　我的诱发物

诱发物	渴求感强度									
卧室	0	1	2	3	4	5	6	7	8	9
卫生间	0	1	2	3	4	5	6	7	8	9
某个朋友	0	1	2	3	4	5	6	7	8	9
与家人吵架	0	1	2	3	4	5	6	7	8	9
无聊	0	1	2	3	4	5	6	7	8	9
(其他)	0	1	2	3	4	5	6	7	8	9
	0	1	2	3	4	5	6	7	8	9
	0	1	2	3	4	5	6	7	8	9
	0	1	2	3	4	5	6	7	8	9

注：诱发物提示包括最可能吸毒的地方；和谁一起最容易吸毒；最可能使用毒品的时间；在做什么活动时最容易吸毒；常常在什么情绪下会吸毒等，学员可根据自己的情况填写。

环节四：如何应对渴求感

1. 程序

(1) 共同讨论和分享：你是如何应对渴求感的?

(2) 讲解：有哪些方法、技巧可以应对渴求感?

(3) 分发卡片。

2. 原则

(1) 先讨论，然后由组织者（咨询员）总结、补充、讲解。

(2) 对错误的方法要及时纠正。

3. 卡片Ⅳ　应对渴求感的方法

应对渴求感的方法：

◆转移注意力；

◆向他人谈论你的渴求感；

◆渴求冲浪；

◆思考使用毒品后的不良后果；

◆自言自语渡难关。

环节五：总结

(1) 总结本次训练内容的要点。

(2) 鼓励戒毒人员应对渴求感。指出渴求感不会无限持续下去，而是有一定时间阶段性的，鼓励戒毒人员锻炼意志，克服渴求感，直到渴求感逐渐减弱并最后消失。

(3) 布置作业。

【作业】

1. 回忆你的吸毒过程中渴求感是怎样发生的。

2. 结合实际情况，谈谈你打算怎样锻炼意志。

3. 回答下列问题：

(1) 列出你不会使用毒品的地方。

(2) 列出当你和谁在一起的时候不会使用毒品。

(3) 列出你在什么时间内不会使用毒品。

(4) 列出在从事什么活动的时候你不可能使用毒品。

任务三　拒绝毒友　远离毒品

怎样认识毒友在吸毒成瘾问题上的作用，怎样认识消极群体对戒毒康复的阻碍作用，这是戒毒康复者完成治疗进入社会前必须解决的认知问题。回顾成瘾者的吸毒历史，毒友和消极的社交圈起到了极为不良的作用，它是成瘾者接触毒品复吸的重要媒介和催化剂。本任务的核心内容是，使戒毒康复者认识到毒友和消极的社交圈对保持操守的负面作用；通过拒绝毒品的行为训练，掌握拒绝毒友的技巧；学习如何选择新朋友，重建社交圈。

一、为什么要拒绝毒友

戒毒人员在脱离强制戒毒场所后，不可能永远逃避毒品的诱惑，也不可能永远生活在没有毒品的地方，因此，唯有通过学习、训练，不断充实自己，以保持长久的操守。

戒毒人员与仍在吸毒的伙伴相处是非常危险的。不论下多大的决心，只要与他们在一起，他们就能反复刺激戒毒人员以前吸毒的回忆和对毒品的渴求，从而引发吸毒的冲动。因此，戒毒人员必须拒绝仍在吸毒的毒友，才能走入新生活，成功戒毒。因此，拒绝毒友对于戒毒人员保持操守是非常重要的。

有些戒毒人员会过高地估计自己拒绝毒友、毒品的能力，觉得自己说“不”是件很容易的事情，但实际情况是，如果没有准备好如何去应对那些诱惑的场面，往往不能形成有效的拒绝行为。因此，在训练的过程中，必须让戒毒人员知道自己容易复吸的危机情境，并充分了解自身能力的局限，告诉戒毒人员应随时随地应对危机情境。

有些人之所以继续保持与吸毒伙伴的关系是因为他们在潜意识中有一些潜在的动机，这些动机主要有：

(1) 想炫耀自己已戒毒了，行为也改好了。

(2) 仍然向往一种放荡的生活，但不想要毒品。

(3) 想证明自己是个特例，旧的毒友不会影响自己。

(4) 希望他们影响自己，这样就可以推卸自己重新吸毒犯错误的责任。

(5) 希望他们帮助自己解决一些问题和困难。

二、如何拒绝毒友

由于戒毒人员本身的社会交际圈比较狭窄，完全断绝与毒友的交往往往意味着处于与社会隔离的状态，在短时间内比较难做得到，因此，训练拒绝毒友的技巧显得非常重要。

要终止与毒友的关系是困难的，并且需要足够的勇气和胆量，因为这可能会使双方都受到伤害。因此，要训练拒绝毒友的技巧。这些技巧主要有：

（1）必须是清晰而果断地拒绝，拒绝的口气、态度必须坚决、肯定，简单而有力，必须果断地说“不”。

（2）言行必须一致，不能口是心非。当说“不”的时候，心中也要想着“不”，特别避忌犹豫不决、模棱两可。

（3）拒绝毒友时，必须用真实的理由来拒绝。比如可以说：“这样做对我有害，我决定不去做。”

（4）如果拒绝、抵挡不了，忍受不住，则立刻离开现场。所谓三十六计，走为上计，找个理由立刻离开现场。

三、建立新的社交圈，远离毒品诱惑

一个人生活在社会中，就必然会有交流，也必须进行交流。遇到困难需要帮助，需要获取各种信息，就必须有一个朋友圈、社交圈。在戒毒人员已经拒绝毒友远离旧有的社交圈后，也必须结交新的朋友，建立新的良好的社交圈。

在我们的生活中，朋友能给予我们很重要的影响，良性朋友能带给我们支持、愉悦和知识，促进我们成长进步。负面的朋友会导致我们走向堕落、消极，这就是人们常说的“近朱者赤，近墨者黑”的道理。正是因为朋友会给我们带来这些影响，所以我们必须慎重地交朋友。

戒毒人员有与他人接触的愿望，向外拓展自己的意愿是建立新的友谊的基础，这个过程中可能会碰到一些困难和危险，但必须克服它，与别人的交往从开始就采取一种诚恳的态度是非常重要的。戒毒人员请别人来参加自己的活动，或自己加入别人的活动，是建立新的友谊的良好途径。现有的朋友也能进一步介绍新的朋友来帮助自己，拓展自己的社交圈，和新的朋友一起参加各种活动。当然，戒毒人员也要认识到，会有人拒绝，也会有人愿意参与进来，对你的生活产生兴趣，愿意了解你，这些是在正常社交活动中经常会出现的情况。戒毒人员不仅要结交新的朋友，还要接受别人的建议，避开前进中不必要的挫折。

实训　拒绝毒友

【训练任务】

1. 使戒毒人员认识到为什么要拒绝毒友，引发其拒绝毒友的动机。
2. 帮助戒毒人员增强抵御毒友的能力，掌握拒绝毒友的技巧。
3. 帮助戒毒人员建立新的社交圈。

【训练过程】

环节一：为什么要拒绝毒友

1. 程序

（1）现实个案讨论：你一般是怎样获得毒品的？

（2）讨论：回归社会后，毒友可能会怎样诱惑你？

（3）讨论：回归社会后怎么和过去的毒友相处？你是怎么想这个问题的？

（4）讨论：为什么要拒绝毒友？

（5）分发卡片。

2. 原则

（1）讨论“如何获得毒品”的时候主要集中讨论与毒友有关的情况。

（2）对一些错误的想法、认识要及时纠正。

3. 卡片Ⅰ　毒友的诱惑

毒友诱惑的高危情境： ◆喝上几杯； ◆高兴高兴、庆贺庆贺； ◆轻松轻松； ◆沐足去、桑拿去。

卡片Ⅱ　继续保持与毒友交往的潜在动机

与毒友保持交往的潜在动机： ◆想炫耀自己已经戒毒了，行为也改好了； ◆仍然向往一种放荡的生活，但不想要毒品； ◆想证明自己是个特例，旧的毒友不会影响自己； ◆希望他们影响到自己，这样就可以推卸自己重新吸毒犯错误的责任； ◆希望他们帮助自己解决一些问题和困难。

4. 总结

戒毒人员在回归社会后，仍然与过去的毒友或仍在吸毒的人交往是非常危险的，毒友的诱惑或毒友在你面前吸食毒品，这都是复吸的高危情境，会诱发你的渴求感，产生吸毒的冲动。因此，要想成功戒毒，就必须远离毒友。

环节二：如何拒绝毒友：学习拒绝的技巧

1. 程序

（1）集体讨论：如何拒绝毒友的诱惑？让戒毒人员轮流讲述自己的体验。

（2）角色扮演（分发卡片Ⅲ）：将戒毒人员分成三组，每人轮流扮演三个不同的角色。

① 角色甲：游说者（毒友）——拿着模拟的毒品（如白粉）试图说服乙。

② 角色乙：决定者（回归社会人员）——决定是否使用毒品。

③ 角色丙：旁观者——记录游说者使用的技巧。

游说者用4~5分钟说服决定者吸毒，旁观者记录游说者如何劝说以及决定者如何拒绝。然后，旁观者汇报他们的观察，决定者则报告哪些较难拒绝，哪些较容易拒绝。

（3）列出毒友的名字，想想如何拒绝他。如果不能拒绝，说出原因，集体讨论解决方法。

2. 原则

（1）充分发掘戒毒人员成功拒绝毒友的体验。

（2）角色扮演中，每个戒毒人员需扮演三个不同的角色。

（3）对不能拒绝毒友的情形进行引导，给予解决方法。

（4）鼓励戒毒者在回归社会后不断运用拒绝的技巧。

3. 卡片Ⅲ　角色扮演分工

角色扮演分工：

◆角色甲：游说者——拿着模拟的毒品（如白粉）试图说服乙；

◆角色乙：决定者——决定是否使用毒品；

◆角色丙：旁观者——记录游说者使用的技巧。

4. 卡片Ⅳ　拒绝毒友的技巧

拒绝毒友的技巧：

◆简单、坚定地说“不”。

◆正确运用肢体语言、表情和语气：目光、表情需要清楚表明自己戒毒很坚决；直看对方的眼睛。

◆切勿出现：坐立不安，表情不自然；紧张而不安地笑；发牢骚或者讽刺，令对方觉得你只是在设法找原因和借口。

◆回答要迅速，不要支吾、犹豫，不要留下任何后路。例如，不要说“今天不行”、“以后再说”、“我身体不舒服”，而应该说“不，谢谢”、“不，我再也不吸了，不然我就完蛋了”。

◆当在公共场合或其他朋友家中时，如果毒友用毒品诱惑你，应坚决拒绝并尽快离开。

5. 卡片Ⅴ　毒友列表

可能向你提供毒品的人	我将对他说什么/如无法拒绝，原因是什么
熟悉的朋友	
同学	
酒吧里的人	
亲人	
其他（自己填写其他可能提供毒品的人）	

环节三：拒绝毒友，建立新的社交圈

在毒友被拒绝后，戒毒人员已经开始远离旧的社交圈。但人不可能处在没有交流的环境中，例如，有心事必须向朋友倾诉，有些事情需要朋友、亲人帮忙，业余时间要进行适当的社交活动等，那么就要结交新的朋友，建立新的社交圈。对于一般人来说，交朋友不是困难之事，在他的生长过程中，他很容易就学会了如何交朋友，与朋友相处，分享愉悦的情感，就会很快速地建立起一个新的社交圈；但对一些社交能力差的人（多为性格内向的人），获得新的支持是当务之急，谨慎地结交新朋友也是当务之急。关于如何结识新朋友，建立新的社交圈，详见后文“人际交往技能训练”部分。

任务四　获取家庭支持的技巧与训练

一、家庭支持对预防复吸的重要性

对于戒毒必须充分认识到它的长期性，采取心理矫治的手段戒除毒瘾需要一个漫长的过程，要树立长期工作的思想，对戒毒人员的心理矫治，不能仅希望一次、两次或一天、两天就可以解决问题。但是，又不可能把戒毒者始终关在戒毒所中直至他们从心理上完全戒断。当戒毒人员离开戒毒所之后，家人的支持、监督和帮扶，对帮助戒毒者戒掉毒瘾有重要的意义。大量案例表明，家庭成员对吸毒者的排斥、嫌弃、怀疑会导致他们自暴自弃，使他们更加自卑、失落，失去重新开始正常生活、工作的信心，从而再次陷入借毒消愁的恶性循环。相反，戒毒者若能得到家庭成员的支持，戒毒的成功率将大大提高。所以，家庭成员要在戒毒者从强制隔离戒毒所出所重新步入社会后，对其进行积极的帮教，帮助戒毒者为重返社会做好各方面的思想准备，还要教他们如何社交、求职、处理家庭关系和应对生活中的压力等，激发抗拒毒品的觉悟与决心，帮助他们树立抵御毒品诱惑的信心和培养坚强的毅力。

【相关案例】

不离不弃，吸毒9年终回头

王丹（化名），现年30岁，家境不错，父亲曾在一个镇上当领导。他当过兵，复员后回家乡的一家玻璃厂开车。也曾到广州闯荡，交了一些不三不四的朋友。2000年夏天，王丹在一个朋友家第一次接触到海洛因。随后，他一发不可收拾，一个月后便上瘾了。

在此后的几年时间里，王丹在毒品的泥潭里越陷越深，他多次走进戒毒所，也曾经被劳动教养。很多次都是王丹的父亲暗中报警，将自己的儿子送进戒毒所。一次，气愤不已的王丹拍着桌子对父亲说：“我恨你，我要和你断绝父子关系。”但在戒毒所和劳教所，“狠心”的父亲又经常来看望孩子，眼中满是泪水。

王丹的母亲为了让自己的儿子戒毒，甚至经常跪在儿子的面前劝说。王丹说，他最对不起的人就是他的母亲了。王丹的妻子，虽然也曾经想过和王丹离婚，但最终，结婚9年的妻子还是没有离开他，默默地支持、劝说他戒毒。在那段最艰难的日子里，王丹的妻子不忍让爱人沉沦下去，总希望他能振作起来。“那时候真是人不是人、鬼不是鬼啊，老婆生小孩时我都在吸”，王丹说，但幸运的是，妻子没有离开，如今，他们的儿子也6岁多了。

在家人和朋友的帮助、支持、感化下，王丹下决定开始彻底戒毒。他来到成都，在朋友的帮助下，当上了一名商场安保人员。同事没有嫌弃他，商场老总还转给王丹的妻子一个铺面经营。难受时，王丹一个人躺在床上默默忍受。王丹说，他突然觉得自己成人了。经过艰苦的努力，如今他已经彻底摆脱了毒品的纠缠。现在，王丹当安保人员，妻子经营铺面，儿子则交给父母带养，每个月的收入还不错。王丹的妻子说，他们有个梦想，那就是要在成都买套房子安家。

二、家庭支持疗法的原理

家庭支持疗法所依据的理论主要有三个，即系统理论、交往理论和社会角色理论。

1. 系统理论

家庭被视为一个系统。系统的动力是维持平衡状态，就是说，家庭成员能在系统中满足各自的需要。这是通过家庭成员间的相互依赖关系来达到的。家庭中一个成员或一部分的变化，会引起其他成员或其他部分的变化，这种变化反过来又影响到个体或部分。吸毒者吸毒并不仅仅是孤立的个人行为，他们还直接影响到整个家庭生活。只要有一个人吸毒，一家人都不会安宁，甚至导致家破人亡、妻离子散，摧毁原本美满的家庭。因为吸毒者吸毒，使家庭成员的情感出现变异，家庭生活失去平衡，家庭经济走向崩溃和破产，家庭其他成员也跟着遭殃。由此也可能导致吸毒者与其他家庭成员关系紧张、矛盾严重。因此，戒毒人员出所后，要主动化解矛盾，改善与家庭成员之间的关系，获取家庭成员的谅解和支持，从而维持家庭的平衡。

2. 交往理论

交往是人与周围环境之间必不可少的互动，是使系统得以平衡存在的关键。吸毒者吸毒以后，引起从思维到行为各个方面的改变，他们与社会的交流出现了困难与障碍，家庭的支持疗法就是要使吸毒者改善和家庭、社会系统的交流模式，寻找有效的途径，使其达到健康的平衡状态，最终使吸毒者重建正常的思维和行为模式。

3. 社会角色理论

在家庭系统内，每个家庭成员都扮演着由家庭动力结构所确定的特殊角色。对于吸毒者来说，他们不但社会意识淡漠了，在社会中找不到自己的角色定位，而且他们也丧失了对家庭的责任感，在家庭中原有的角色地位发生了蜕变，同样面临角色模糊的障碍。家庭的支持就是要通过对吸毒者责任感的培养，重新塑造他们在家庭和社会中的位置，重新完成角色的定位。

基于以上理论及家庭支持对戒毒者成功戒毒的重要性，我们明白，家庭在个人的成长过程的重要意义是不言而喻的，戒毒康复者回归社会后，家庭在戒毒康复过程中的作用是任何人都无法替代的。但吸毒成瘾者对家庭及其成员造成的伤害也是严重的。因此，帮助戒毒康复者找到与家庭成员相处的方法，为他们提供一些基本的策略和方法，使戒毒康复者能成功地回归家庭，是戒毒所回归训练的一项重要内容。

实训　获取家庭支持的技巧实操

【训练任务】

帮助戒毒康复者找到与家庭成员相处的方法，为他们提供一些基本策略和步骤，从而使他们能从家庭中获得更多的支持。

【操作要点】

1. 本训练以讨论和角色扮演为主。

2. 在讨论中不宜过分追求结果，而应使戒毒康复者在讨论中得到有益的信息与方法。

【训练环节】

环节一：良好的家庭关系对戒毒康复的重要性

引发动机：

辅导员：你的任何一点进步，都与你的家庭的支持分不开，戒毒的过程更是如此。但要获得家庭的支持，必须与家庭成员保持良好的关系。回忆你在家庭支持下获得成功、进步的过程，体验家庭对你的支持作用。

学员讨论：

1. 回忆你曾经获得家庭的支持与帮助。

2. 这些支持与帮助使你战胜了哪些困难与挫折。

辅导员总结：

1. 戒毒康复者回归社会后，首先接触到的就是家庭成员。他们与家庭成员之间的关系因为吸毒而存在很多问题，这些问题如果处理不当，会引发很多其他问题。家庭是戒毒康复者回归社会的第一站，家庭关系是否良好，是康复者能否成功回归社会、建立信心的重要支点。

2. 家庭成员是康复者回归社会后巩固康复效果的监督员。只有良好的家庭关系，家庭成员才能充分发挥监督员的作用，指导康复者的日常行为，督促康复者完成戒毒的历程。

3. 家庭是康复者回归社会后遇到困难、挫折的避风港和加油站。康复者回归社会后在生活、工作以及康复过程中遇到困难是难免的，良好的家庭关系可以使康复者从家庭中获得支持与帮助，从而解决困难、战胜挫折。

卡片Ⅰ　家庭对戒毒康复的重要性

> 家庭对戒毒康复的重要性：
> ◆家庭是戒毒康复者回归社会的第一站；
> ◆家庭成员是戒毒康复者回归社会后巩固康复效果的监督员；
> ◆家庭是戒毒康复者回归社会后遇到困难、挫折的避风港和加油站。

环节二：造成康复者与家庭关系紧张的问题

引发动机：

辅导员：在生活中以及吸毒过程中与家庭成员产生矛盾，如果处理不当就会使得康复者与家庭成员之间关系紧张。对于康复者来说，毒品问题造成的矛盾最为严重。回忆与家庭成员产生的矛盾对你造成的负面影响，谈一谈你的具体感受。

学员讨论：

1. 回忆自己与家庭成员交往中存在哪些影响双方关系的问题。

2. 分析这些存在的问题给自己造成了哪些负面的影响。

辅导员总结：

1. 吸毒者的家庭，常因吸毒者的行为而使其他家庭成员疲惫不堪；其他家庭成员对吸毒者常常不信任。这是吸毒者家庭中无法掩饰的一个事实，所以康复者应多考虑由于自身方面的原因而造成家庭关系的紧张。

2. 作为一名戒毒康复者，在一个短的时期内会发生好的变化，但家庭成员不一定能很快感觉到，并与此改变相适应，因为在过去他们对戒毒康复者总是充满了失望，很难脱离旧想法和家庭角色。

3. 家庭成员常对脱瘾者要求过高，忽视康复的作用，总希望找到一种灵丹妙药，一夜之间彻底康复。戒毒对脱瘾者可能造成的问题一律视为堕落，偶然的失足（偶吸）也一概认为是复吸了。

环节三：建立良好的家庭关系

引发动机：

辅导员：如果与家庭成员关系紧张、矛盾严重时，你应该主动化解矛盾，改善与家庭成员之间的关系。作为一名戒毒康复者，首要的任务是获取家庭成员的信任，消除家庭成员对你过去生活中的不良印象。请大家一起讨论，怎样获取家庭成员的信任，重建良好的家庭关系。

学员讨论：

1. 你怎样取得家庭成员的信任？

2. 你怎样和家庭成员交流？

辅导员总结：

不论家庭成员对自己有怎么样的看法，戒毒康复者都应对自己的康复负起责任来，戒毒康复者应用自己的行动来证明自己已经改变，扭转家人对自己的成见，这个过程不仅需要行动，还需要时间，因为你对家人心理的伤害需要一定的时间治疗才能愈合。

你应当在生活中向你的家庭成员展现自己，让他们从一个新的角度来看你的任何一点转变，这是你成功康复后走出的一步，也是治愈家人心理创伤的良药。

你至少应对一个家庭成员完全敞开心扉，完全信赖他，这样你才能在危机中获取及时而适当的支持与帮助。

获取家庭的支持是重要的，但要尽可能地独立，不要依赖家庭，因为家庭不能解决你所有的问题。但当你有合理的需求时，不必犹豫，要及时寻求家人的帮助。

环节四：怎样获取家庭的帮助

引发动机：

辅导员：当你回归社会以后，如果没有家庭的帮助，你能否拒绝毒品的诱惑？你尚无经济基础，要生活、要找工作，没有家庭的帮助是不行的。寻求家庭的帮助并不是一切都依靠家庭，而应独立地面对生活中的困难。请大家通过下面的角色扮演和问题讨论，体验怎样获取家庭的帮助和支持。

角色扮演：

面对毒贩骚扰时，你如何向家人或朋友寻求帮助？

学员讨论：

当你向往毒品时，怎样向你的家人寻求帮助？

辅导员总结：

要获取亲人和社会的帮助，必须坦诚地讲出你的困难，这包括你的渴求感和吸毒的冲动。有时你难以抑制吸毒的冲动；难以抵御毒贩的骚扰；你的夫妻关系紧张，需要别人帮助调节；你的经济困难，需要找一份适当的工作，等等。你必须讲出这些困难，其他人才能知道应该怎样帮助你。同时也应接受他人善意的批评指导，回归社会后应该建立你的求助体系。这包括：

卡片Ⅱ　求助体系

求助体系： ◆你经常见到的家庭成员； ◆你经常联系的朋友； ◆你经常相互来往的邻居； ◆有私人感情的同事； ◆有特殊感情的人； ◆社会保障扶助机构。

【作业】

1. 你应当以什么样的态度来对待别人的帮助？如果依靠别人的帮助是否会使你失望？别人帮助你是否另有原因？

2. 写出你的求助体系名单，并指出他们可以帮助你的理由。

任务五　人际交往技能训练

人际关系的好坏是心理健康的重要体现，与他人建立良好的关系，是心理健康的必备条件。良好的人际关系不仅能使我们得到帮助和获得信息，还可使我们的苦、乐得到宣泄、分享和体现，从而保持心理平衡、健康并促使自己不断进步。戒毒人员往往在人际关系方面存在很多问题。这些问题涉及戒毒人员之间，戒毒人员与工作人员之间，戒毒人员与家庭、朋友之间，戒毒人员与心理治疗人员之间的关系等。

通过心理剧、角色扮演和应对技能训练的学习，清楚地认识到理解他人是争取他人支持和帮助的桥梁。要理解他人和被人理解，就要掌握一定的交往技巧，并具备良好的个性品质。

1. 与人交往的基本技巧

(1) 寒暄的技巧。寒暄的主要作用在于交流感情，向对方表示友好的态度。一般来说，与陌生人见面，只宜作一般性的寒暄，如问候、互通姓名、相互介绍、谈论一些无关紧要的话题，要避免引起争论的话题；与老熟人见面，寒暄要体现与对方的相知以及对对方的关心。在社交中，应避免涉及个人隐私的问题，如年龄、婚否、经历、收入等。寒暄的方式可采取问候式、言他式、触景生情式。应尽量注意下列情况：对于不知道的事，不要冒充内行，不懂装懂；对于朋友的失败、缺陷和隐私，不要议论；对于容易引起争执的话题，尽量避免；不要到处发牢骚。

（2）寻找双方共同点。人们都喜欢与志同道合、秉性相投、情趣一致的人相处。在交往中，应尽量寻找双方的共同点。寻找共同点的方法有巧借地缘关系、利用共同情趣、利用第三者、尽量与对方保持一致、寻找共同话题等。

（3）文明礼貌用语。交往中语言能做到文明礼貌，给对方留下修养好的印象，使双方感情很快融洽起来。在社交中，说话时应注意以下方面：把“请”和“您”经常挂在嘴边；多用表示敬意的称呼语；在言行举止有损于别人或可能给别人带来不悦时，要及时表示歉意；多用商量的语气；多用感谢语。

（4）经常保持微笑。微笑是社交中最富有吸引力和感染力的面部表情，表现人际关系中友善、诚信、谦恭、和蔼、融洽等感情，微笑具有传递感情、沟通心灵、征服对方的作用。因此，在交往中，要学会保持由衷的微笑。

（5）真诚地赞美别人。人人都渴望得到别人的肯定，渴望赞美。赞美在交往中起着润滑剂的作用，赞美就是鼓励。赞美的技巧有：谈别人的光荣史；赞美要符合实际，明确具体；能当面赞美的就应该当面赞美。

（6）设身处地。人有各种心理需求，在与别人交往时，应设身处地为对方考虑。具体技巧有：从对方的需求出发；能理解别人；帮助朋友渡过难关；宁可自己吃亏，也不能让朋友受损；宽容别人。

（7）避免争论。人际交往中，人们都喜欢与自己意见一致的人。争论很容易伤感情，而且，一般交往中的争论多是无结果的，因此，应尽量避免争论。避免争论的技巧有：努力谋求与对方一致；礼让对方；倾听对方；不要随便插话。

（8）倾听。倾听是人们相互沟通的重要能力，倾听是了解他人、接纳他人的体现。成为一个好的倾听者的技巧有：听清对方说话的意思；不作评判式倾听；作出积极反馈；运用肢体语言，如眼神交流、躯体前倾等表示关注、感兴趣。

2. 增强人际吸引力的方法

（1）提高个人修养，拥有受人欢迎的品质。为了获得良好的人际关系，变成一个受人欢迎的人，应努力提高自己的修养。以下是受人欢迎的品质：和蔼、给予、品德、愉快、勇气、果断、尊严、克己、热情、文雅、诚实、谦虚、耐心、守时。

（2）讲究社交礼节。社交礼节包括：社交场所说话的礼节；登门拜访的礼节；面带微笑、自我介绍的礼节等。

（3）主动交往。人际交往中缺乏吸引力的一个重要原因是被动交往。不能主动交往的原因是缺乏主动交往的意识、自我评价过低、缺乏交往技能等。在与人交往中应对照自己的情况，努力克服上述问题，变被动为主动。首先列出被动交往的不利；列出主动交往的有益之处，当尝试过几次主动交往后，看看自己是否变得更加积极了；先从主动与人打招呼开始；事先做好充分准备等。

（4）掌握沟通技巧。眼睛、姿势、面部表情、仪容穿着、声音，都能为你构筑沟通的桥梁。适当运用以下技巧可以促进有效交流：注意眼神交流；改善姿势和动作，善用手势和表情；留意仪容；善用你的声音；改善用语习惯；加强幽默感等。

实训　有效交流技能实操

【训练任务】

1. 了解常见的交流方式。

2. 戒毒人员了解自己典型的交流方式。

3. 学习有效交流的技能，并改善自己的交流方式。

【训练过程】

1. 开场白：讲解训练的目的、任务，介绍本次训练的主题。

2. 描述三种主要交流方式，讨论并举例说明每种交流方式（分发卡片Ⅰ）；讲述完三种主要交流方式后，判断以下属于何种交流方式：

①商店电视机修理部答应今天会修好A的电视机。A去取时，发现并没有修好，便对修理人员说："你们的服务真差劲，我以后再也不到你们这儿来买东西了。"

②A与B约好今天去上街。A到达约会地点，发现B没来，A打电话给B，B说："对不起，我今天要参加朋友的聚会，不能陪你去逛街了。"A回答："没关系，祝你玩得愉快。"

③A的室友在未经A的同意的情况下邀请了很多人来住所聚会，把房间弄得很脏。A对室友说："我感到很生气，因为你事先不告诉我有聚会，还把我的房间弄得很脏。如果你事先与我商量并在聚会结束后把房间打扫干净，我会感觉好些。"

3. 角色扮演。

张三在超市工作已有五年多了，他的部分工作是负责保管现金箱。一天有人传言他偷现金，他的上司也听到了这些传言。第二天，他的上司找到他，非常生气，责备他偷钱。

三人一组，A、B分别扮演老板和张三，表演老板找张三谈话时的情景，时间为2分钟。C为观察者，观察B的反应方式。

4. 小组讨论。

(1) 通过刚才的角色扮演，判断自己的反应方式。

(2) 讨论什么样的反应最有效果。

5. 讲解有效交流的要点和技巧（分发卡片Ⅱ、卡片Ⅲ）。指出交流时不应把重点放在别人如何对你，关键在于你自己如何反应。

6. 总结。

卡片Ⅰ　常见的三种交流方式

> 常见的三种交流方式：
>
> ◆被动型：与别人发生冲突时，会放弃自己的权利，隐藏自己的感受和想法。为了避免发生冲突，不让别人知道自己的真实感受和想法，委屈自己，迁就他人。
>
> ◆攻击型：发生冲突时，为了保护自己的权利而忽视他人的感受和权利。攻击型的人短期可能得到自己想要的，但长期下去会损害人际关系。攻击型的人因不顾他人的需求会激怒或者伤害他人。

◆自信型：当受到不公平对待时，明确表达自己的感受和意见，向对方表达自己希望对方作何改变，避免自己受到伤害。自信型的人不会去威胁、攻击或者贬低他人。这是最有效的一种交流方式，传递了当事人最真实的信息，使对方更清楚地了解自己的感受，更容易互相接受。

卡片Ⅱ 你的权利

你的权利：
◆有被平等对待和被尊敬的权利；
◆享有与他人平等的权利；
◆有表达自己观点、想法和感受的权利；
◆有犯错误的权利；
◆有选择不替他人承担责任的权利；
◆不依赖别人，有自己独立的人格；
◆自信型反应方式；
◆直接、真实表达自己的看法和感受；
◆争取自己的权利，同时尊重他人的权利；
◆对自己和自己的行为负责，不评论和责怪他人；
◆发生冲突时能找到折中解决问题的方法。

卡片Ⅲ 有效交流的四个步骤

有效交流的四个步骤：
◆描述当前的问题；
◆告诉对方你的内心感受；
◆告诉对方你希望他做什么改变；
◆告诉对方如果他做了改变，你会有什么感觉。

卡片Ⅳ 要求他人改变的技巧

要求他人改变的技巧：
◆客观描述对方的某种行为，不作任何判断；
◆仅描述你所看到的现象，而不是你的推论；
◆描述其行为的可接受程度，而不是把其归为好/坏；
◆着重于此时此刻的行为，而不是对其抽象化；
◆着重于双方共享信息和看法，而非建议；
◆商讨其他可能的解决方法，而非解答/解决问题；
◆提供对方有价值的信息；
◆选择适当的交流时机。

项目三　强制隔离戒毒效果评估体系和标准

【知识目标】

通过本项目内容的学习，了解和掌握对强制隔离戒毒人员进行效果评估的相关知识和要求。

【能力目标】

能掌握强制隔离戒毒效果评估体系的相关规定，运用诊断评估、行为矫治评估和综合性评估的标准和方法对强制隔离戒毒人员进行评估，处理强制隔离戒毒人员提前、按期或延长戒毒期限的问题。

【工作任务】

了解强制隔离戒毒效果评估体系的相关规定；掌握强制隔离戒毒效果评估的内容、标准、程序以及评估体系的运作、方法。

任务一　强制隔离戒毒效果评估体系概述

强制隔离戒毒效果评估是戒毒工作的重要组成部分，诊断评估结果是决定强制隔离戒毒人员在强制隔离戒毒所戒毒期限长短的一个重要依据，是检查管理强制隔离戒毒人员的合法、有效手段，因此，必须制定详细的评估项目、严密的评估程序，建立有效的监督保障体系，以确保诊断评估公平、公正，真实地反映强制隔离戒毒人员戒毒康复的情况。建立科学、实用和操作性强的戒毒效果评估体系与标准不仅可以丰富戒毒的理论体系，而且还能推动戒毒工作的开展。为此，我们应该在充分调查研究的基础上，运用多种科学知识，遵循科学、客观、标准和可操作性的原则，构建出符合实际情况的戒毒效果评估体系与标准。

一、开展强制隔离戒毒效果评估的作用

强制隔离戒毒效果评估是强制隔离戒毒工作的重要组成部分，充分发挥其导向、诊断、激励和控制功能，可以使民警明确戒毒矫治目标，及时发现戒毒矫治过程中的问题和不足，有针对性地制订和调整戒毒矫治计划和措施，更好地调动戒毒人员主动参与的积极性，不断提高戒毒矫治的科学水平。

强制隔离戒毒效果评估是对戒毒康复工作的运行状况和效果进行科学、全面的评价，同时也是戒毒康复工作者及时调整工作重心的重要依据。充分认识戒毒康复评估工作的作用是开展好戒毒康复工作的前提条件。开展强制隔离戒毒效果评估工作的作用主要有：

1. 动态掌握个体和群体情况

通过科学的评估，掌握个体和群体在戒毒康复期间的动态变化，提高教育矫治的针对性，进而提高戒毒康复的质量。

2. 达到康复工作合理化和科学化的要求

对现在实行的康复制度和手段进行及时反馈。戒毒康复工作最终要作用于个体，个体的变化是我们康复制度和手段的实施结果，在评估过程中，我们运用客观的指导思想和科学化的评估手段进行评估，得出的结论对戒毒康复工作的实践具有指导价值。

3. 管理层决策参考

戒毒康复的措施或制度是否可行，是否有坚持的必要，其价值究竟有多大，这些问题在作出戒毒康复评估后可得出正确结论，管理层将根据评估结论，决定戒毒康复的措施或制度是否需要改革发展，以及如何进行改革发展。

二、强制隔离戒毒效果评估概述

强制隔离戒毒效果评估，是指运用科学的方法和手段，通过对强制隔离戒毒人员进行过程与结果相结合、定量与定性相结合的综合分析评定，科学认识强制隔离戒毒人员，客观评价戒毒矫治效果，最终作出综合鉴定，为强制隔离戒毒人员能否提前或按期解除强制隔离戒毒提供法律依据。强制隔离戒毒效果评估体系包括个体评估和群体评估两种类型。

强制隔离戒毒效果评估体系具体包括戒毒人员诊断评估、强制隔离戒毒人员行为矫治评估及综合性诊断评估三个方面。

（一）戒毒人员诊断评估

《禁毒法》第四十七条规定："要对戒毒人员进行诊断评估，据此作出提前解除或延长戒毒期限的决定。"全国人大常委会法工委对"诊断评估"是这样释义的："这里所规定的'诊断评估'，要综合考虑多方面的因素，包括戒毒人员本人的状况、吸毒和戒毒的动机、人格状况、家庭环境条件、戒毒人员以前吸毒和戒毒的经历，以及戒毒人员在接受强制隔离戒毒期间的表现等。"由此我们可以这么认定，诊断评估分为广义和狭义两方面的概念。广义的诊断评估即强制隔离戒毒效果评估，狭义的诊断评估仅指生理康复评估和心理康复评估。本项目所谈的诊断评估专指狭义的概念（以下同）。诊断评估的内容架构应包括两个部分：一是强制隔离戒毒所教育矫治工作评估；二是在戒毒人员中开展诊断评估工作，应当遵循戒毒客观规律，采用科学考评方法，确保信息采集、统计分析、诊断评估、结果应用的客观准确。也就是说，诊断评估是对强制隔离戒毒人员戒毒康复实施状况和效果的科学、全面的评价，是决定戒毒期限的唯一依据，也是强制隔离戒毒工作的落脚点。

《禁毒法》自2008年6月1日正式开始实施，作为强制隔离戒毒的执行机关之一的强制隔离戒毒所担负着对强制隔离戒毒人员的治疗、管理、教育和对矫治效果的诊断评估工作。《禁毒法》规定了是否对强制隔离戒毒人员予以提前解除或延长强制隔离戒毒期限必须经由"诊断评估"这一手段来判断，但在该法的第四十七条第二款、第三款仅仅法定化了提前解除或延长强制隔离戒毒期限的手段是诊断评估，并未对诊断评估作出详细规定，这对强制隔离戒毒执行可能会带来一定的困难，因此，构建科学、规范的诊断评估体系尤显重要。要构建诊断评估体系，必须弄清楚一些重要的概念。

1. 诊断

诊断（diagnosis），从医学角度来说，是指对人们的精神和体质状态作出的判断。对正常人的健康状态、劳动能力和某一特定的生理过程的判断；司法部门判定血缘关系和伤害性质也属诊断。用来认识疾病的诊断最广泛，它是治疗、预后、预防的前提。诊断内容可以是实体性疾病或某种生理状态，也可以是综合征。有时是某种主要症状、体征或检查结果。诊断步骤大致分为三步：①收集资料。通过询问就诊者的主观感受、症状，采集病史资料。②评价资料。对收集的资料，首先要估计其真实性和准确性，然后一一辨别其反映的是正常还是异常。若属异常，再进一步评价其诊断价值。③分析推理判断。即在评价资料的基础上进行综合、分析、联想、推理，然后作出诊断。

将药物滥用视为一种疾病，戒治目标是解救病人的问题，药瘾治疗是提供药瘾者适当的治疗，针对病人的需求而定。药瘾是一种长期的疾病，方案要针对长期的疾病提供治疗，药瘾者在不同时期产生的问题要用不同的方法解决。对吸毒这种成瘾性障碍疾病，我们要对它进行治疗和矫正，首先要通过诊断来判断吸毒者在罹患这种疾病后有哪些具体的症状，是躯体上的还是精神上的，还是两者兼而有之，严重程度如何等。只有根据诊断的结果，才能进行治疗、预后和预防。

2. 评估

评估（appraisal），评价和估量。在这里，评估是指专业机构或专业人员，按照国家法律法规和评估准则，对药物依赖这一疾病和对吸毒这一违法行为，依照相关程序，运用科学方法，对治疗的结果和矫治结果进行分析、估算并发表专业意见的行为和过程。

从上述两个概念来看，在强制隔离戒毒过程以及构建诊断与评估体系过程中，诊断必须符合临床医学关于疾病诊断的概念和程序，而评估必须符合医学上关于疾病是否治愈、如何预后和预防的标准以及是否符合行政执法机关对于行政违法行为者违法行为矫治效果的评价标准。从诊断与评估的关系上看，诊断是基础，没有诊断就没有后续的治疗、预后和预防，评估也就无从谈起，诊断更强调定性和结果，它是相对静止和孤立意义上的概念；而评估是对诊断形成的结果进行一系列医学、心理学、行为学、社会学等综合手段的改变形成的过程和效果的评价，评估更强调过程，它是动态和变化意义上的概念。

诊断评估应坚持公平、公正、公开、科学、实用的原则，以戒毒人员的戒毒治疗表现为基础，以戒毒治疗效果为依据。

（二）强制隔离戒毒人员行为矫治评估

建立科学的强制隔离戒毒矫治效果评估体系，不仅是衡量和评估强制隔离戒毒效果的基本条件，也是强制隔离戒毒工作有效开展、创新发展的内在要求。如前所述，评估的概念有两层含义，一是对药物依赖这种脑疾病的治疗结果、预后是否复发以及如何预防的一种总体评价和估量；二是对吸毒这种违法行为矫治效果的评判和估量，具体地说，就是对强制隔离戒毒人员行为矫治的评判和估量。因此，作为主要承担强制隔离戒毒任务的机关，我们应该在充分调查研究的基础上，遵循科学、客观、标准、系统和可操作性的原则，综合运用多学科知识，构建符合强制隔离戒毒工作实际的矫治效果评估体系。

强制隔离戒毒人员行为矫治评估，是指强制隔离戒毒所根据戒毒人员在戒毒期间的行为表现制定矫治标准，进行考核，并根据考核结果对其行为矫治效果进行评估的一种方法。

行为矫治评估结果分为优秀、良好、合格和不合格四种。行为矫治评估结果是强制隔离戒毒所对戒毒人员进行综合性诊断评估，作出提前解除、按期解除强制隔离戒毒或延长戒毒期限的重要依据，应遵循依法、科学、公正、公开的原则。

（三）强制隔离戒毒人员综合性诊断评估

强制隔离戒毒人员综合性诊断评估，是指在诊断评估（生理、心理康复评估）、行为矫治评估的基础上，结合各专业评估组提供的评估情况，对照提前解除强制隔离戒毒的条件，作出提前、按期或延长强制隔离戒毒期限结论的评估方法。

综合性诊断评估结果分为“通过”和“未通过”两种。对通过综合性诊断评估的戒毒人员，应提前解除或按期解除强制隔离戒毒；对未通过综合性诊断评估的戒毒人员，应继续执行剩余戒毒期限或延长戒毒期限。

当戒毒人员生理康复评估为“合格”、心理康复评估为“合格”并且行为矫治评估为“优秀”、“良好”或“合格”时，综合性诊断评估方为“通过”；戒毒人员生理康复评估、心理康复评估和行为矫治评估如有一项为“不合格”，则综合性诊断评估为“未通过”。

任务二　强制隔离戒毒矫治效果评估的内容与标准

一、强制隔离戒毒诊断评估的内容与标准

强制隔离戒毒诊断评估是提高、检验强制隔离戒毒效果的一项重要工作，应当在戒毒人员中进行大抽样调查，选取一些和吸毒行为有关的主要因素作为测评的内容和指标，按照标准化的要求建立常用模式。一是对可能涉及的因素进行全面调查，寻找出和吸毒行为有关的所有主客观因素，对此进行归类分析，确定每个因素的权重；二是按照抽样的原则和方法选择部分戒毒人员进行系统的调查，并通过对新入所的戒毒人员与完成戒断任务的组别进行比照分析，找出戒毒效果的标准和级差；三是根据反复实验结果，对量表因子的构成、范围以及在系统中的比例进行修改和完善。通过对戒毒人员各评估指标的测评，找出戒毒人员与吸毒原因相关的分值，并据此进行分析和解释，进一步设定具体戒断的目标和制订个别化的矫治方案。

（一）强制隔离戒毒诊断评估的内容

强制隔离戒毒矫治工作是一项复杂的系统工程，包括管理、教育、生活卫生、习艺劳动等多方面的内容，体能康复、医疗体检、队列训练、法制教育、禁毒戒毒教育、心理教育、技能培训、规范养成、辅助教育、社会帮教、法律援助等都涵盖其中，对戒毒人员戒毒矫治效果的评估也离不开这些内容。根据诊断评估的有关理论和戒毒矫治工作运行的实际，戒毒人员改善评估的维度主要有生理、心理、行为表现、社会功能四大部分。因此，诊断评估的内容主要包括生理康复评估和心理康复评估两方面。

1. 生理康复评估的内容

此项评估应在脱毒完成之后进行一次，作为基础性评估。入所一年进行第二次、入所两年进行第三次评估。

生理康复评估主要关心药物使用史、个人史、依赖程度、慢性戒断症状、成瘾并

发症、原有躯体或精神疾病等，它们都是身体康复的评价要素。评价工具有 DSM-Ⅳ、成瘾严重程度指数（ASI）等。

具体项目包括：主要成瘾物质使用时间的长短和依赖程度；相关嗜好或习惯；慢性戒断症状，如焦虑、渴求、失眠、情绪低落、慢性咳嗽等；体检，如体重、血压、心率、胸透、肝功能等检查结果；成瘾并发症；躯体或精神疾病；尿检结果等。

强制隔离戒毒所进行生理康复评估，主要检查慢性戒毒综合征的康复情况、成瘾并发症、原有躯体或精神疾病以及体能状况。这些内容都是身体康复的评价要素。戒毒人员生理康复评估包括戒毒人员的体重、体能、稽延症状、生理功能、尿液毒品检测等生理脱毒和身体恢复状况的内容，以体重、体能、生理功能、稽延症状、尿液毒品检测结果及改善率为评价指标。

关于生理康复评估的具体项目，各省的规定不同，大致包括：① 慢性戒断症状，如焦虑、渴求、失眠、情绪低落、慢性咳嗽等；② 体检，如体重是否达标，血压是否正常，有无心率失常，胸透、肝功能等检查结果；③ 有无并发症；④ 有无躯体或精神疾病（包括性病、艾滋病）；⑤ 体能状况，如立定跳远、俯卧撑、短距离往返跑成绩是否达标；⑥ 尿检阴性或阳性等。

2. 心理康复评估的内容

心理评估是戒毒评估的难点。心理评估有三个要点：第一，专业操作。心理评估要由心理专业人员操作，或由具备心理学知识的临床医师进行操作。第二，使用量表。这是保证评估过程和结果的科学性和可靠性的技术保障。第三，要有对照。要建立基础评估作为对照。没有对照的评估结果不能作为判断矫治有效性的依据。比如有一位成瘾不深的精神病患者，入所时进行了基础评估，隔离戒毒一年以后，再次进行的评估和入所初期相比没有任何进步。对这样的患者，继续留下来隔离戒毒是毫无意义的。

强制隔离戒毒所在进行心理康复评估的操作时，应由心理学专业人员进行，并采用统一的量表，建立戒毒人员心理测试记录档案，以便通过检查、对照，判断矫治效果。评估的内容包括意志力、认知力及人格等方面。具体内容是戒毒人员成瘾程度、渴求、焦虑、抑郁、自尊、认知、生活质量、人际关系、适应能力及对吸毒诱因耐受强度等多维度心理状况的考核，以常规考核评估、心理量表测试结果及改善率为评价指标。

心理康复评估项目包括：心理渴求、情绪、情感、人格以及是否掌握了至少一种心理自调方法等。评价工具有：症状自评量表、情感平衡量表、卡特尔16项人格因素评定量表（16PF）、艾森克个性测量量表（EPQ）等。

（二）强制隔离戒毒诊断评估的标准

1. 生理康复评估的诊断标准

（1）停止使用控制或缓解戒断症状药物的。

（2）急性戒断症状完全消失或仅出现轻微戒断症状的。

（3）尿检（尿吗啡检测或其他类毒品检测）呈阴性，同时排除体内存有其他替代药物的。

（4）未出现明显稽延性戒断症状的。

（5）吸食新型毒品人员未出现精神幻想症状的。

戒毒人员生理康复评估结果分为“合格”和“不合格”两种。戒毒人员符合上述条件，并通过强制隔离戒毒所体能状况测评的，生理康复评估视为“合格”；戒毒人员不符合上述任何一项条件的，生理康复评估均为“不合格”。

2. 心理康复评估的诊断标准

（1）意志力测评。主要对戒毒人员进行拒毒能力测试和海洛因渴求调查。

（2）认知力测评。主要对戒毒人员进行毒品危害认知测评。

（3）人格特征测评。主要对戒毒人员进行艾森克个性测量量表或卡特尔16项人格因素评定量表测评。

戒毒人员未通过上述测评的，心理康复评估均为“不合格”。

二、强制隔离戒毒人员行为矫治评估的内容与标准

（一）行为矫治评估的内容

强制隔离戒毒人员行为矫治工作的对象是戒毒人员个体，主要是发现其行为的变化，并通过对其行为的测查，发现其心理状况的成长和社会功能的恢复。成瘾有复杂的行为表现，如说谎、欺骗、兴趣缺乏、懒散、自闭、生活规律紊乱、以自我为中心、违法犯罪等。这些现象过于庞杂，又难以评估，不适合作为评估项目。一方面，行为的观察对象，应该是戒毒矫治所期望和可观察的行为，同时应是在隔离条件下能够显现的行为。显然，违法犯罪行为在隔离和监管条件下很难再现。另一方面，对期望的行为加以评估，能起到强化作用，使评估本身变成一种矫治过程。戒毒人员行为矫治评估包括戒毒人员遵从戒治、接受教育、服从管理、遵规守纪、劳动康复、行为养成及受到奖惩等内容，以戒毒人员自评、他评、管教民警评定结果为评价指标。评估工具如应对方式问卷等。

适合评估的行为有：能否与他人有效沟通（是否孤立），自尊和尊重他人的行为；能否有效管理自己；能否控制冲动行为；在受到不良诱惑时会不会拒绝；应对应激情境的能力有无提高；是否渴望长期使用调节情绪的药物（如苯二氮革类、镇痛剂、烟草）；是否配合治疗；是否长期抱病；有无诈病、自伤自残行为；有无脱逃行为；是否讲究基本文明礼仪，在集体活动中能否步调一致等。

根据司法部有关规定，目前强制隔离戒毒所对戒毒人员行为矫治评估的内容主要包括遵守纪律、学习教育、生活卫生、习艺劳动四个方面。

戒毒人员行为矫治评估结果分为“优秀”、“良好”、“合格”、“不合格”四种。

（二）行为矫治评估的标准

为了保证评估的统一性和相对科学性，各省、市、自治区司法厅（戒毒管理局）按照有关法律法规和强制隔离戒毒所管理规章，制定了戒毒人员行为操守的量化评估标准，即行为矫治评估标准。具体规定大致如下：

1. 遵守纪律方面的矫治标准

（1）对吸毒行为的危害性有深刻认识。

（2）服从警察管理，能够通过正当途径反映意见、提请复核，不采取过激或消极对抗行为。

（3）遵守所规队纪，每日对照检查，自觉严格遵守。

2. 学习教育方面的矫治标准

（1）积极参加禁毒戒毒、道德法律、文化技术和其他学习教育活动，尊重授课教

师，学习态度端正，考试成绩合格。

（2）积极配合心理矫治测试和脱瘾训练活动。

（3）积极参加文体娱乐活动、学习竞赛活动及社会帮教活动，遵守活动纪律。

3. 生活卫生方面的矫治标准

（1）遵守戒毒人员日常生活规范，搞好环境、内务和个人卫生。

（2）遵守各项生活卫生及防病治病制度，积极参加强制隔离戒毒所组织的各类疾病防控宣传活动。

（3）遵守戒毒人员行为规范，语言文明，称呼规范，衣着整洁，礼貌待人，遵守秩序，爱护环境。

4. 习艺劳动方面的矫治标准

（1）劳动态度端正，服从分工，按时完成习艺任务。

（2）掌握劳动技能，爱护生产设备，节约生产材料，保持环境整洁卫生。

（3）遵守习艺劳动纪律，安全文明生产，不违章作业。

三、强制隔离戒毒人员综合性诊断评估的内容与标准

（一）综合性诊断评估的内容

综合性诊断评估，是指根据司法部劳动教养管理局（戒毒局）关于《强制隔离戒毒人员管理办法（试行）》的通知精神，对强制隔离戒毒人员被执行强制隔离戒毒措施一年后或两年期满前对其戒毒治疗和康复情况所进行的评估。此项评估的内容包括生理康复评估、心理康复评估、行为矫治评估三个主要项和一个附加项。对戒毒人员附加项评估的内容包括：家庭对被评估者的支持状况；社会支持的有无；能否管理好自己的经济收入；是否掌握了 项以上的职业技能以及对家庭承担义务的情况等。评估工具有社会支持评定量表。

（二）综合性诊断评估的标准

根据综合性诊断评估的内容规定，其评价标准同样包括三个主要项和一个附加项，三个主要项的标准前面已经介绍，此处仅介绍附加项的标准：

（1）职业技能掌握状况良好。

（2）签订了帮教协议。

（3）家庭对戒毒人员的态度积极。

戒毒回归人员社会生活质量指数由就业状况、家庭关系、婚姻生活、社会适应、违法犯罪等情况的考核结果综合构成。因此，附加项的内容就涉及戒毒人员的社会功能状况，在考评时应该考虑戒毒人员人际交流、家庭关系、就业技能、适应能力等内容，以戒毒人员自评、管教民警评定及测试工具测量结果为评价指标；同时还要考虑戒毒回归人员的就业情况、家庭关系、夫妻生活、社会适应状况、有无违法犯罪及操守情况等内容，此处应该以戒毒回归人员社会生活质量指数、操守值为评价指标。戒毒回归人员操守值是对戒毒人员出所后半年、一年、两年、三年操守状况的监测认定，重点是半年、一年、三年操守。以一年操守为近期评价指标，三年操守为远期评价指标。

综合性诊断评估结果分为“通过”和“未通过”两种。对通过综合性诊断评估的

戒毒人员，应提前解除或按期解除强制隔离戒毒；对未通过综合性诊断评估的戒毒人员，应继续执行剩余戒毒期限或延长戒毒期限。

任务三　强制隔离戒毒效果评估的原则、组织和程序

强制隔离戒毒效果评估是戒毒工作的重要组成部分，建立科学、实用和操作性强的戒毒效果评估体系与标准不仅可以丰富戒毒的理论体系，而且还能推动戒毒工作的开展。为此，我们应该在充分调查研究的基础上，运用多种科学知识，遵循科学、客观、标准和可操作性的原则，构建出符合我们实际情况的戒毒效果评估体系与标准。

一、强制隔离戒毒效果评估的原则

强制隔离戒毒效果评估应遵循以下原则：

1. 系统性原则

评估工作本身就是一项系统工程。评估内容涉及面广，彼此之间又密切联系。因此，评估者要全面搜集资料，理清其中的逻辑关系，做到各个模块之间相互参照，当前状况与历史纪录之间相互参照，使评估结论建立在相互印证的体系之上。

2. 客观性原则

戒毒康复效果评估是对戒毒康复工作的客观评价。评估者必须遵循价值中立的原则，判断必须要以客观事实为依据，避免个人偏见和片面、主观对评估结果的效度产生影响，这一原则同时也是评估体系长期实施的重要保证。

3. 科学性原则

评估的科学性，包括评估体系的科学性、评估手段的科学性、评估过程的科学性和评估结果评定的科学性。评估体系的科学性是指要建立一套科学的评估体系；评估手段的科学性是指评估所用的量表、方法等具有可操作性和有效性；评估过程的科学性是指评估者必须具备一定的业务素质，凭借专业知识，在实践中按照科学的方法收集、处理资料；评估结果评定的科学性是指评估者在最后结果的评定和运用上要科学。

4. 标准化原则

戒毒康复效果评估要运用标准化的评估体系，保证对每一个体和群体的评定都具有一致性。评估标准统一，比如测量量表的唯一性和其他方面考核评定标准的一致性，这有利于我们进行纵向和横向的比较，保证评估结果的效度。

5. 人本原则

评估的目的不是把某人归到某一类了事，而是判明个体情况，评价现有制度或措施，最大限度地为个体服务，帮助其走向成功。在评估中，个体不应只是评估的对象，而应是评估的最终受益者。实际上，好的评估本身就是一个矫治过程。

6. 现实性原则

评估标准的制定应建立在对戒毒效果客观定义的基础上。世界卫生组织将成瘾定义为慢性复发性脑病。这一定义应为评估工作所遵循。在判断矫治效果的标准问题上，不能脱离现实，不能把是否根治作为评价目标。评价的目标应设定为：① 躯体脱毒和身体康复；② 心理康复和社会功能恢复；③ 社会危害显著降低。

7. 知情原则

应向评估对象介绍评估的目的，特别是对其本人的意义，使其产生接受评估的动机，至少是不反感或不抵触。评估者应以诚恳、平等、尊重评估对象人格和权利的态度，取得评估对象的理解、信任和配合。在未建立良好关系之前，不能进行访谈或评估，因为评估对象可能出于顾虑或反感而掩饰真实想法，从而使评估失去意义。

二、强制隔离戒毒效果评估的组织和程序

（一）诊断评估的组织机构

根据《禁毒法》，诊断评估由强制隔离戒毒场所组织进行。据此，首先是建立诊断评估组织。省、市、自治区戒毒管理设立省强制隔离戒毒人员诊断评估指导委员会，下设办公室，负责审核各强制隔离戒毒所作出的提前解除强制隔离戒毒和延长戒毒期限的建议；各强制隔离戒毒所应建立由分管领导任主任，所管理、教育、卫生、生产等部门相关人员为成员的强制隔离戒毒人员诊断评估委员会，负责本所的诊断评估工作。强制隔离戒毒人员诊断评估委员会必须有执业医师参加，对戒毒人员的生理和心理康复状况进行科学评估。根据需要，强制隔离戒毒所可以通过卫生部门外聘专业医生参加诊断评估委员会，共同指导戒毒医师、心理咨询师和管理人员进行日常评估。在日常评估基础上，进行阶段性评估，得出评估鉴定结论。

诊断评估委员会下设生理康复、心理康复、行为矫治等三个评估小组。生理康复评估由强制隔离戒毒所的生理康复评估小组负责，日常工作由所卫生部门负责组织实施；心理康复评估由强制隔离戒毒所的心理康复评估小组负责，日常工作由所教育部门负责组织实施。

（二）诊断评估的程序

诊断评估由各评估小组提出意见，填写诊断评估呈批表，由强制隔离戒毒人员诊断评估委员会汇总审核，并提出提前解除、按期解除强制隔离戒毒或延长强制隔离戒毒期限的建议。

根据当前有关部门的决定，执行强制隔离戒毒一年后，经诊断评估，对于戒毒情况良好的强制隔离戒毒人员，强制隔离戒毒所可以提出提前解除强制隔离戒毒的建议；强制隔离戒毒两年期满前，经诊断评估，对于需要延长戒毒期限的，由强制隔离戒毒所提出延长戒毒期限的建议。对于提出提前解除强制隔离戒毒和延长强制隔离戒毒期限建议的，强制隔离戒毒所须上报省强制隔离戒毒人员诊断评估指导委员会审核后，再送强制隔离戒毒的原决定机关批准或者受委托的强制隔离戒毒所省级主管机关批准。延长强制隔离戒毒的期限最长不超过一年。

对于按期解除强制隔离戒毒的，由强制隔离戒毒所作出决定。

强制隔离戒毒所对经诊断评估准予提前或按期解除强制隔离戒毒的人员，应当提前或按期解除强制隔离戒毒。

强制隔离戒毒期限按规定计算：① 强制隔离戒毒期限从《强制隔离戒毒决定书》规定之日起计算；② 延长的强制隔离戒毒期限，与原决定的强制隔离戒毒期限合并执行；③ 强制隔离戒毒人员探视（含路途）、所外就医的时间，计算为已经执行的强制隔离戒毒期；④ 强制隔离戒毒人员擅自离所或探视逾期不归的时间，不计算为已经执

行的强制隔离戒毒期。

诊断评估结果应向戒毒人员公示，并由其本人签名。本人拒绝签名的，现场管理人员应注明情况，不影响诊断评估结果的执行。

戒毒人员对提前解除、按期解除强制隔离戒毒或延长强制隔离戒毒期限有异议的，可依法申请复议或者提起行政诉讼。

（三）行为矫治评估的组织机构

行为矫治评估由强制隔离戒毒所的行为矫治评估小组负责，日常工作由强制戒毒场所政管理部门负责组织实施。强制隔离戒毒所应在每个大队成立戒毒人员行为矫治评估小组，对戒毒人员的行为矫治表现进行考核评估。行为矫治评估小组由分管管理的领导担任小组组长。戒毒人员的行为矫治表现由现场管理警察负责考核和记载。

（四）行为矫治评估的程序

考核记载、奖罚分的审批权限可按照司法部规定的考核办法进行，一次性奖罚分在一定分值内的，可以分别由现场管理警察直接作出或由现场管理警察提出奖罚建议，报大队审批或经大队审核后报强制隔离戒毒场所政管理科审批。

对戒毒人员的奖惩审批权限有如下规定：

（1）表扬、嘉奖奖励，由大队（分所）考核评估小组提出意见，报所政管理科批准。

（2）记功奖励，由大队（分所）考核评估小组提出意见，经所政管理科审核，报分管管理工作副所长批准。

（3）警告、严重警告处罚，由大队（分所）考核评估小组提出意见，经所政管理科审批。

（4）记过处罚，由大队（分所）考核评估小组提出意见，经所政管理科审核，报分管管理工作副所长批准。

（五）综合性诊断评估的组织机构

综合性诊断评估由强制隔离戒毒所诊断评估委员会负责。

（六）综合性诊断评估的程序

具体做法是：先由生理康复评估小组、心理康复评估小组和行为矫治评估小组分别作出评估并提出意见，填写评估呈批表，报所诊断评估委员会汇总审核。

执行强制隔离戒毒一年后，经诊断评估，对于戒毒情况良好的强制隔离戒毒人员，强制隔离戒毒所可以提出提前解除强制隔离戒毒的建议，报原强制隔离戒毒决定机关或者受委托的强制隔离戒毒所省级主管机关批准。

强制隔离戒毒两年期满前，经诊断评估，对于需要延长戒毒期限的，由强制隔离戒毒所提出延长戒毒期限的建议，报原强制隔离戒毒决定机关或者受委托的强制隔离戒毒所省级主管机关批准延长强制隔离戒毒期限，最长不超过一年。

任务四　强制隔离戒毒效果评估体系的运作、方法

帮助吸毒人员戒除毒瘾，教育和挽救吸毒人员，是我国戒毒工作的基本方针。吸

毒不仅是一种违法行为，更是一种疾病。住院治疗的病人痊愈出院，要经过主治医生鉴定认可。同样，强制隔离戒毒人员有没有达到戒除毒瘾，恢复生理、心理和社会功能的目标，也必须经过强制隔离戒毒场所的诊断评估，原决定机关依此决定强制隔离戒毒人员能否提前或按期解除强制隔离戒毒。所以，诊断评估结果具有相应的法律效力，其过程、方法的科学性，结果的客观性和公正性关乎强制隔离戒毒人员的合法权益。

强制隔离戒毒所应当建立诊断评估和行为矫治评估的中队、大队、所级和省级管理机关的四级组织体系，前三个层次配备医生、心理咨询师（有条件的配备心理医生）、管理和教育民警组成的诊断评估小组，中队的诊断评估小组从强制隔离戒毒人员一入所即进行诊断与评估，形成的诊断与评估结果是否可以作为依据使用须经由大队诊断与评估小组复核。大队进行诊断后，即报所级诊断与评估小组，而强制隔离戒毒所所级的诊断与评估小组负责审核批准中队、大队诊断与评估小组所作的诊断和评估报告。所级批准的诊断报告可以作为医生对有戒断症的强制隔离戒毒人员进行治疗的依据，也可以作为心理咨询师（或心理医生）、管理和教育民警对有依赖症的强制隔离戒毒人员进行心理、行为矫正以及恢复强制隔离戒毒人员社会功能的依据。而作为作出强制隔离戒毒决定的公安机关，要成立一个评估听证机构，由强制隔离戒毒所依据各级的评估结果上报至评估听证机构，由听证机构组成合议庭，对评估结果进行审查并最终作出是否对强制隔离戒毒人员予以提前解除或延长强制隔离戒毒期限的决定、是否需要进行社区康复的决定并交由强制隔离戒毒所、社区康复机构执行。

一、诊断评估的运作

如前所述，诊断评估包括生理康复评估和心理康复评估两个方面，要做到诊断评估的规范性，诊断评估的运作也要规范。根据戒毒工作实际，在强制隔离戒毒所中，对每位戒毒人员应该进行四次诊断评估。一是入所时的基础评估；二是脱毒完成时的评估；三是戒毒满一年时的中期评估或终结评估；四是戒毒满两年时的终结评估。

（1）入所时的基础评估，是针对新入所戒毒人员成瘾程度、生理状况、心理异常维度进行的诊断评估。以生理功能状况检测、心理测试结果为考核评价指标。此过程的评估为该戒毒人员在强制隔离戒毒所的全过程打下基础，也为今后的评估提供比照的数据。

（2）脱毒完成时的评估，是指经过急性脱毒期的治疗后，对戒毒人员的物理戒断状况及心理状况进行评估，以便更有针对性地制订教育矫治方案。

（3）戒毒满一年时的中期评估或终结评估，是指戒毒人员入所一年后，从生理、心理方面对照入所时的数据进行多维度的评估，测查其生理康复、心理康复两个主要项的指标，检测教育、矫治的结果，为综合性诊断评估提供数据。

（4）戒毒满两年时的终结评估，此阶段评估是指没有获得提前解除强制隔离戒毒的戒毒人员，即在中期评估中未通过的戒毒人员，他们在即将执行完强制隔离戒毒前进行的所内最后阶段的评估。只有通过了本次评估，才能按期解除强制隔离戒毒。

经过戒毒治疗、教育和挽救，吸毒人员以正常的身心状态回归社会，成为一名合格的社会成员，是戒毒的根本目的，也是戒毒成功的最终标志。所以，诊断评估要围绕这一目标来进行。

联合国世界卫生组织（WHO）给健康下了科学定义：“健康不仅是没有身体的残缺和疾病，还要有完整的生理、心理状态和良好的社会适应能力。”以此定义为基础，在中期评估和终结评估中，主要从生理维度和心理维度两方面进行诊断：

（1）生理维度。一是进行医学检查，主要包括：体格检查，如体温、脉搏、血压、呼吸、营养状况等，有无明显的躯体疾病和并发症；辅助检查，如血常规、肝肾功能等常规检验，性病检测、心电图和 X 光等特殊检查。二是进行体能测试，可分男女设置：俯卧撑或仰卧起坐、800 米跑或 400 米跑、50 米往返跑等项目（还可根据戒毒人员年龄、体质状况自选考核项目）。三是生理脱毒检查（尿检，否定项）。

（2）心理维度。一是心理过程。认知方面包括对毒品危害和吸毒与戒毒的认识（对毒品和吸毒行为的危害性有无深刻的认识；对吸毒能否正确归因及戒毒的信心）、道德认知（是非善恶观、荣辱观等）、法律认知（法律知识、守法意识、权利义务观等）、劳动择业观、认知方式；情绪情感包括情绪稳定性、SCL-90 测试结果、道德情感（对社会、家庭及自我的责任感）；意志行为包括自控力（模拟设置高危情境检测其自控力）、意志力和应对方式问卷测试、检举揭发吸毒及犯毒违法线索、遵规守纪和生活卫生情况、文明礼貌行为规范、治疗参与度（平时治疗记录及心得体会）等。二是人格。因吸毒导致的人格变化有没有得到改善，以 EPQ、16PF、MMPI-2 测试结果进行前后比较，作出评判。

二、行为矫治评估的运作

行为矫治评估与诊断评估的运作同步，同样也应进行四次：一是入所时的基础评估；二是脱毒完成时的评估；三是戒毒满一年时的中期评估或终结评估；四是戒毒满两年时的终结评估。

（1）入所时的基础评估，应围绕戒毒人员的行为特征进行，如对戒毒的主动性、自觉性，与同伴相处的状况等。

（2）脱毒完成时的评估，主要是检测戒毒人员在体能恢复后参加学习、习艺劳动、文体等各种活动的积极性及遵守所规所纪的自觉性等。

（3）戒毒满一年时的中期评估或终结评估，主要根据行为矫治评估的遵守纪律、学习教育、生活卫生、习艺劳动四个方面的矫治标准分别进行，关键是检查戒毒人员行为表现的改善状况。如检查戒毒人员是否遵规守纪，有无违规违纪行为；是否积极、认真参加学习和劳动；衣着是否整洁，基本文明礼仪情况如何；在集体活动中是否能够保持步调一致；是否有检举、揭发毒品违法犯罪人员或提供破案线索的行为或举动；在所生活中是否能够做到令行禁止。

行为评估要与强制隔离戒毒所的管理办法结合起来，采取计分方式进行，实行“日记载、周讲评、月小结、季评定”的考核方法，考核分由奖分和罚分两部分组成，按照一定分值给予相应的奖励或处罚。

三、综合性诊断评估的运作

综合性诊断评估是在诊断评估和行为矫治评估的基础上，加上一个附加项进行的评估，它直接决定着戒毒人员强制隔离戒毒期限的变更，因此，必须严格按照规定的程序进行。前面我们已经介绍了综合性评估的标准，在进行附加项评估时，要从以下方面检测戒毒人员社会功能状况改善的情况：本人的基本状况；家庭对被评估者是否积极督促、支持和扶助；社会支持系统建立、改善和利用情况如何；人际交往能力、交流沟通技巧有否提高；时间管理能力及闲暇生活情况；问题解决的能力是否得到发展；自制力、约束力等是否得到提高；是否掌握一项或一项以上的职业技能；安置帮教就业条件等。

对符合综合性诊断评估条件的戒毒人员进行诊断评估，应由其所在大（中）队向各评估小组提出申请，由各评估小组填写诊断评估呈批表。

根据戒毒工作实际，一般情况下应进行三次评估：① 脱毒完成后的基础评估；② 戒毒满一年时的评估；③ 戒毒满两年时的评估。评估次数不宜过多，如果间隔时间过短，评估结果的差异就不明显。

对于强制隔离戒毒人员作出提前解除、延长戒毒期限决定后，应按统一的规范样式制作《提前解除强制隔离戒毒决定书》、《延长强制隔离戒毒期限决定书》并发给本人，并通知戒毒人员家属、户籍所在地公安派出所。

如广东省强制隔离戒毒人员诊断评估办法规定，戒毒人员执行强制隔离戒毒满一年后通过了综合性诊断评估，如生理康复评估、心理康复评估均为“合格”，行为矫治评估为“优秀”，且具备附加项条件的，可提前解除剩余戒毒期限；如不具备附加项条件的，可减少戒毒期限 7 ~ 10 个月。如生理康复评估、心理康复评估为“合格”，行为矫治评估为“良好”，且具备附加项条件的，可提前解除 6 个月戒毒期限；如不具备附加项条件的，可减少戒毒期限 4 ~ 5 个月。如生理康复评估、心理康复评估和行为矫治评估为“合格”，且具备附加项条件的，可提前解除 3 个月戒毒期限；如不具备附加项条件的，可减少戒毒期限 1 ~ 2 个月。未通过综合性诊断评估的，须继续执行剩余戒毒期限。

戒毒人员执行强制隔离戒毒两年期满前通过了综合性诊断评估，可按期解除强制隔离戒毒；未通过综合性诊断评估的，可延长强制隔离戒毒期限 2 ~ 3 个月。强制隔离戒毒所应在每次延长期满前一个月内完成执行诊断评估，决定是否按期解除强制隔离戒毒或是否需要延长戒毒期限，但延长戒毒期限累计不得超过一年。

对有下列情形之一的戒毒人员，不得提前解除强制隔离戒毒：① 拒不交代真实身份、姓名、住址的；② 一年期满时毒品尿检仍是阳性的；③ 吸食阿片类毒品经多次强制隔离戒毒的；④ 在强制隔离戒毒期间有脱逃或者其他违法行为的；⑤ 出所后不具备社区、家庭或监护人帮教监护环境的；⑥ 其他不适宜提前解除强制隔离戒毒的。

四、强制隔离戒毒效果评估的方法

强制隔离戒毒效果评估是戒毒工作的重要组成部分，要对处在与社会隔离环境中的人进行社会功能评估是有困难的，我们应该在充分调查研究的基础上，运用多种科学知识，遵循科学、客观、标准和可操作性的原则，采用符合强制隔离戒毒场所实际、贴近戒毒实践工作的有效方法。

评估的方法主要有：

1. 医学检查

对相关生理指标、成瘾并发症及原有躯体或精神疾病进行检查，对躯体症状进行评估，建立档案。

2. 会谈法

会谈可以了解个体的心理与行为，对个体的认知、情绪、态度施加影响。会谈法的优点是：可以当面澄清问题；通过观察个体的非言语行为，获得附加信息。会谈的技巧有倾听、面质、询问、澄清、鼓励等。会谈主要了解个体的吸毒史、家庭状况和社会关系；对自己行为的违法性、危害性的认识；对被决定强制隔离戒毒的态度等。

3. 观察法

所谓观察法，就是对戒毒康复人员的戒毒康复效果进行密切观察，并将观察到的情况及时予以记录、分析和总结的方法。这是考核戒毒康复人员戒毒康复效果的一种常用方法，也是最直接、最经济、最简单的一种方法。运用观察法应注意以下三点：一是记录要及时、客观，做到直接、真实，防止靠记忆记录或主观因素所产生的偏差。二是必须多角度、多侧面进行观察，这样才能做到观察真实可靠，结论正确可信。三是要建立康复体系档案，为了使观察到的资料得以保存，为了使观察进一步科学化、规范化、制度化，建立戒毒康复体系档案非常必要，这可以使我们的观察结果保持延续性和系统性，有助于我们对个体和群体的研究。

有计划、有系统地观察个体的行为表现，以了解其心理和行为特征。眼睛有助于估计隐蔽的感情，方便传送言语难以描述的信息。弗洛伊德说过："用眼睛看、耳朵听，相信无人再能保守他的秘密。"

观察的记录方式通常有三种。① 项目检核表。将要观察的项目列于表上，如"仪容整齐"、"自我中心"、"不诚实"、"对隔离戒毒有抵触情绪"等。当个体具有某些特质或行为特征时，就在对应的项目前作标记，如打"√"。② 评定量表。将欲观察的行为列于表上，与个体行为相对照，根据符合的程度进行等级评定。通常分为三等、五等或七等。③ 轶事记录。将观察到的重要事实，以叙述性文字作简明记录，包括观察事实及其发生的情境、观察者的解释等。

4. 自述法

所谓自述法，就是让戒毒人员通过个体书面形式的自我描述来了解其生活经历及内心世界。日记、自传、内心独白都是自述法的具体形式。对自述形式的资料进行解释时，可考虑：① 自述反映出的是一种什么样的情绪基调，是快乐、兴奋、悲伤、忧虑、烦躁或是恐惧？② 书写动机、主观上认为自己需要帮助的程度、自我审察能力。③ 作者在自传中是否遗漏了重要经历与人物？在按时间顺序记载个人经历时有无明显的时间中断？有无逃避敏感问题的意向？有无矛盾之处？

5. 心理测验

测量的定义就是依据一定的法则用数字对事物加以确定。依据一定的心理学理论，按照一定的操作程序，为成瘾者的智力、潜能、气质、性格、态度、举止等心理素质确定一个量化的值，以便进行有效测度。而对康复人员的测量主要是通过量表来进行。所以在测量中要恰当选用量表，测量程序要标准化，选用的常模一定要合适。心理测验通常使用量表进行。如卡特尔 16 项个性因素测试（16PF）、90 项症状清单（SCL-90）、焦虑自评量表、社会适应能力量表、社会支持问卷、防御方式问卷等。

6. 调查法

调查戒毒人员的吸毒史及其戒毒期间的各种情况和表现，向管理人员、小组成员和被评估者了解情况。

7. 谈话法

谈话法又称访问法，指通过与戒毒康复人员进行直接交谈来了解和考察其接受系统化的康复训练效果的方法。戒毒评估人员应当具有一定的心理学知识，掌握戒毒康复人员的心理客观规律。与康复人员进行谈话时，要特别注意谈话的时间、环境，加强谈话的艺术性。同时，戒毒评估人员在采用谈话法时，要充分运用自己的知识分辨康复人员语言中的真伪，对康复人员的语言进行筛选，提取有价值的资料，进行正确分析、研究，让结论更加真实可靠。

8. 建档、查档法

对强制隔离戒毒人员每个阶段的身体检查、行为考核建立档案，做好比对记录；评估过程查阅体检结果，并发症、躯体或精神疾病记录，尿检记录；考试考核成绩，奖惩情况；职业技能培训情况等。

诊断评估是一项评估人的工作，关系到戒毒人员强制隔离戒毒期限的长与短，关乎强制隔离戒毒人员的切身利益，也关系到法制的公平和正义，因此，戒毒诊断评估不是一种单项评估，而是一种综合性评价，一项系统工程。之所以如此，一是由于成瘾问题的复杂性，二是由于戒毒工作的复杂性。因此，要全面搜集资料，将多种评估方法联合使用，以严谨的态度分析评价所得资料，力求达到评估结果的客观公允。

实训　制作解除强制隔离戒毒审批表

【引例】

王某，男，2009 年 5 月 4 日由×市公安局决定强制隔离戒毒，于同年 5 月 10 日送至×强制隔离戒毒所收治戒毒。一年来，该戒毒人员接受了戒毒治疗和教育矫治，2010 年 6 月 15 日，经所在大队诊断评估小组进行评估，认为该戒毒人员的生理康复评估、心理康复评估、行为矫治评估及综合性诊断评估均达到《广东省强制隔离戒毒人员诊断评估办法》的要求，报所诊断评估委员会审核通过，同意其提前解除强制隔离戒毒。

问题：

1. 请根据上述案例作出《提前解除强制隔离戒毒审批表》。

2. 根据上述案例编写一份《按期解除强制隔离戒毒审批表》。

【训练方法】

1. 小组根据《广东省强制隔离戒毒人员诊断评估办法》讨论提前解除与按期解除强制隔离戒毒的不同规定。

2. 个人自行作出提前或按期解除审批表。

【实训步骤】

1. 小组讨论。

2. 上网查找相关规定。

3. 制作表格。

项目四　解除强制隔离戒毒

【知识目标】

通过本项目内容的学习，了解和掌握强制隔离戒毒所内回归社会准备期戒毒人员的心理特点以及预防复吸的相关知识和要求。

【能力目标】

能运用心理分析的方法实现对回归社会准备期戒毒人员的教育矫治，并掌握预防复吸的相关训练方法。

【工作任务】

回归社会准备期戒毒人员心理特点分析；认识、了解复吸；建立戒毒信心。

任务一　解除强制隔离戒毒条件

一、解除强制隔离戒毒的含义

解除强制隔离戒毒，是指公安机关决定的强制隔离戒毒期限届满，或者在原决定的基础上经延长后的强制隔离戒毒期限执行完毕，符合提前解除强制隔离戒毒条件的，由强制隔离戒毒所对强制隔离戒毒人员依法解除强制隔离戒毒这一强制性戒毒措施，准予其回归社会的一项活动。

强制隔离戒毒所应在戒毒人员执行强制隔离戒毒措施一年后和两年期满前对其戒毒情况进行诊断评估。强制隔离戒毒的决定机关根据诊断评估结果，可以分别作出按期解除强制隔离戒毒或者延长强制隔离戒毒期限及提前解除强制隔离戒毒的决定。

对强制隔离戒毒人员戒毒效果的诊断评估由强制隔离戒毒所组织，可以邀请公安、司法行政、医疗卫生等部门代表或戒毒医师、戒毒心理咨询师、禁毒社会工作者等专家参与戒毒诊断评估工作。参与诊断评估的人数应为3~7人。

根据《禁毒法》第四十八条规定，对于被解除强制隔离戒毒的人员，强制隔离戒毒决定机关可以责令其接受不超过三年的社区康复。

二、解除强制隔离戒毒的情形

1. 按期解除强制隔离戒毒

公安机关决定的强制隔离戒毒的期限届满后，如果没有延长或者提前解除强制戒毒的情形，则在强制隔离戒毒期限届满后，强制隔离戒毒所应依法解除强制隔离戒毒措施。

2. 经延长强制隔离戒毒的期限届满

强制隔离戒毒期满前，经诊断评估，对于需要延长戒毒期限的戒毒人员，由强制隔离戒毒场所提出延长戒毒期限的意见，报强制隔离戒毒的决定机关批准。强制隔离戒毒的期限最长可以延长一年。延长强制隔离戒毒期满后，强制隔离戒毒所应依法解除强制隔离戒毒措施。

3. 提前解除强制隔离戒毒

提前解除强制隔离戒毒是指在原决定机关所作出的戒毒期限基础上，执行强制隔离戒毒一年后，经诊断评估，对于戒毒情况良好的戒毒人员，由强制隔离戒毒所提出提前解除强制隔离戒毒的意见，报原决定机关批准后，在戒毒期限期满之前，提前解除强制隔离戒毒措施的活动。

《禁毒法》第四十七条规定，执行强制隔离戒毒一年后，经诊断评估，对于戒毒情况良好的戒毒人员，强制隔离戒毒所可以提出提前解除强制隔离戒毒的意见，报强制隔离戒毒的决定机关批准。

三、强制隔离戒毒期限的计算

根据《禁毒法》规定，强制隔离戒毒的期限为两年。强制隔离戒毒的期限按照以下办法计算：

（1）强制隔离戒毒期限从《强制隔离戒毒决定书》规定之日起计算；

（2）诊断评估延长的戒毒期限，与原决定戒毒期限合并执行，诊断评估减少的戒毒期限从原决定期限中扣除；

（3）强制隔离戒毒人员所外就医时间，外出探视（含路途）时间，计算为已经执行的强制隔离戒毒期限；

（4）强制隔离戒毒人员擅自离所或者所外就医、外出探视逾期不归，到自行返回、被亲友送回或被公安机关、强制隔离戒毒所追回的时间，不计算为已经执行的强制隔离戒毒期限，顺延戒毒期限。

任务二　解除强制隔离戒毒工作流程

一、解除强制隔离戒毒的批准

1. 原强制隔离戒毒期限届满

强制隔离戒毒措施执行期限届满，应当解除强制隔离戒毒的，由强制隔离戒毒所报强制隔离戒毒的决定机关批准，发给《解除强制隔离戒毒证明书》并通知强制隔离戒毒人员及其家属、所在单位和户籍所在地公安派出所。对于被解除强制隔离戒毒的人员，强制隔离戒毒所可以根据诊断评估结果，根据需要，建议原强制隔离戒毒的决定机关责令其接受社区康复。

2. 提前解除强制隔离戒毒

提前解除强制隔离戒毒的，由强制隔离戒毒所填报《提前解除强制隔离戒毒呈报表》，报原强制隔离戒毒决定机关或者受委托的强制隔离戒毒所省级主管机关审批。强制隔离戒毒所在接到原强制隔离戒毒决定机关或者受委托的强制隔离所省级主管机关批准文件后，应当及时向戒毒人员宣布，并按前述程序及时解除强制隔离戒毒措施。

3. 继续给予社区康复

建议继续给予社区康复的，由强制隔离戒毒所填报《对解除强制隔离戒毒人员继续给予社区康复呈报表》，报原强制隔离戒毒决定机关或者受委托的强制隔离戒毒所省级主管机关审批。继续给予社区康复的期限为三年以下。经批准社区康复的，与戒毒人员所在街道办事处或乡镇人民政府做好衔接工作。

4. 自愿留所自愿戒毒

对于需要继续接受康复治疗的，在强制隔离戒毒人员自愿提出申请的情况下，强制隔离戒毒所可以推荐已经解除强制隔离戒毒的人员到戒毒康复场所，继续接受康复治疗，并与戒毒康复场所签订《自愿戒毒康复协议书》。

二、解除强制隔离戒毒的程序

对执行期限届满的强制隔离戒毒人员，强制隔离戒毒所应按照以下程序手续办理：

（1）强制隔离戒毒所所政管理部门应当填发《解除强制隔离戒毒证明书》，由大（中）队宣布并发给本人。

（2）强制隔离戒毒所应当提前通知原强制隔离戒毒决定机关、强制隔离戒毒人员亲属及所在单位、就读学校和居住地、户籍所在地公安机关。

（3）强制隔离戒毒人员所在的大（中）队应为其办理出所手续，应当及时发还代管财物，结清账目，送其离所。

第三部分

后续照管工作流程

单元六
强制隔离戒毒人员回归社会后的管理与教育

戒毒人员被解除强制隔离戒毒措施后将回归社会，但这并不意味着彻底戒毒成功。事实证明，回归社会后保持操守是一项“路漫漫其修远兮”的工程，降低“复吸率”是个社会难题，社会各方面应共同努力，做好戒毒人员回归社会后的管理与教育工作。

戒毒人员回归社会后的管理和教育工作包括社区康复、社会帮教，同时要做好预防复吸工作。

项目一　社区康复工作

【知识目标】

了解社区康复的概念、工作机构等相关基础知识，熟悉社区康复工作流程、管理及措施。

【能力目标】

熟悉社区康复工作流程，掌握社区康复措施及实施方法。

【工作任务】

社区康复工作基础知识；社区康复工作流程；社区康复的管理与康复措施。

任务一　社区康复工作基础知识

一、社区康复的概念、意义和特征

（一）社区康复的概念

《禁毒法》第四十八条规定，对于被解除强制隔离戒毒的人员，强制隔离戒毒决定机关可以责令其接受不超过三年的社区康复。这是我国首次以法律的形式规定社区康复这种全新的戒毒措施。

所谓社区康复，是对于被解除强制隔离戒毒或者其他被采取强制性措施（如受刑罚处罚刑满释放）的戒毒人员，为了巩固戒毒的效果，以城市街道、乡镇的小型社区为单位，通过公安机关责令的方式或者通过与其签订康复协议的方式，由社区帮助其彻底戒除毒瘾、重返社会的模式。社区康复是对被采取强制性戒毒措施或者其他戒毒措施（如自愿戒毒、社区戒毒）的人员的后续照管的一种康复模式。

《禁毒法》规定，社区康复参照本法关于社区戒毒的规定实施，社区戒毒是《禁毒法》规定的戒毒措施之一，两者既有联系，又有区别。相同点是，两者都是以城市、乡镇的小型社区为单位；均不采取强制性的隔离措施；决定机关均是公安机关。两者的区别主要是调整对象不同，社区戒毒矫治对象是吸毒成瘾人员，而社区康复戒毒的矫治对象是经过强制隔离戒毒后，需要继续戒毒巩固的人员。

（二）社区康复的意义

实践表明，戒毒者回到社会后如果能够及时获得必要的帮助，得到他人的关心，保持操守的时间就会延长，戒毒的成功率就会大大提高。根据国际上的成功经验及吸毒成瘾者成功戒除毒瘾的事例表明，戒毒全过程的“脱毒—康复—回归社会”三个阶段应当形成无缝衔接，不能相互割裂，否则很难达到戒毒效果。《联合国控制麻醉品滥用今后活动的综合性多学科纲要》第三百六十四条建议指出：“戒毒只是整个治疗和康复过程中的一个部分。因此，戒毒之后必须有康复措施跟上，这是个漫长的过程，目的是引导他们摆脱麻醉品的影响，恢复市民的生活。麻醉品滥用者康复后要学习如何使生活过得有意义，如何与他人建立健康的关系，如何正视日常生活中的困难而不再求助于麻醉品。”因此，为了巩固强制隔离戒毒效果，确保被解除强制隔离戒毒的人员真正戒除毒瘾，《禁毒法》建立了被解除强制隔离戒毒的人员接受社区康复的制度。

（三）社区康复的特征

（1）法定性。社区康复以县级以上公安机关作出决定为法律前置条件，责任主体为城市街道办事处及乡、镇人民政府。

（2）自我教育服务。朝着社区“自我管理、自我服务、自我教育”的方向发展，使康复人员感受到社会的关心和帮助，为其彻底戒除毒瘾，实现心理康复，回归社会奠定基础。

（3）戒除毒瘾的可行性。就近生活工作和亲情的氛围，有助于戒毒人员在充分自由的环境里得到家庭和社会的关心和帮助，有助于他们克服心理障碍和社会障碍，实施有效的戒毒措施从而戒除毒瘾。

（4）融入社会的渐进性。由于基层社区是社会生活的一个“细胞”，通过就业指导，可以为康复人员提供帮助，使其能尽快回归到正常家庭和社会生活里，有利于巩固戒毒成果，从而彻底完成戒毒过程。

二、社区康复工作组织机构、工作队伍

《禁毒法》第四十八条第二款规定，“社区康复参照本法关于社区戒毒的规定实施”。戒毒康复是一个系统的工程，需要社会各个部门的配合，共同推进。具体而言，社区康复工作由县级以上人民政府禁毒委员会组织、协调、指导，城市街道办事处、乡镇人民政府具体组织实施，县级以上人民政府各相关部门按照法定职责参与、配合、协助。

（一）城市街道办事处、乡镇人民政府

《禁毒法》规定，城市街道办事处、乡镇人民政府是社区康复的组织实施者。因此，根据需要，各街镇应该成立专门的社区（戒毒）康复工作小组，并根据实际情况配备社区（戒毒）康复工作小组专职工作人员，专职人员可由本街镇的干部、社区工

作者、禁毒志愿者等担任。各街镇社区（戒毒）康复工作小组主要承担以下职责：

（1）接收辖区公安派出所移交的责令社区康复人员，针对社区康复人员情况，制订有针对性的工作计划，负责协议书的签订。

（2）对社区戒毒和社区康复对象进行登记、检测，为社区戒毒和社区康复对象做好建档工作。

（3）协调相关机构落实社区康复人员的法律援助、社会救助和职业技能培训等工作。

（4）对违反协议的社区康复对象进行告诫，定期评估社区戒毒和社区康复对象的戒毒效果；对符合强制隔离戒毒条件的，向公安机关提出意见。

（5）配合当地公安机关做好社区戒毒和社区康复地点的变更及审批手续。

（6）组织相关机构开展针对社区居民的禁毒宣传教育活动，接受社区居民对涉毒违法犯罪活动的举报并及时转交公安机关。

（二）公安部门

（1）负责对吸毒人员进行排查比对和信息登记，并实行动态管理；

（2）组织对吸毒成瘾人员的专项查处行动，并依法分别作出责令社区戒毒（康复）和强制隔离戒毒的决定。

（3）参与乡镇、街道办事处对社区康复人员的日常管理；

（4）配合卫生行政部门开展戒毒药物维持治疗工作，并负责社区康复人员参加治疗申请的审批；

（5）根据乡镇、街道办事处意见，对严重违反协议规定的社区康复人员，由原决定机关撤销社区康复决定，作出强制隔离戒毒的决定。

（三）司法行政部门

司法行政部门（主要是司法所）应配合、协助社区（戒毒）康复工作小组做好戒毒康复工作，具体而言：

（1）协助、指导社区康复人员的禁毒宣传教育工作；

（2）向符合法律援助条件的社区康复人员提供法律援助；

（3）落实社区康复人员的日常监管或安置帮教工作；

（4）配合公安机关开展吸毒人员的登记工作。

（四）卫生部门

（1）卫生部门负责指导医疗机构和社区卫生服务机构参与社区康复工作；

（2）组织辖区有关医护人员的戒毒医疗培训，对社区康复人员开展康复治疗、心理咨询和辅导，以及跟踪随访等工作，定期参与戒毒效果评估；

（3）会同公安机关等有关部门开展戒毒药物维持治疗工作，并定期通报受治人员情况，协助做好吸毒人员登记工作；

（4）开展针对社区康复人员的戒毒医疗咨询、科研等工作，并及时提供有关情况。

（五）民政部门

（1）指导基层组织将社区康复纳入社区建设和社区管理；

（2）促进和指导社会工作者参与、开展帮扶教育等工作；

（3）指导、支持乡镇和街道办事处民政部门将符合社会救助条件的戒毒人员家庭纳入社会救助范围。

（六）人力资源和劳动保障部门

（1）指导本地区就业服务机构向缺乏就业能力的社区康复人员提供职业技能培训和就业咨询；

（2）定期（季度）向街道办事处和社区康复工作小组提供有关就业培训、岗位等信息，为社区康复工作提供支持。

（七）财政部门

根据工作形势和任务要求，协助、指导有关职能部门和各街道办事处做好年度预算编制工作，将相关经费列入财政保障。

三、社区康复决定机关、对象、期限

（一）社区康复决定机关

有权责令被解除强制隔离戒毒后需要继续康复的人员接受社区康复的单位是县级以上公安机关。

对被责令接受社区康复的人员，公安机关应当制作《戒毒人员社区康复决定书》和《社区康复通知书》。

（二）社区康复适用对象

根据《禁毒法》第四十八条规定，社区康复的适用对象是被解除强制隔离戒毒措施，仍需要继续接受社区康复的人员。另外，根据实际情况，以下吸毒成瘾人员公安机关也可以责令其接受社区康复：

（1）《禁毒法》实施前被劳教戒毒、强制戒毒，现期满出所，仍需继续康复的；

（2）《禁毒法》实施前劳教戒毒所外执行、限期戒毒未期满的；

（3）判处三年以下有期徒刑刑满释放、假释（实际执行有期徒刑三年以下）且不符合强制隔离戒毒条件的；

（4）判处拘役刑满释放且不符合强制隔离戒毒条件的；

（5）经社区戒毒后，仍需要继续康复的。

（三）社区康复期限

社区康复的期限不超过三年。

四、社区康复场所

《戒毒条例》第三十七条第二款规定："社区康复在当事人户籍所在地或者居住地乡（镇）人民政府、城市街道办事处执行，经当事人同意，也可以在戒毒康复场所中执行。"第四十一条进一步规定："自愿戒毒人员、社区戒毒人员、社区康复人员可以自愿与戒毒康复场所签订协议，到戒毒康复场所戒毒康复、生产和劳动。"

根据以上规定可知，社区康复可以在康复人员的户籍所在地或者现居住地执行，也可以在戒毒康复场所执行。因此，社区康复场所包括所在地或者居住地所属社区和专门的戒毒康复场所。

（一）康复人员户籍所在地或者居住地

《禁毒法》规定，戒毒（康复）人员应在户籍所在地接受社区戒毒（康复），在户籍所在地以外的现居住地有固定住所的，可以在现居住地接受社区戒毒（康复）。各街道办事处、乡镇政府是社区戒毒（康复）的组织实施者。

（二）专门的戒毒康复场所

1. *戒毒康复场所的设置*

《禁毒法》第四十九条规定："县级以上地方各级人民政府根据戒毒工作的需要，可以开办戒毒康复场所"。

《戒毒条例》对戒毒康复场所的设置作了更为详细的规定，如第四十一条第二款规定："戒毒康复场所应当配备必要的管理人员和医务人员，为戒毒人员提供戒毒康复、职业技能培训和生产劳动条件。"第十二条规定："戒毒康复场所应当加强管理，严禁毒品流入，并建立戒毒康复人员自我管理、自我教育、自我服务的机制。戒毒康复场所组织戒毒人员参加生产劳动，应当参照国家劳动用工制度的规定支付劳动报酬。"

2. *戒毒康复场所的安置对象*

戒毒康复场所接收的对象主要是：

（1）劳教戒毒期满后，自愿到康复所继续接受戒毒康复和参加职业技术培训人员；

（2）强制隔离戒毒期满后，与戒毒康复场所签订协议，自愿接收戒毒康复的人员；

（3）具有以下情形之一的，可建议其到戒毒康复场所进行社区康复：无家可归或没有固定性住所的；无生活来源的；无业可就或者缺乏就业条件需要再就业培训的；不具备设立社区戒毒或者社区康复监护小组条件的；因患病需要继续康复治疗的；其他需要安置在戒毒康复场所的。

根据实践情况，戒毒康复场所不予收治的对象有：

（1）生理未脱瘾（尿吗啡检测阳性者）；

（2）未满16周岁；

（3）艾滋病病人；

（4）盲、聋、哑人；

（5）怀孕或哺乳未满1周岁幼儿的妇女。

五、戒毒康复"三水经验"的实践①

（一）广东戒毒康复"三水经验"简介

广东省三水戒毒康复管理所又名广东三水康复苑（以下简称"康复苑"），位于佛山市三水区，前身为"三水戒毒康复中心"。2006年12月，根据《司法部关于依托劳教场所建立戒毒康复中心试点的意见》，广东省劳教局依托三水劳教所建立"三水戒毒康复中心"，成为司法部确定的全国首批8个试点单位之一，它是广东省禁毒委戒毒康复工作的试点单位，也是全国司法行政系统最早开办、最先收治、最大规模的综合性戒毒康复场所之一。2007年1月开始收治首批13名戒毒康复人员；同年12月，广东省机构编制委员会批准成立广东省戒毒康复管理所，隶属广东省劳教局管理，为正处级机关法人单位，核定政法专项编制60名。

经过几年的实践和发展，康复苑已确定了以契约式管理为基础、星级管理为核心、

① 根据广东省三水戒毒康复管理所提供的资料整理编写。

自主管理为主导、后续照管为延伸的管理模式，探索出了一套列科学的戒毒康复措施，摸索出了一套行之有效的社会化工作机制。截至2011年3月，康复苑累计收治戒毒康复人员6 859人；在所人数350人。戒毒康复人员在机构内康复的时间不断延长，人均长达7个月，最长的达4年；收治人员的地域范围由广东省扩大到11个省（直辖市、自治区）和香港特别行政区。经过几年的努力，康复苑取得了良好的社会效应，被誉为“戒除毒瘾的新天地、康复身心的安全岛、回归社会的中转站”。

康复苑的成绩得到了司法部高度肯定。2010年11月3日，司法部吴爱英部长在视察康复苑时指出：三水的戒毒康复模式对戒毒人员效果较好，让戒毒人员和他们的家庭比较容易接受。要很好地总结、宣传、推广三水戒毒康复经验，使三水的经验在全国普遍推广开来，加快推进全国戒毒康复工作的发展。12月20日，吴爱英部长在全国司法厅（局）长会议上的讲话进一步指出，要大力推进戒毒康复工作，推广广东省“三水经验”，探索戒毒康复人员自我管理、自我约束的新型管理方式，不断提升戒毒康复工作水平。

（二）社区化、人性化管理模式

目前，康复苑总占面积25万平方米，院区面积11万多平方米，建筑面积3万多平方米。康复苑设有康复生活区、技能培训区、教育训练区、生态种植区、康复医疗区、家庭康复区和休闲娱乐区等功能区域，有医务室、脱瘾治疗室、电子图书馆、体能康复室等10个功能室，并在康复苑内设立超市、美发室、网吧等生活设施。在康复生活区设立三人间、二人间的康复公寓，在家庭康复区设立两房一厅的家庭公寓。建立了一个“人人有岗位，生活有保障，小病不出所，休闲有娱乐”的宜安居、宜生活、宜康复的“无毒社区”。在管理方面，康复苑坚持自我管理为主、约束管理为辅，积极推行社区管理方式，确立了以契约式管理为基础、星级管理为核心、自主管理为主导、后续照管为延伸的管理模式。

1. 契约式管理

对于来康复苑进行戒毒康复的人员，康复人员或者家属都需要与康复苑签订《自愿戒毒康复协议》，在协议中确定双方的权利和义务，明确康复人员的行为规范、行为准则和违约责任。为强化协议的约束力，康复苑收取1 000～2 000元的保证金，戒毒康复协议期满时，戒毒康复人员可离开康复所并全额取回保证金；对自愿继续留所接受戒毒康复的，可续签协议。

2. 星级管理

康复苑创立了“五星三级”激励管理机制，实行一星至五星和“员工、组长、主管”的“星级”评定，依据康复时长和表现情况进行星级评定，康复人员根据星级享有不同处遇。

（1）实习期。新收治的自愿戒毒康复人员为实习员工，实习期为一个月，实习员工在实习期间无特殊情况原则上不得请假外出，节假日在所内休息。

（2）一星级。实习期满，经考核合格的，定为一星级员工。一星级员工每周公休日可临时请假外出一次，申请回家探亲，家属可入住家庭康复区陪同康复。

（3）二星级。二星级员工每周公休日可临时请假外出，申请回家探亲，并可增加次数。家属可入住家庭康复区陪同康复。

（4）三星级。三星级员工（或组长）享受一星、二星级员工的全部处遇。每周除公休日可临时请假外出以外，平时也可以临时请假外出一次。临时外出为非工作时间。可自费订餐和加餐，申请双标房。

(5) 四星级。四星级员工（或组长、主管）除享受三星级员工（或组长）的全部处遇外，可办理外出证件，外出时间为非工作时间。可申请入住参照工作人员收费标准的康复公寓，从事所内辅助工作岗位，申请参加社会模拟训练。星级奖励金为每月200元。

(6) 五星级。五星级员工（或组长、主管）除享受四星级员工（或组长、主管）全部处遇外，可优先从事场所提供的辅助岗位。可承包、租赁所内土地、房屋、鱼塘以及营业性设施，申请参加社会康复训练。戒毒康复协议期满后可申请康复奖励基金。星级奖励金每月300元。

3. 自主管理

康复苑按照“日常生活社区化”的原则，对康复人员的空闲时段和个人事务实行民警引导下的自主管理。成立“自愿戒毒康复协会”和“社区管理委员会”，按照协会、委员会的章程，在民警引导下自主管理个人事务，管理康复人员的饮食、星级晋升和劳动报酬等关系切身利益的事务，以提升康复人员自我管理、自我控制、自我负责的能力以及责任感。

4. 后续照管

为巩固戒毒康复效果，康复苑采取“送回家、上门访、继续帮”等办法，加强跟踪照管和后续帮扶工作。主要做法如下：一是为回归社会人员建立信息数据库，对戒毒康复人员进行动态的信息化管理；二是加强所地合作，如在中山市设立了8个戒毒康复指导站，对社区康复人员进行指导，并对戒毒康复出所人员进行后续照管；三是加强所家合作，与戒毒康复人员家属建立联帮、共管、促教关系，成立了家属促进会，协同开展“善行1+1助康复”和后续照管活动。

（三）科学化、专业化康复措施

康复苑在专业机构指导下，结合康复人员的特点，创立了科学的康复模式，探索出以促进身心健康和融入社会为目标，以“拒毒能力训练、心理康复训练、体能康复训练、就业技能训练、社会适应训练”为主要内容的戒毒康复训练法，称为“五训法”，具体做法如下：

1. 拒毒能力训练

针对吸毒人员“心瘾难戒、戒断难巩固”问题，借助北京大学神经科学研究所等科研单位的力量，探索戒毒巩固方法，绿色防复吸和中药干预治疗等疗法得到了转化应用；开展“救命30秒”自我拒毒训练；每天组织康复人员晨誓、冥想静心，增强拒毒效果。不断强化康复人员对毒品危害的认知，不断增强康复人员拒毒防毒的意志和能力。

2. 心理康复训练

坚持从“心”入手，开展心理咨询、心理矫治等康复服务；与广州医学院合作，对心理疾患人员进行“一帮一”康复；定期邀请心理专家来所坐诊咨询，逐步解决康复人员心理成瘾问题。

3. 体能康复训练

为康复人员量身定做体能康复计划，开展太极操、体育竞赛等训练，定期举办康复苑体育运动会，组织足球、篮球、健美、舞蹈等活动，采取一系列训练式、引导式、娱乐式和竞赛式相结合的体能康复方法。

4．就业技能训练

依托现有习艺项目开展电器维修、质量检测等技术培训；与高等院校建立技能培训合作，根据市场需求开展了计算机、美容美发、麻将机维修和汽车美容等技能培训，促使康复人员掌握一技之长，帮助其回归就业。

5．社会适应训练

鼓励康复人员积极参加社会活动，康复人员在节假日可以走亲访友，也可以参加社会公益活动。开展“进社区、进家庭、进戒毒所”活动，鼓励康复戒毒人员“现身说法”，安排骨干康复人员派发宣传资料，增强康复人员融入社会、保持操守的信心。依托地方团委成立了由康复人员组成的“三水康复苑志愿服务总队”，鼓励康复人员到敬老院、福利院、特殊学校等地方开展社会公益性活动，极大地提高了康复人员的自尊、自信和社会责任感。

（四）社会化、协作化工作机制

为了更好地开展戒毒康复工作、扩大戒毒康复工作的影响力和保持戒毒康复的效果，康复苑通过“所所合作”、“所地合作”等方式，与强制隔离戒毒、社区戒毒、社区康复、安置帮教进行“无缝对接”，通过企业化的形式，坚持就业技能培训和过渡性安置就业相结合，帮助戒毒康复人员回归社会。

1．所所合作

康复苑与省直劳教（强制隔离戒毒）单位签订戒毒康复合作协议，加强与强制隔离戒毒的衔接。康复苑在院区专门开辟戒毒康复体验区，开展戒毒康复体验活动，为即将出所的强制隔离戒毒人员提供为期至少5天的康复体验服务，康复体验使戒毒人员直接感受和了解戒毒康复的法律政策、管理模式和场所环境，不仅使解除强制隔离戒毒人员直接获得了继续康复和过渡性安置的途径，而且使回到社区的戒毒人员知晓出现复吸危机时获得有效帮助的途径。2010年全年，康复苑累计为3 858名强制隔离戒毒人员提供了康复体验服务，其中，解除强制隔离戒毒后自愿留所进行戒毒康复的有421人，另有192名康复体验人员出所回家后又自愿返回。

2．所地合作

康复苑不断与地方、社区协调合作，加强与社区康复的有效衔接。目前，康复苑已经成为佛山市、中山市、珠海市指定的社区戒毒康复基地，并在中山市建立了戒毒康复指导站。佛山市政法委专门出台《戒毒衔接制度》，要求当地有关部门将辖区戒毒人员动员到康复苑戒毒康复。通过所地合作形式，有效推动了社会协同机制的建立，拓宽了社会合作收治途径。

3．企业化培训就业

为戒毒康复人员提供过渡性安置，是戒毒康复区别于其他戒毒措施的一个重要特征，也是提高戒毒康复效果的重要举措。康复苑将戒毒康复场所作为戒毒康复人员回归社会前的中转站、安全岛，以提高社会适应能力和生存能力为目标，为康复人员提供劳动岗位，并结合生产项目对戒毒康复人员进行技能培训，为其顺利回归社会奠定基础。康复苑注册开办了“福康五金加工厂”，提供充足、多元的劳动就业岗位，康复人员实现了全员培训就业、全额领取劳动报酬；同时，与社会企业签订《劳务合作协议》，开通了“就业康复直通车”，帮助学得一技之长的康复员工实现再就业；另外，康复苑还开创了“社区就业”模式，选聘戒毒康复人员从事环境清洁、园艺绿化、种植养殖和安全保卫工作，将所内超市、网吧、美发室等提供给戒毒康复人员承包经营，以提高他们立业谋生和社会适应能力。

【相关案例】

康福苑内女人花①

李×，女，29岁，家中有父母和哥哥。在她24岁那年，本来打算到广州寻找工作，却因为交友不慎而染上毒品。吸毒一个月后她被送进戒毒所，从戒毒所出来，父母直接把她接回四川老家。可是因为受不住毒品的诱惑和朋友的游说，一年后再次复吸的她，又被送进劳教所。

2007年4月，她从女子所解教后来到康复所。面容姣好、温柔娴静、少言少语是管理人员对她的印象。吸毒使得原本性格内向的李×对自己非常不自信，总是沉默寡言、独来独往，不与其他康复人员沟通，更不与管理人员交流，消极被动地应付各种康复训练。针对她的特殊情况，管理人员采取特定的方法对其进行教育指导，潜移默化中，帮助她树立对人生的信心。一年半的康复时间过去，如今的李×自立自强、落落大方，成为康复人员羡慕、欣赏的对象，成了三水康福苑一道靓丽的风景线。

自信的女人最动人

李×刚来康福苑时，性格内向，沉默寡言，不喜欢与他人沟通，对自己的未来全无信心。针对这种情况，管理人员主动找她谈心，细心开导，积极鼓励她主动与身边的人接触，有任何困难都可以找管理人员帮忙解决，慢慢地，李×的性格越来越开朗，人也变得越来越活泼，开始主动积极地参加所里组织的各类活动。2008年6月26日国际禁毒日，在戒毒所“戒毒康复万里行”大型宣传活动中，李×作为三水康福苑的宣传代表走上街头，向群众发放禁毒知识卡片，解答毒品知识问题，侃侃而谈，自信满满。在管理人员的大力支持下，从未接触过舞蹈的李×还参加康复人员舞蹈队，每天都坚持训练，尽最大的努力去改变自己身体的柔韧性和协调性，多次走上舞台参加所里大型文艺会演，如感恩的心、时尚健美操等节目，得到了全所管理人员和康复人员的肯定与好评。

勤劳的女人最美丽

随着自信心的提升，李×在劳动生产方面的进步非常快，劳动态度发生了根本性的转变，由最初的被动变为现在的完全主动、自觉。她可能不是生产车间里最聪明、最快手的那一个康复人员，可她绝对是最勤劳、最务实、最卖力的那一个。

多劳多得，因为勤劳，她的工资不断上涨，她对自己的要求越来越高，由只求完成任务到被评为生产标兵，由单纯的生产劳动到尝试着培养自己的管理能力，她一步一个脚印，走得非常稳，现在她还被戒毒所聘请为车间协管员，月工资高达1 600元，主要负责协助管理人员管理车间的生产工作，生产现场的有条不紊，是大家对她管理能力的一种认可、肯定。

---

① 广东省三水戒毒康复管理所网站．http：//www. sanshuikangfuyuan. org/.

被亲情包围的女人最幸福

李×是一个非常孝顺的女孩，在三水康福苑一年半的时间里，她一直都在回报着父母和兄弟姐妹。每次领了工资，她都将一部分工资寄给父母，只给自己留一点生活费，每年哥哥孩子的生日，她都会买份礼物，带上生日蛋糕去广州团聚，被亲情包围的她真的很幸福！

来康福苑一年半时间，她共计给家里寄了4 000多元，虽然钱不多，家里也不缺钱用，但是这些钱却让她的家人看到了她的转变。李×的父母普通话虽然说得不好，但是他们经常打电话给管理员，感谢康福苑救了她的女儿，让他们找回了因吸毒而迷失了很久的孩子。她哥哥也经常来所看望她，对她的转变同样感到欣慰和高兴。

在一次团体咨询活动中的自画像游戏这个环节，李×非常自信地在黑板上画了一只展翅高飞的小鸟，她很有感触地对所有人说："在康福苑这个大家庭，我学会了很多以前不懂的道理，活得真实而又充实，我开始重新认识自己，尝试改变自己，这让我重拾尊严，让我对生活充满信心和希望，当一切都准备好时，我会像这只小鸟一样再次展翅高飞！"

康福苑内的女人花，我们为你加油！

任务二　社区康复工作流程与管理

一、社区康复工作流程

（一）作出决定

对于已经被采取强制性措施（包括强制隔离戒毒、劳动教养戒毒、刑罚等）的符合社区康复的人员，在强制性措施期满前，由执行机关根据实际情况提出社区康复意见，报县级以上公安机关批准，县级以上公安机关可以责令其接受不超过三年的社区康复，并作出社区康复的决定，开具《责令社区康复决定书》。

对于未被采取强制性措施的符合社区康复的人员（主要是指自愿接受社区康复和经社区戒毒后仍需进一步接受社区康复的人员）则可以直接与其签订社区康复协议，不需要再开具《责令社区康复决定书》。

由县级以上公安机关作出社区康复决定后，应当制作《责令社区康复决定书》及《社区康复通知书》。作出决定的公安机关应将《责令社区康复决定书》送达给社区康复人员，同时送达社区康复执行机构，即社区康复人员所在街道、乡镇社区康复工作小组。另外，需将《责令社区康复通知书》送达社区康复人员家属。

对于直接签订社区康复协议的，可制作《社区康复的情况说明》并送达社区康复人员家属。

（二）人员接收

社区康复人员在接到县级以上公安机关《责令社区康复决定书》后，在规定的期限内，到执行地街道办事处、乡镇人民政府社区康复工作部门或者戒毒康复场所报到。

街道办事处、乡镇人民政府社区康复工作部门或者戒毒康复场所报到街道在社区康复人员报到后，应该：① 向社区康复人员宣告其权利和义务；② 根据社区康复人员的具体情况制订个性化的社区康复计划；③ 将社区戒毒人员信息录入吸毒人员信息库，并按时维护；④ 履行其他职责。

（三）解除社区康复

社区康复人员在社区康复期满前，由街道、乡镇康复工作部门进行评估，提出期满解除意见，报经执行地县级以上公安机关批准后，予以解除。

县级以上公安机关批准解除社区康复后，应当开具《解除社区康复通知书》（简称《通知书》，下同），同时通知社区康复人员、社区康复执行机构、作出社区康复决定的公安机关、社区康复人员的家属及所在单位等。社区康复工作部门应将《通知书》存档备查。

二、社区康复工作管理

（一）社区康复人员的义务

社区康复人员应当履行以下义务：

（1）接到《责令社区康复决定书》和《社区康复通知书》后到社区康复所在地城市街道办事处、乡镇人民政府报到；

（2）定期向社区戒毒（康复）工作小组报告戒毒情况；

（3）根据公安机关的要求接受检测；

（4）需要变更社区康复地点或暂时离开社区康复地点的，及时向城市街道办事处、乡镇人民政府社区戒毒（康复）领导小组报告或请假；

（5）遵守《社区康复协议书》的相关规定。

（二）社区康复监护方式

城市街道办事处、乡镇人民政府社区戒毒（康复）领导小组和社区戒毒（康复）监护小组可以采取下列方式对社区戒毒人员进行监护：

（1）对社区康复人员进行告诫；

（2）社区康复人员有吸食、注射毒品的倾向时，可以临时性限制其活动范围，限制接触特定对象，或者指定住宿地点；

（3）对社区康复人员的戒毒现状进行评估，并将评估结果提交公安机关；

（4）对于出现急性戒断症状，可能危及生命的康复人员，社区戒毒（康复）监护小组可以将其送往医疗机构接受治疗；

（5）对严重违反社区康复协议或者在社区康复期间再次吸食、注射毒品的，及时向公安机关和城市街道办事处、乡镇人民政府报告。

（三）请假外出

社区康复人员在社区康复期间如需暂时离开社区康复地点三天以上的，须提前向社区康复工作部门报告，由社区康复工作部门进行审批，并填写好相关的文书。社区康复人员在社区康复小组同意外出后，方能外出，并按时返回销假。社区康复人员外出时间较长的，需按规定主动到当地的公安机关进行尿检。

（四）社区康复执行变更

1．执行地点的变更

社区康复人员由于工作需要等原因，确实需要变更社区康复地点的，应向社区康复工作部门提出书面申请，由社区康复工作部门进行审核，审核后符合条件的，填写《社区康复人员变更社区康复地点审批表》，报原决定机关审批。审批同意前，社区康复人员不得擅自脱离社区康复执行地。审批同意的，由原社区康复工作部门向接受地办理移交手续。

2．戒毒措施的变更

社区康复人员在社区康复期间有以下情形的，街道、乡镇社区康复工作部门先予以告诫；告诫无效的，结束社区康复，依法报送强制隔离戒毒或社区戒毒：

（1）严重违反社区康复协议的；

（2）无正当理由不去街道、乡镇社区康复工作部门报到，拒不接受社区康复的；

（3）社区康复期间吸食、注射毒品的。

社区康复人员有上述情形之一的，街道、乡镇社区康复工作部门应结束社区康复，向县级以上公安机关提出强制隔离戒毒或社区戒毒的意见，由县级以上公安机关作出强制隔离戒毒或社区戒毒的决定。

任务三　社区康复措施与矫治技术

一、康复措施

社区康复工作部门应当认真履行社区康复工作职责，对社区康复对象进行登记，通过尿检、谈话、戒毒知识辅导、法律援助、就学就业援助、告诫、康复情况定期评估等方式和途径，对康复人员进行管理和帮助。在帮助社区康复人员康复过程中，有如下五种康复措施：

（一）戒毒药物维持治疗

对怀孕或者正在哺乳自己未满一周岁婴儿的妇女，或者因患有严重疾病或残疾且生活不能自理的被责令社区戒毒人员，以及符合参加戒毒药物维持治疗条件的被责令社区康复人员可以提出申请，交社区戒毒（康复）工作部门提出意见或者建议，经街道办事处、乡镇人民政府的社区禁毒工作站审核并报社区戒毒（康复）执行地公安机关批准同意后，参加戒毒药物维持治疗。

被责令社区康复人员在参加戒毒药物维持治疗期间，应当严格遵守戒毒药物维持治疗工作的有关规定，如无故脱失七日以上的，经社区康复执行地公安机关批准取消其治疗资格，其治疗时间不计入责令社区康复的实际执行期限；如能自觉遵守各项规定的，在办理解除责令社区康复决定手续后仍可以继续参加维持治疗。

（二）尿检检测

社区康复人员要按规定接受毒品尿样检测。对接受社区康复人员的定期尿检三年内不得少于12次。第一年至少每两个月检测一次，第二年至少每三个月检测一次，第三年至少每六个月检测一次。突击尿检每年均不得少于三次。

社区康复执行地公安机关对被责令社区康复人员应当每年至少开展一次抽检；因工作需要可以随时进行抽检。抽检次数不作为定期不定时的检测次数计算。

社区康复执行地公安机关应当将每次检测或者抽检结果及时输入禁毒信息管理系统；对被责令社区康复人员的检测或者抽检结果为阳性的，应当依法予以处理。

开展检测或者抽检时，社区康复执行地公安派出所社区民警或者社区康复工作部门的工作人员应当全程监督被责令社区康复人员留取检测样本；女性被责令社区康复人员的检测工作，应当在女性社区民警或者社区康复工作部门成员监督下进行。

（三）家庭访问

帮教小组应定期到帮教对象家中进行家访。通过家访活动把组织的关心、社会的关怀和帮教人员的爱心带到帮教对象家中。同时，及时了解和掌握帮教对象的就业、生活、思想动态等，力所能及地帮助他们解决一些实际生活中的困难，用真诚和爱心去感化他们的心灵。

（四）情况报告

社区康复人员至少每一个月向社区康复工作小组报告康复情况一次。

（五）小结评估

社区康复工作小组每半年对康复人员的康复情况进行一次小结，每年进行一次综合评估。

二、社区康复矫治技术①

（一）强制矫治技术

社区康复工作部门对戒毒回归人员进行康复矫治活动，具有严格的国家法律规范的意义，是戒毒回归人员必须履行的义务。社区康复的强制性，一方面要求社区康复机构对戒毒回归人员进行严格监管，制订矫治计划，签订社区康复协议，监督戒毒回归人员接受矫治，保证矫治计划的有效实施；另一方面，戒毒回归人员在社区内应当遵守法律法规，自觉履行社区康复协议，必须接受规定的时间、地点和内容的矫治，并根据公安机关的要求，定期接受检测。在社区康复过程中，戒毒回归人员经历了从强制矫治逐步向自觉矫治转化的过程，在内在机制上经历了服从—同化—内化三个阶段。

1．服从

这一阶段又称为模仿或顺从阶段，是指戒毒回归人员为了获得报酬或者避免惩罚，按照社会的、群体的规范或别人的意志而采取的表面服从行为。戒毒回归人员在法制力量的压力下，从表现上转变自觉的态度和行为方式，口头上表示拒绝毒品，但内心并不认同，服从行为往往是暂时性的，没有监督时就会试图寻找、吸食毒品。可见，处于服从阶段的戒毒回归人员，其外在行为虽然与他人保持一致，但在认识和行为上却相去甚远。

2．同化

这一阶段又称为认同阶段，是指戒毒回归人员的态度与行为同他们所参照的团体

---

① 施红辉，李荣文，蔡燕强．毒品成瘾矫治概论．北京：科学出版社，2009.

或他人标准逐渐接近的过程，是在思想、感情上主动接受他人意见，而不是被迫服从。同化是对自己所处的特殊情境的自愿调适。同化与顺应是适应的两个对立统一的过程。社区康复工作人员要想让戒毒回归人员在思想、情感、行为上接受矫治，实现认同，必须具有足够的威信和影响力，要让戒毒回归人员真正成为改造集体的一员，并自愿采取与之一致的态度，这个集体就必须保持较强的凝聚力和一定的吸引力。否则，同化过程就不可能维持下去。这个阶段的特点是：戒毒回归人员的基本社会态度发生了变化，出现了对某些新观念的认同，但尚未达到思想与个性体系上的融合。

3. 内化

内化是指社会意识向个体意识的转化，是态度、行为方式形成的最后阶段。戒毒回归人员真正从内心深处相信并接受社区康复机构所进行的治疗，并把这些矫治内容纳入自己的价值体系之内，成为自己的新的价值体系中的一个有机组成部分，从而彻底转变自觉的思想和行为方式。如果说在同化阶段，戒毒归人员还需要有意无意地把自己作为榜样的话，那么到了内化阶段，就不再需要具体的、外在的榜样来学习了，他们已经较为自觉地按抽象的道德观念行事。在这一阶段，戒毒回归人员的内心发生了深刻而全面的变化，新观点、新思想被纳入他们的价值体系，他们的社会态度有了根本的转化，思想意识发生了质的飞跃。

（二）自我矫治技术

社区康复过程是社区康复工作人员与戒毒回归人员的互动过程。互动论认为，人类创造并使用符号来表示周围的世界，人类的独特性在于他们具有创造并使用符号的能力。互动依赖于人类发出解释姿势的能力，角色扮演是互动的关键机制。根据互动论的理解，社区康复过程是社区康复工作者与戒毒回归人员共同参与的过程，在这一过程中，社区康复工作者向戒毒回归人员传输知识、价值观念和行为规范等，运用各种恰当的工作模式介入、帮助其实现社区康复的目标。在矫治过程中，戒毒回归人员的回应并不一定是完全被动地接受，而是对自己的行为有所选择，这种选择性的回应可能会在一定程度上改变治疗模式和方法。因此，必须调动戒毒回归人员的积极性，努力实现其自我矫治，这样社区康复的强制性才有实际意义，并取得良好的效果。

戒毒回归人员的自我矫治，就是在社区康复中通过自我分析、自我调节，调动自身的主观能动性，发挥自身潜能，使自己在劳动、学习和交往等活动中能够按照高效、文明、有序的方式顺利进行。要实现戒毒回归人员自我矫治，要求社区康复工作者充分信赖、尊重和发挥戒毒回归人员的内在积极性，挖掘其矫治潜力，帮助他们认识自己的心理需要、心理困扰和其他问题，探索解决问题的途径和方法。这样做的目的是使戒毒回归人员能从心中认识自己和接纳自己，学会面对困难、分析困难和自己作出正确的抉择，学会自我成长和发展。由此可见，自我矫治比强制矫治更强调戒毒回归人员自身的作用，强调他们是自己成长、发展的主体。正是从这种意义上，我们说促进戒毒回归人员自我矫治是社区康复矫治需要达到的最高境界。

（三）集体矫治技术

所谓集体矫治，是指社区康复工作机构将全体或某一类型的戒毒回归人员集中起来进行的一种旨在解决一些共性问题的矫治方法，一般以集中上课的形式进行。这种方法适合于对戒毒回归人员进行理论知识教育，对于解决他们共同性的问题有很大益处。

戒毒回归人员在社区康复过程中，经常会出现某些共同的倾向或带有普遍性的思想动态和心理问题。心理学和医学认为，戒毒回归人员戒毒之前多数都具有一定的人格缺陷。此外，大量的调查发现，具有依赖性人格、情感自控能力弱的个体、处于负面情绪状态下的个体容易染上毒品。吸毒行为从本质上讲是畸形人生观、价值观和生活方式的典型反映。吸毒者追求毒品所带来的短暂快感或以吸毒的方式获得替代性的满足，从本质上是吸毒者人生观、价值观在行为上的外在反映。社区康复工作者要解决这些问题，就需要把戒毒回归人员集中起来，经过充分准备，采取讲授、集体讨论、组织参观等集体矫治的形式，往往会收到比较理想的治疗效果。

1. 矫治内容的规范性

集体矫治是一项规范性很强的矫治活动，它自始至终都是按照制定的实施计划进行的，活动的目的比较明显。它对矫治的时间、地点、流程、环境等要求比较严格。对社区康复工作者的举止、言谈、衣着以及矫治内容、矫治方案等要求比较高；对受矫治者的作为、不作为、相互关系等，一般都制定相应的规章制度予以明确规定。

2. 矫治机构的权威性

从社区矫治实践来看，集体矫治往往比较引人注目，给人的印象比较深刻，在矫治作用上具有较大的权威性。这主要是因为集体矫治是一种比较大型的矫治形式，多由官方正式组织实施，规格较高，声势较大，气氛严肃，内容多是宣布政策、法令、规定以及重要的理论、文化、技术知识传授等，所解决的多是带有一定普遍性的重大的问题。

3. 信息传播的快速广泛性

由于集体矫治是整体性活动，参加人数多，影响面大，信息传递迅速，因此，社区康复工作者可以在短时间内把自己的观点、立场、意图和要求传递给多数人，变成多数人的实际行动。

（四）个案矫治技术

所谓个案矫治，是指社区康复工作者针对戒毒回归人员的个别、特殊问题，采取“面对面”、“一对一”的思想影响、心理沟通、知识传授和矫治治疗的活动。个案矫治是解决个别戒毒回归人员存在问题的方法，是贯彻因人施教原则的一种主要方法。个案矫治具有以下突出特征：

1. 矫治对象的针对性

个案矫治针对戒毒回归人员的不同思想、情绪、性格、行为特点等，采取不同的施教方法，更符合个体差异的规律，能及时发现和解决集体矫治解决不了的问题。

2. 矫治方法的灵活性

个案矫治不受时间、地点、内容和形式的限制。戒毒回归人员在生活、劳动和学习过程中，随时随地可能暴露一些错误思想和不良行为等，社区康复工作者就可以根据具体情况，在相应的时间、地点选用不同的个案矫治形式，及时给予矫治引导。个案矫治简单易行，时效性强，能收到集体矫治达不到的良好矫治效果。

3. 矫治形式的沟通性

个案矫治过程中，社区康复工作者与戒毒回归人员直接接触与交谈，双方可以各自摆出个人的观点进行直接的感情交流。这样沟通思想、疏通感情，容易使戒毒回归人员对戒毒工作者产生信赖感，比集体矫治更易于达到矫治效果。

4. 矫治内容的渗透性

事实上，个案矫治是社区康复工作者与戒毒回归人员双方激烈的思想交锋，面对面地一问一答，既有无情的揭露、严肃的批评、严正的警告，又有寓理于事的启发、无微不至的关心、人道主义的感化，体现了矫治过程的宽严相济、情理交融。这种强烈的渗透性是其他矫治方法无可比拟的。

5. 矫治效果的稳固性

正是由于个案矫治针对性强、费时多，更符合人的思想转化渐进性的特点，因此一旦奏效，就更能经得起时间的检验，其效果也会比较稳定，很少反复。

一般来说，个案矫治要选择戒毒回归人员在心理上容易被触动的时刻，此时他们最需要关怀、帮助、安慰和鼓励；要选择戒毒回归人员心理上正进行激烈的动机斗争的时刻，此时他们迫切需要他人的指点或引导。具体而言，主要包括以下情况：戒毒回归人员刚接受社区康复戒毒时，戒毒回归人员受到奖励或惩罚时，戒毒回归人员遭遇到困境时等。此时，戒毒回归人员思想波动大，情绪不稳定。如果社区康复工作者通过个案矫治及时给予其关怀、帮助、劝慰和鼓励，能起良好的矫治效果。

（五）教育矫治技术

所谓教育矫治，是针对戒毒回归人员这个特殊群体的教育，是在他们背离社会准则、走上自我毁灭的道路后，为改变他们的认识结构、思想观念、价值准则、行为习惯和心理结构而进行的强制再社会化过程，它属于特殊教育。

教育矫治的主要形式包括：共同教育、个别教育、分类教育和社会帮教。前三种教育形式可以在集体矫治和个案矫治中实施。社会帮教是指充分利用社区资源，汇集多方社会力量，联合戒毒回归人员家庭、社工志愿者、派出所及社区其他力量，共同对戒毒回归人员进行教育帮助和监督，是社区康复的特点和优势所在。社会帮教的形式多样，可以邀请专家学者、成功戒毒者、社工志愿者等为戒毒回归人员作专题报告，以丰富翔实的资料，从多个角度给予戒毒回归人员以深刻的教育，矫治其道德观念，增强其法律意识。同时，社区康复机构可以及时与帮教人员或单位建立信息反馈制度，建议以戒毒回归人员家属、原单位、社区、帮教部门为主体的帮教体系，形成相互联系、相互支持的工作制度。对戒毒回归人员进行社会帮教，打破了封闭性的教育模式，弥补了社区康复机构教育力量不足，有利于戒毒回归人员积极的社会认知，促进其自身人格的正常发展。因此，社会帮教在促进戒毒回归人员在思想转化方面具有重要而积极的意义。

（六）心理矫治技术

所谓心理矫治，是指在良好的治疗关系的基础上，由经过专业训练的工作者运用心理学的有关理论和技术，针对戒毒回归人员心理障碍所涉及的各种问题，通过语言、表情、举止行为并结合其他特殊的手段来改变或影响戒毒回归人员的消极认知情绪，减轻或消除导致戒毒回归人员痛苦的各种心理因素和异常行为，促成戒毒康复者精神康复，进而培养出健康人格的一种方法。在社区康复工作中，将心理矫治技术应用于上述思想矫治技术之中，是社区康复工作科学化、文明化、效率化的需要。

心理矫治的主要内容包括：对毒品心理依赖性的矫治，对戒毒回归人员进行人格重塑，培养戒毒回归人员自我调控的能力等方面。常见的心理矫治方法有：

（1）行为疗法。主要包括系统脱敏疗法、厌恶疗法、阳性强化疗法、发泄疗法、逆转意图疗法、阴性强化疗法、模仿疗法、生物反馈疗法等。

（2）认知疗法。主要包括说服、教育、批评、促膝交谈等。

（3）现实疗法。主要程序为卷入—排斥不负责任的行为—教导。

以上三种是社区康复心理矫治较为常用的方法，每种治疗方法中又有不同的流派和技术。

项目二　社会帮教工作

【知识目标】

了解社会帮教对戒毒的重要意义，熟悉社会帮教措施及实施。

【能力目标】

能熟练应用相关知识开展社会帮教工作。

【工作任务】

社会帮教工作机制及意义；社会帮教措施；同伴教育自助小组。

任务一　社会帮教工作机制及意义

戒毒人员回归社会是一个复杂的、长期的过程。在这个过程中，戒毒人员能否顺利回归社会、重新被社会接纳，成为一个守法公民，受到个体生理、心理和社会等多方面因素的影响。在这个过程中，建立一个健全、科学的戒毒人员回归社会的社会帮教机制，对于帮助戒毒人员回归社会有着重要的意义。

一、戒毒人员回归社会的社会帮教机制

对戒毒人员回归社会的社会帮教，指的是依靠全社会各方面的力量，通过各种方法和手段，对从强制性戒毒场所回归社会的吸毒人员进行帮助教育，使他们从思想上、心理上和生理上戒除毒瘾，促使他们健康成长，成为对社会有用之人。加强对戒毒人员回归社会的社会帮教是禁毒工作的重要措施，是教育、挽救吸毒人员，防止他们继续吸毒的有效方法，对于减少违法犯罪行为、维护社会治安稳定具有重要的作用。

二、社会帮教工作的必要性

（一）社会帮教工作是防止戒毒回归人员复吸的一个十分必要的措施

（1）戒毒人员自身的特点决定了社会帮教工作的重要性。从目前的戒（吸）毒人群来看，戒（吸）毒人员呈现如下三个特点：一是从年龄上看，中、青年居多；二是从文化程度上看，吸毒人员文化程度偏低；三是从职业上看，无业人员、个体户占大部分。戒（吸）毒人群的以上特点，决定了其人生观、价值观扭曲后很难纠正，意志薄弱，缺乏防御能力。这些人员离开强制性戒毒机构后，如果没有社会上各方面的帮

助、教育和监督，很容易回到过去的“粉友”等高危人群当中，极容易走上复吸道路。

（2）毒品成瘾的依赖性决定了对戒毒人员的社会帮教是十分必要的。毒品是一种十分强烈的依赖性药物，一旦上瘾以后，在心理上、精神上对毒品产生一种强烈的渴求。这种依赖性使戒毒人员在生活上、工作上遇到困难时，容易意志消沉，对未来失去信心，继而自暴自弃，走上复吸之路。这些问题仅凭在戒毒所的几个月的戒毒生活是远远不能解决的，必须依靠后续的社会帮教来解决，帮助他们树立信心，解决其生活上的困难，巩固其在戒毒所的戒断效果，从而使其走向新生。

（二）加强对戒毒回归人员的社会帮教，防止“以吸带吸”滋生新的吸毒人员

加强对戒毒人员的社会帮教，是控制和压缩吸毒人群、改变禁吸戒毒的被动局面、防止滋生更多吸毒人员的有效措施之一。戒毒人员戒断后复吸，很快就会形成“以吸带吸”现象，滋生新的吸毒人员。一般从强制性戒毒机构出去后的复吸人员，90%以上没有稳定的经济来源，一旦复吸后，自身又无力承担购买毒品的巨额资金，这时他们就会将目标瞄准社会上一些有工作岗位、经济条件较好的同学或者朋友（年轻人），将部分意志薄弱的人拉下水，利用自己的吸毒圈子“帮助”新的吸毒人员购买毒品，自己从中提取部分供自己吸食。

（三）加强对戒毒人员的社会帮教，是防止戒毒人员危害社会治安的需要

国内外无数事例证明，吸毒行为会诱发其他违法犯罪行为。一方面，吸毒行为的存在和蔓延会刺激制毒、贩毒活动的蔓延、泛滥；另一方面，有吸毒行为的人为了获得吸毒所需的巨额费用，往往会铤而走险进行其他违法犯罪活动，如盗窃、抢劫、杀人、诈骗、卖淫等，严重危害社会治安。抓好对戒毒人员的教育挽救工作，防止他们走上复吸之路，消灭吸毒现象，对减少违法犯罪行为、维护社会治安稳定有积极的现实意义。

任务二　社会帮教措施

一、建立和健全三位一体的联合帮教体系

戒毒人员回归社会后，为了更好地巩固戒毒成果，彻底消除他们对毒品的生理和心理依赖，尽可能减少复吸现象的发生，建立和健全“家庭、社会、政府三位一体”的联合帮教体系，预防戒毒回归人员走上复吸的道路，帮助戒毒回归人员培养健全的人格，彻底完成“社会化”，走上自食其力的道路，成为守法公民，重新开始新的社会生活。

所谓“家庭、社会、政府三位一体”的联合帮教体系，是指以城乡小型社区（城市以街道、农村以乡镇）为单位，吸收社会、家庭、政府的力量，建立戒毒康复社区，配以相应的活动内容（如心理行为矫治等），帮助戒毒人员回归社会。

1. 家庭力量

家庭力量主要是指家庭成员为戒毒人员提供的包括爱情、亲情在内的情感支持，协助社区做好戒毒康复者的思想工作，帮助戒毒人员调整好自己的情绪。家属是戒毒

人员生活的基础和依靠，是开展帮教工作的核心阶层。但是他们往往存在着对亲人吸毒感到痛心、对能否戒掉毒感到担心、对不知怎样帮助他们而揪心等焦虑的心情，甚至在面对一些消极的“毒难戒”的传闻时感到恐惧。家庭成员是社会帮教作用最直接的力量。有研究发现，在被家人接纳的研究对象中，有25%能够在治疗后三年内维持操守，但在不被家人接纳的研究对象中，没有一个能够在这段时间内维持操守。因此，在戒毒人员解除强制性戒毒措施之前，要积极争取戒毒人员家庭的支持。例如，给他们写信，打消其顾虑和担忧，利用探视时间积极和他们交流、沟通。对戒毒人员家属宣传毒品危害的同时，要着重宣传其在社会帮教工作中的重要性和帮教工作的方法，如接纳戒毒人员，把他们导回正途，不再与毒友来往，加强其意志力及坚定力，帮助他们抗拒毒瘾，同时用亲情对戒毒人员进行感化教育。

2. 社会力量帮教

社会力量包括社会中的慈善福利机构、私营企业、社会团体、知名人士、戒毒成功人士等。

社会中的慈善福利机构、私营企业为戒毒回归人员提供就业培训及就业岗位，帮助戒毒回归人员实现就业。

社会团体、知名人士则可实施激励帮教。激励帮教主要是广泛邀请社会人士、党政机关团体的负责人、专家教授、英雄模范人物等，以作报告的形式进行的一种正面教育，以正面人物为榜样，感染、鼓励戒毒人员，用先进人物的先进事迹去影响和激励他们如何面对现实、面对人生，从而获得新生。

另外，让那些曾经因吸毒一度失足，最后又“迷途知返，走上新岸”的戒毒成功人士现身说法，用这些回头浪子的切身感受和成功经验教育其他戒毒回归人员，培养和强化戒毒回归人员戒毒的信心和毅力。

【相关案例】

李继东的“重生工厂”：没有围墙的戒毒所①

李继东，男，29岁，云南省思茅市民营企业家。

毗邻“金三角”的云南省思茅市，由于地理、历史、文化等原因，吸毒人员较多，在传统的戒毒模式下，复吸率一直居高不下，禁毒形势十分严峻。李继东出生于一个禁毒民警家庭，耳闻目睹了许多吸毒造成的人间惨剧，这些事件让他震惊。2002年8月1日，李继东创办了思茅重生预制板厂（以下简称“重生厂”），对戒毒者实行“人性化关爱，准军事化管理”，探索出一种“无毒品+无歧视+生产自救+劳动康复+灵魂重塑”的“帮教模式”。

李继东的重生厂环境优美，有篮球场、录像厅、游泳池等设施，职工们生活有规律，五人一组，互相监督、互相帮助、互相促进。厂里没有围墙、没有保安，却很少有人想走，走了的又纷纷回来。在重生厂，工人们不仅戒掉了毒瘾，还学会了开车、做地砖、干建筑活，并亲手建造了新厂房。一些职工在厂里恋爱、结婚，并住进了李继东特设的夫妻房。重生厂成了戒毒人群中口口相传的温馨家园，许多吸毒人员找上

① 中华人民共和国公安部网站. http://www.mps.gov.cn/n16/n1237/n1447/n37395/n43656/n44805/128675.html，2010-05-01.

门来，要求进厂工作。自建厂来，在思茅市委、市政府的关心和支持下，工厂不断发展、壮大，目前已有三个分厂，收纳了戒毒人员179名，占全市吸毒人员的4.2%，其中90%以上是艾滋病患者。中国红十字会有关负责人评价重生工厂是“全国民间组织收纳戒毒人员、艾滋病患者最多的一家”。

面对厂里众多因吸毒而感染艾滋病的职工，他也害怕过，但为了不让“这一幕幕人间悲剧再上演”，他把个人生死置之度外。为了更好地关心、照顾职工，三年来，尽管每一天“都像走在刀尖上，脑袋像是别人的”，李继东仍坚持和艾滋病病毒感染者一起吃住。他患有先天性心脏病，对他来说，感冒、饥饿甚至多吃了两口饭，都是生死考验。尽管如此，办厂三年，李继东几乎每天，从5点起床一直忙到夜深人静，因劳累过度，他不下20次强捺住狂跳的心脏一个人到医院就诊。2005年11月，做完心脏手术后的第三天，李继东就急着要回厂里，没法开车，就请人开车一路颠簸来到重生厂。一次，为制止一个醉酒的艾滋病患者自杀，李继东的手被抓伤了，又一次面临生死考验。

为了重生厂，李继东顾不上照顾儿子，连母亲病了也只是匆匆看上一眼。可厂里职工的事，无论大小，李继东都要亲自负责。许多工人说：“就连父母亲都没像东哥那样为自己操劳过。”14岁的吸毒者、艾滋病感染者小王，进厂后身体流血不止，是李继东凑了7千多块才把他从死亡线上救了回来。厂里先后有7名艾滋病人去世，每个人都是李继东亲自清洗、穿寿衣送走的。对许多重生厂的职工来说，李继东不是亲人，胜似亲人。一次，一个姓陈的艾滋病患者躺在医院，因为便秘，肚子胀得老高，患者的亲姐姐来了，看一眼就走了，而李继东不但让厂里的职工护理他，还冒着被感染的危险，亲手为他抠大便。临终前，小陈硬是不咽最后一口气，他说，“见不到东哥，我不会闭眼睛”。还有“黑鬼”，为了让东哥少花点钱，做了阑尾手术后当天深夜12点偷乘长途汽车回了家，没想到，第二天早晨6点多，刚走进家门的“黑鬼”就接到李继东的电话，让他一定要输液预防感染。最困难的时候，重生厂的工人们曾饿过肚子，但没有人愿意离开李继东，离开重生厂。

“要不是东哥，（我们）要么在戒毒所里，要么早死了”。就经济意义上来说，重生厂也许是世界上最不成功的企业，但它却是世界上最成功的灵魂修复工厂。它不仅挽救了吸毒者的生命，还重铸了179个黑暗中的灵魂，使他们找到了泯灭已久的人性，让他们有信心去和艾滋病魔抗争。也正因为如此，李继东的重生厂创造了一个令外国专家惊叹不已的奇迹：根据医学指标，艾滋病人CT4在200以下就发病，但在重生厂里，有许多CT4在180以下的艾滋病人还没有发病。

三年来，为了重生厂，李继东花空了百万家产，有家没时间管，有病没时间治。企业生存靠工程，重生厂有艾滋病患者的名声传出去后，工程没了，有的朋友见了面连手都不敢和他握，李继东十分火爆的牛奶生意也做不下去了。没有经济来源，厂里的职工却要吃饭、治病，为了让职工留下来，李继东四处借钱，亲戚、朋友的钱，能借的他都借遍了，连没过门的女朋友家都欠了4万多元。后来，工厂的搅拌机、汽车，甚至铁门都当废铁卖了。最困难的时候，曾拥资百万、出有名车、穿有名牌的李继东甚至连吃早点的钱都没有，饿得实在受不住了，就喝水充饥。但直到今天，他还是认为：“用自己的钱拯救别人的生命，得到的远远大于付出！”

李继东把自己的财富、智慧和爱心献给禁毒事业的事迹，得到了省、市党委政府的充分肯定和大力支持，受到社会的广泛赞誉。2006 年 4 月，国家禁毒委副主任、公安部副部长张新枫到重生厂视察时指出，李继东的事迹令人敬佩，如果有更多像李继东这样的人，就能彻底改变云南毒品蔓延的势头。

2006 年，李继东被国家禁毒委员会评为“2005 年度十大民间禁毒人士”。

3. 政府力量

政府力量主要是指政府在社区工作、戒毒回归人员就业等方面予以经济扶持和政策支持。“三位一体”的社会帮教体系应以政府为主导。安置帮教体制是我国现行对刑释和解除劳动教养人员进行管理教育的基本体制和主要形式。戒毒回归人员也应该纳入到这个体系中进行管理教育。目前，全国大多数地方已建立起安置帮教领导机构，成立了“刑释解教人员安置帮教工作领导小组”，领导小组一般由当地党委或政府的负责人担任小组长，成员包括公安、司法、行政、工商、劳动等多个部门的人员。领导小组负责领导本地区的安置帮教工作，贯彻落实党和国家关于刑释解教人员安置帮教工作的方针政策，对当地开展刑释解教人员安置帮教工作作出决策和工作部署，组织、协调各有关部门就帮扶刑释解教人员的就业和正常生活，制定政策，落实措施，组织、指导基层建立健全安置帮教工作。

戒毒回归人员安置帮教工作也应该纳入刑释解教人员安置帮教体系中，建立全面协调的戒毒回归人员安置帮教领导机构。戒毒回归人员安置帮教领导机构要以政府为主导，基层司法部门为主管，建立由公安、街道居委等相关力量组成的帮教网络，进一步完善对戒毒回归人员矫治康复的衔接工作，加大社会帮教救助的力度。在党委和政府的统一领导下，依靠有关职能部门和社会力量，依照法律和政策做好戒毒回归人员这一特定对象的引导、扶持、教育和管理工作。

二、组建社会帮教工作信息系统

社会帮教工作参与人员多，工作环节多，情况变化多，很有必要借助计算机网络技术，建立戒毒帮教信息系统。该系统作为禁毒信息的一个子系统，应能容纳吸毒人员的基本情况、帮教责任人的基本情况、实施教育情况、尿检情况、治疗情况、戒断情况、复吸情况及其他违法犯罪情况等信息，并具有实时录入、查询、比对、考核及统计分析等功能。这样就可以掌握每一个戒毒回归人员有无落实帮教及帮教工作进展情况，了解每一个帮教责任人的工作情况及成绩与不足，也可以分析各个地区总体帮教工作的落实情况及成败得失，有效地起到管理、检查、督促的作用，全面推进社会帮教工作。

对于那些相对落后的地区，无法利用现代化手段建立计算机工作信息系统，则应该建立好台账，用传统的方法将戒毒回归人员的思想动态、工作、生活、学习情况记录下来，全面掌握戒毒回归人员的信息。

三、做好衔接工作，实现无缝对接

做好衔接工作，确保戒毒人员不失控。戒毒回归人员失控问题一直影响社会的戒毒效果。为此，必须将帮教工作的关口前移，环环紧扣，确保每一个戒毒回归人员都能及时接受社会帮教，要抓好出所前后三个环节的帮教工作。

1. 加强出所教育，做好思想准备

强制性戒毒机构要在吸毒人员在所戒毒后期开展有针对性的教育，使每一个在所戒毒人员都能深刻认识身瘾易脱、心瘾难戒，所内无毒环境易下决心戒毒、所外有毒环境考验十分严峻，既要自己有决心，也需要他人的帮助等道理，做好戒毒人员出所后接受社会帮教的思想准备工作。

2. 严格规范衔接工作的程序

强制性戒毒机构要在戒毒人员回归社会之前，告知其户籍所在地或目前居住地派出所，由派出所告知当地安置帮教机构及其家属，落实帮教责任人，并与其家属签订共同帮教协议书。家属凭协议书到戒毒所办理出所手续，并带领出所戒毒人员到派出所报到。

3. 落实责任，及时开展帮教工作

要及时开展社会帮教工作。吸毒人员出所报到后，由帮教责任人与其签订帮教责任书，明确双方的权利和义务，及时开展具体的帮教工作。

另外，需加强对重点戒毒回归人员的衔接管控。对于在强制性戒毒机构戒毒表现较差、有对立情绪的戒毒人员，要严格实行“无缝对接”的办法，做到人员、档案、思想状况及现实表现交接清楚。衔接后，针对戒毒回归人员的具体情况，制订有针对性的帮教计划。

4. 建立外出戒毒回归人员的网络体系

流出地安置帮教机构要在摸排外出人员去向的基础上，与流入地的安置帮教机构签订委托帮教协议；对由有关部门有组织地安排人员外出务工的，要在外出务工人员中建立帮教组织或明确专人帮教的任务；流入地安置帮教组织要通过与本地监所、法院、外来人口暂管中心、公安派出所、劳务公司等涉及外来人口管理的单位建立和完善情况通报和信息反馈机制，排查甄别外来戒毒回归人员。同时，还要通过安置帮教工作的联络员和信息员，在出租屋房东、用工企业中了解信息，进行排查甄别，最大限度地将外来戒毒回归社会人员纳入帮教安置渠道，尽最大努力减少不稳定因素。

任务三　社会帮教实践示例：同伴教育自助小组

一、什么是同伴教育

同伴教育亦称同辈教学、朋辈辅导或同辈辅导，是指具有相同背景、相似经历或由于某些原因而具有共同语言的人在一起分享信息、观念或行为技能，以实现教育目标的一种教育形式。

联合国药物管制和犯罪预防处对同伴教育作出了以下定义：使用相同年龄或相同背景的教员向目标群体传递有教育意义的信息，由同伴教员开展工作，在与他们自身同属的同伴群体或社区内颂扬“健康的”准则、信念和行为，并反对那些“不健康”的人。

建立戒毒回归人员同伴教育自助小组，就是让那些曾经的吸毒人员，通过社工的协调和“成功戒毒同伴”的力量，巩固成果，使小组成员彻底告别毒品，共同发展、共同进步。通过“同伴教育自助小组”的形式，原有的戒毒者可以相互监督，每天反思，巩固戒毒效果。

一般来说，同伴教育是由其中一人或数人向其同伴讲述自己的经历和体会，或充当积极的榜样角色，通过易于理解和接受的方式与被教育者进行交流，从而引发共鸣，达到最佳的教育效果。

行为科学研究证明，如果信息的传达者和接受者经历相似并且关心的事情相同，面临的问题相似，承受的压力也相似，那么后者便更易接受传达者发送的信息，从而改变态度、信念和行为。也就是说，人们通常愿意听取年龄相仿，知识背景、兴趣爱好相近的同伴、朋友的意见和建议。特别在一些敏感问题上，相关人群往往更能听取或采纳同伴的意见和建议。同伴教育就是利用人们的这种从众倾向及同伴之间的这种共性和相似性所引发的信任感，通过榜样的示范带头作用，使同伴更好地接受信息，并潜移默化地施以影响。同伴教育通常首先对有影响力和号召力的同伴教育者进行有目的的培训，使其掌握一定的知识和技巧，然后再由他们向周围的人群传播知识和技能，甚至向更广泛的范围传播，以达到教育的目的。

二、同伴教育在戒毒康复中的运用

1. 美国“凤凰村”的故事

美国“凤凰村”的创建是同伴教育应用于戒毒康复领域的一个重要里程碑。1968年，12名曾有过吸毒行为的人自发在纽约城租赁了一幢建筑物的顶楼居住下来，并将其取名为“凤凰村”。凤凰村的大部分志愿者都是从前的吸毒者。他们相信吸毒者之所以滥用和依赖药物是因为人格上发生了问题，其治疗的目标是帮助吸毒者重新建立人生观和价值观，恢复正常的社会功能观。凤凰村的居住者均互相关心，若有其他人感到烦恼、情绪不好，大家就会主动地与之交谈，这样就使得新的成员体会到一种温暖的家庭气氛，在他们心中涌起了一种归属感，有利于保持操守，彻底戒除毒品。此后，越来越多的“同伴教育自助小组”相继成立，也有越来越多的戒毒者在自助小组的帮助下摆脱了毒瘾，重获新生。

2. 中国民间自发戒毒中的同伴教育：“爱心屋”

2003年3月，居住在贵州省贵阳市三江农场的吴顺国和余红芳夫妇成立了一座“爱心屋”。已经成功戒毒多年的夫妇俩，开通了一条“（戒毒）爱心屋”的咨询热线，通过坦诚交流，帮助那些渴望戒毒的人树立信心、战胜毒魔。此后的一年多时间里，一批自愿戒毒者先后慕名来到三江农场，主动同他们夫妇结伴生活在一起，并从他们那里获得新生的动力。“爱心屋”没有紧锁的铁门，也没有戒毒用药，只有彼此的鼓励、监督所形成的“磁力”，这种“磁力”用吴顺国的话来解释就是，每个人都在帮助别人的同时赋予了自己一种责任，而这种责任感最后变成了自己戒毒的动力和压力。这里没有强制，没有歧视，大家都是同伴，所有的问题都感同身受，因为这里所有的人都吸过毒，所受的痛苦每个人都能理解，有更多的交流，感受不到在外界受人歧视、不被理解的孤单。在这里，戒毒者可以找到自我、找到爱。自2003年初创建以来，“爱心屋”曾接受过帮扶的60余人中，有9人多年没有复吸，18人正在接受帮扶，且状况良好。

三、应用实例：以上海“自强涅槃重生同伴教育小组”为例①

1．小组介绍

2003年，按照“政府主导推动、社团自主运作、社会多方参与”总体思路组建，专门为药物滥用人员提供社会工作服务的上海市自强社会服务总社（以下简称“自强总社”）注册成立。这是一家非营利性社会组织，通过政府购买服务的方式为上海社区药物滥用人员提供综合社会服务。自强总社自2005年始，着手培养同伴辅导员，运用同伴辅导、同伴支持小组等方法，尝试将同伴教育方法运用到戒毒康复领域中，取得了不错的效果。在市禁毒办的支持下，自强总社计划培养更多的戒毒成功人士成为同伴辅导员，以“滚雪球”的方式，将同伴辅导的正面效应进行广泛传播，为更多药物滥用人员提供心理支持，以促进更多的戒毒康复人员远离不良毒友圈，持续保持操守。

2006年初，自强总社着手编写《“同伴自助小组”工作指导手册》，初步拟设组织框架，并物色理想组员，由社工通过个案服务完成小组招募的前期准备工作。同年9月，“同伴自助小组”的8节活动策划书及各项前期准备工作基本完成。2007年初，在上海市禁毒办的大力支持下，自强总社就“同伴自助小组”的发展方向进行深入研究，将“同伴自助小组”更名为“同伴教育小组”。同时，对原先的小组活动策划书作了相应调整，增添“同伴辅导员”培训内容。同年7月20日，“自强涅槃重生同伴教育小组”正式成立，该组以巩固戒断和培养同伴辅导员为目标，首批10名组员均是经过严格筛选的戒毒康复人员。该小组由成功戒断毒瘾，现担任自强总社禁毒志愿者、“自强戒毒咨询热线”主持人、国家二级心理咨询师叶雄女士策划、组织。

2．实施过程

“自强涅槃重生同伴教育小组”主要通过同伴辅导员的选择、培训，小组训练、专题活动，及其他延伸的拓展项目等措施，帮助戒毒人员治疗心理、社会和文化适应不良问题，从而巩固戒断成效。

（1）措施一：同伴辅导员的选择、培训。

同伴教育能否成功，与同伴辅导员的水平密切相关，因此，选择和培训合格的同伴辅导员是教育计划的重要内容。例如，欧洲青年艾滋病同伴教育指导将易为同伴人群所接受、良好的信息接受和传达能力等作为选择同伴辅导员的前提条件。美国艾滋病控制与预防规划中心依据经验，认为同伴辅导员应具备以下条件：条理清晰，具有感召力；有良好的人际交往技巧；与同伴有相似的社会文化背景；能被同伴接受并尊敬；自愿接受培训，有高度的责任心；能以倡导者、联络员的身份和教育对象架起帮助桥梁。

同伴辅导员是在进行同伴教育时正面影响的施加者。同伴辅导员可在与同伴的互相帮助过程中，与同伴共同面对和克服常见的药物滥用问题或康复障碍。经过培训后的同伴辅导员可在同伴漫长的康复过程中的某一特定的阶段，为同伴提供心理上的支持，并且传播理想或价值观。同伴辅导员是同伴教育的具体实践。

培养同伴辅导员不仅仅是服务、帮助同伴，当同伴辅导员在服务他们的同伴时，随着对他们赋权的增加、示范职能的发挥，这个过程其实也是他们保持操守的一个途

① 叶雄戒毒网．http：//www.yexiongjd.com/，2010－05－01．

径，是对他们行为的一种约束与规范。这对他们最终的康复和社会功能的真正恢复将起到非常积极的作用，因为当他们在体现自身价值的同时，自身也是受益者，充分体现了“助人就是助己”的理念。因此，同伴辅导员的培养也是同伴辅导员自我约束、保持操守和最终实现康复的有效途径。

“自强涅槃重生同伴教育小组”在实践中，选择了成功戒毒多年的叶雄女士作为第一层次的同伴辅导员，以滚雪球的方式培养第二层次、第三层次的辅导员，以同伴辅导的正面效应进行传播。

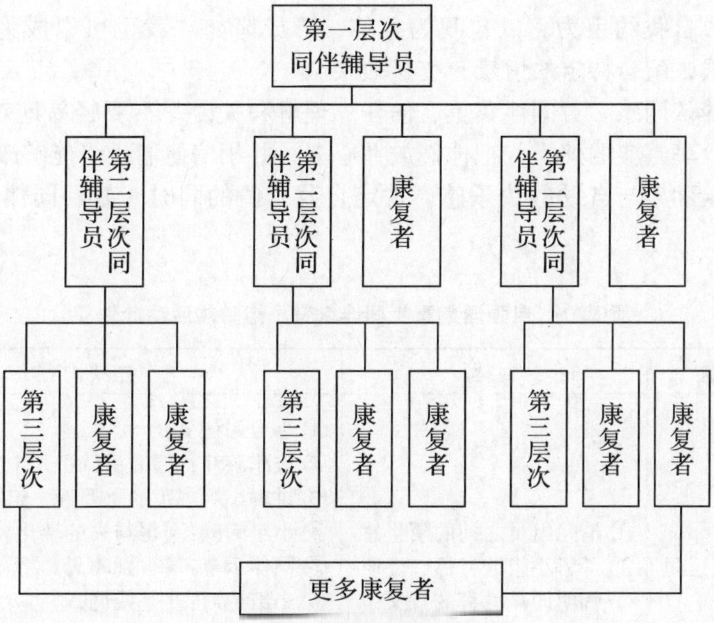

同伴辅导员培养示意图

【相关案例】

叶雄小档案

叶雄，2002 年 3 月完成劳教戒毒。叶雄具有较好的教育背景，具备奉献精神及一定的写作与表达能力，因此成为第一层次同伴辅导员的培养对象。2005 年初，叶雄进入自强总社担任禁毒志愿者工作，开始接触社会工作实务，接受了多次有关“物质依赖的心理治疗和心理咨询”等培训，通过了“国家二级心理咨询师”的考核。她的主要工作是接听“自强戒毒咨询热线”及热线的跟踪服务。三年来，叶雄共接听了来自全国各地 2 000 多个热线电话，跟踪服务 700 多人次，为百余人提供了生理戒毒和心理咨询服务，介入 57 个家庭，发出一百多封信和贺卡，写下了几十万字的访谈记录、工作心得、“同伴个案辅导计划”和“同伴小组活动策划”等。同时还参加了各类媒体的采访、拍摄工作，进入社区、学校、院所等场所进行演讲。2007 年，开展“同伴教育”的时机成熟，叶雄正式成为第一层次同伴辅导员，主要以社会工作中的个案工作和小组工作等方法培养第二层次的同伴辅导员，同时帮助其他有需要的药物滥用者。

（2）措施二：小组训练、专题活动。

“自强涅槃重生同伴教育小组”通过有计划的常规活动和专题活动（具体活动形式见附表《自强涅槃重生同伴教育小组常规活动计划》、《自强涅槃重生同伴教育小组专题活动表》），达到生理、心理康复，巩固戒毒效果的目的。

第一，在小组活动中获得新知，包括提高自信的方法和生活理念，提高需求意识，收获调整心理、修复社会功能的技巧。

第二，被赋予权利。通过辅导员、督导、社工和其他组员的授权，激活目标组员的能量，在关注与被关注中成长和发展完善。

第三，形成自我约束力。以自我为载体，形成诸如“我也可以成为别人的榜样”的良性思维方式，配合特定的情景，突显效果。

第四，培养认同感。对同伴尊重、信任、理解和关爱，不要轻易地对他们下结论，坦诚地与他们分享真实的感受，把他们放在心上，并相信他们最终能够改变。

第五，体验助人与自助的快乐感。肯定自我价值的同时，鼓励同伴明确成长方向和价值观。

附表1：自强涅槃重生同伴教育小组常规活动计划

节次	主题	目标	主要内容
1	我们在这里起航	① 消除组员之间的陌生感 ② 了解小组的目标、性质 ③ 阐明同伴教育的意义 ④ 建立小组规范	① 小组课程简介 ② 破冰游戏：握握手认识几个好朋友 ③ 讲解小组规范的重要性，组员订立守则 ④ 小组阅读：《得与失的转化》 ⑤ 同伴示范：《告别昨天》 ⑥ 小组练习：《基线调查》 ⑦ 同伴分享：《我的故事》 ⑧ 冥想放松练习 ⑨ 做评估问卷，分享活动感受 ⑩ 布置家庭作业：《展望我的新生活》
2	从困境中崛起	① 了解情绪对身体的影响 ② 学习接纳自己和所处环境 ③ 学习善用情绪引线 ④ 接听热线的基本技能	① 家庭作业分享 ② 小组阅读：《放下》 ③ 同伴示范：《如何善用情绪引线》 ④ 小组练习：《我的自画像》 ⑤ 同伴分享：《自我探索》 ⑥ 冥想放松练习 ⑦ 辅导技能培训：《如何接听热线》 ⑧ 做评估问卷，分享活动感受 ⑨ 布置家庭作业：《写给自己的话》

（续上表）

节次	主题	目标	主要内容
3	自我升华	① 帮助组员认识自己的力量 ② 提升小组的积极趋向 ③ 学习“同伴教育”的理念	① 家庭作业分享 ② 小组阅读：《你不能，但你可以》 ③ 同伴示范：《在我戒毒的日子里》 ④ 小组练习：填写问卷《自我升华表》 ⑤ 小组分享：《我的重生》 ⑥ 冥想放松练习 ⑦ 辅导技能培训：《什么是同伴教育和价值》 ⑧ 坚定信念训练：《我们的信念》 ⑨ 本节评估：做评估问卷，分享活动感受 ⑩ 布置家庭作业：《设计一张送给同伴的贺卡》
4	挑战你的思维	① 识别自己的非理性思维方式 ② 建立正性思维的方法 ③ 掌握一些面谈的沟通技巧	① 家庭作业分享 ② 小组阅读：《破折号》 ③ 同伴示范：《那一次我战胜了自己》 ④ 小组练习：《挑战你的思维》 ⑤ 同伴分享：《有关正性思维的话术》 ⑥ 冥想放松练习 ⑦ 辅导技能培训：《面谈的沟通技巧》 ⑧ 坚定信念训练：《我们的信念》 ⑨ 本节评估：做评估问卷，分享活动感受 ⑩ 布置家庭作业：《有效拒绝毒品的几个技巧》
5	为了明天，我们承诺	① 澄清并设定训练目标 ② 了解自己的矛盾心理 ③ 如何进行提前介入的培训	① 小组朗读：《我们的信念》 ② 家庭作业分享 ③ 头脑风暴：如何停止对毒品的渴求 ④ 同伴示范：《重拾飘逝的灵魂》 ⑤ 同伴分享：《我的康复一二事》 ⑥ 冥想放松练习 ⑦ 辅导技能培训：《怎样给所内的同伴写信》 ⑧ 坚定信念训练：《为了明天，我们承诺》 ⑨ 本节评估：做评估问卷，分享活动感受 ⑩ 布置家庭作业：《我的康复故事》 ⑪ 小组合唱：《阳光总在风雨后》
6	让我们相信改变	① 自我改变可行性的探索 ② 制订一个短期的改变计划 ③ 学习“同理”的技巧	① 小组朗读：《我们的信念》 ② 作业分享 ③ 小组阅读：《拾星者的故事》 ④ 同伴示范：《将“改变”写进康复字典》 ⑤ 小组练习：《促进改变的策略》 ⑥ 同伴分享：《我康复中最成功的一次改变》 ⑦ 冥想放松练习 ⑧ 辅导技能培训：“同理”的技巧 ⑨ 坚定信念训练：《让我们相信改变》 ⑩ 本节评估：做评估问卷、分享活动感受 ⑪ 布置家庭作业：《我的改变计划表》 ⑫ 小组合唱：《同一首歌》

（续上表）

节次	主题	目标	主要内容
7	感恩——心灵的源泉	①学习善和爱的理念 ②有关倾听技巧的培训 ③对组员预告小组即将结束	①家庭作业分享 ②小组阅读：《凡事感激》 ③同伴示范：《请允许我说声：谢谢!》 ④小组练习：《当你只剩下一个月的生命》 ⑤同伴分享：《当你只剩下一个月的生命》 ⑥辅导技能培训：《倾听的五个层次》 ⑦放松练习：合唱《感恩的心》 ⑧坚定信念的训练：《我们的信念》 ⑨本节评估：做评估问卷，分享活动感受 ⑩布置家庭作业：《感谢小组让我获得成长》
8	点亮生命，放飞希望	①处理组员的离组情绪 ②强化同伴支持的效应 ③商议如何开展同伴辅导	①小组朗读：《我们的信念》 ②总结回顾：PPT演示《我的小组，我的家》 ③同伴分享：《感谢小组让我获得成长》 ④小组游戏：《我的祝福》 ⑤真情一刻：小组全体成员话别 ⑥本节评估：做评估问卷，分享活动感受 ⑦告别仪式：《放飞希望》 ⑧小组合唱：《明天会更好》

附表2：自强涅槃重生同伴教育小组专题活动表

活动节次	活动时间	主题
1	2007.04	“今天我一岁了——阿炜新生日聚会”
2	2007.08	“好男儿生日会”
3	2007.09	“特殊的教师节”
4	2007.10	“健康体检伴我行”
5	2007.12	“谢谢你的爱”
6	2007.12	“欢乐之夜”
7	2008.02	“新年的祝福——小组年夜饭”
8	2008.03	“3.8聚会——欢迎我们的新媳妇”
9	2008.04	“相约新生路”——凌鸿新生日聚会
10	2008.05	“有多少生命可以重来”
11	2008.06	“人生健康之路”
12	2008.06	“用奉献诠释生命中的真爱”
13	2008.07	“让我们为自己骄傲”
14	2008.07	“我和小组一起成长”

（3）措施三：同伴教育拓展性项目。

“自强涅槃重生同伴教育小组”依托培养建立的同伴辅导员队伍，开展了形式多样的同伴教育拓展性活动项目，主要有：

①“同伴信箱”。通过与“场所”内同伴的书信往来，提供“提前介入”的服务，为戒毒康复人员走出大墙、重返社会后能尽快地适应和融入社会，做好各种必要的心理准备。

②“拾星者计划”。运用“同伴教育”的理念，在同伴之间开展同伴个案服务。

③“同伴演讲”。通过演讲的形式，以组员的亲身经历以及体会去感染需要帮助的药物滥用人员，帮助他们建立戒毒的信念。

④“同伴之窗”。为同伴提供相互支持交流的平台，以博客、通信、简报等形式，展示同伴小组成员新生的风采与心声。

⑤“同伴之音”。依托戒毒热线，为药物依赖人员及他们的家属提供免费的戒毒康复服务、心理支持和防复吸指导。

项目三　强制隔离戒毒人员回归社会后的复吸预防

【知识目标】

了解毒品复吸状况，熟悉如何从心理和行为上预防毒品的复吸。

【能力目标】

能熟练应用心理学相关技术开展毒品复吸心理咨询、心理矫治工作。

【工作任务】

毒品复吸状况；毒品复吸的心理预防；毒品复吸的行为预防。

任务一　毒品复吸状况

一、毒品复吸率

毒品复吸是指毒品吸食者经过戒毒治疗并取得成果后又因种种原因而重新使用、吸食毒品并再次对毒品形成依赖的行为。目前世界各国的复吸率都居高不下，如何提高戒毒效果、降低复吸率是我们现在面临的重大难题。

（一）国外毒品复吸状况

复吸是一个世界性难题，是影响戒毒工作成效的关键所在。居高不下的复吸率一直困扰着世界各国戒毒工作的正常开展，影响禁毒工作的实效，它使投入戒毒工作的大量人力、财力被抵消，严重干扰了各国政府的禁毒工作进程。同时，因复吸导致的犯罪、疾病等社会问题已经严重影响了人类的正常生活。例如，吸毒者往往是易感艾滋病的高危人群，在美国，四分之一的吸毒者是艾滋病病毒携带者。

据统计，国际上戒毒巩固率平均只有9%左右，也就是说，国际复吸率平均在91%左右。其中，美国的毒品复吸率为95%，德国的为87%。据联合国统计，全世界吸毒人员的毒品复吸率在95%以上，每年因吸毒死亡的20万~30万人中绝大部分是复吸者。

（二）国内毒品复吸状况

根据我国国家禁毒委员会公布的统计数字，2002年我国累计登记在册的吸毒人员已达100万；截止至2005年底，登记在册的吸毒人员已超过116万；截止至2007年4月，全国吸毒人员数据库共排查录入吸毒人员80.39万，由于尚存在很多未登记在册的隐性吸毒人员，所以我国实际吸毒的人员远远大于这个数目。

在我国，通常认为，以一年期计算复吸率，鸦片毒瘾戒毒者复吸率达80%以上，吸食海洛因成瘾者复吸率高达90%以上。官方公布吸毒人员戒毒后复吸率为95%，专家认为是98%，平均戒毒次数3.9次。

上海曾对1997—1999年上半年解教人员进行全员情况调查，调查发现三年明确未复吸的人数仅占总数的4.4%。

据云南省禁毒部门调查统计，该省累计组织调查的13万名戒毒者中，屡戒屡吸现象十分普遍，复吸率在90%左右。更有甚者，据某戒毒康复中心对600多名戒毒出所人员的跟踪调查发现，三年后没有复吸的仅占1%。

广东省强制戒毒人员的戒毒率不足10%，在戒毒医疗结构的戒毒成功率不足5%。广东省劳教局对场所内373名女性劳教人员的调查显示，自愿戒毒后的复吸率为93.6%，经公安机关强制戒毒后的复吸率为88.5%。

湖北和宁夏对吸毒劳教人员的全员调查表明，复吸一次的占56.9%，复吸2~3次的占21.1%，复吸4次以上的占12.5%。

二、毒品复吸用量的变化

吸毒者在成功脱毒后，由于种种原因又导致复吸时，其毒品的用量会发生一定的变化。复吸的初期，由于刚刚进行完脱毒治疗，吸毒者对毒品的耐受性下降、敏感性提高，少量毒品就可以使其体验到快感，因此在此阶段吸毒者的毒品用量是相对较少的。而此时，有些吸毒者不了解身体的这种变化，仍然按照原来的剂量吸毒，极易造成吸毒过量。一旦吸毒过量，超出了人体所能承受的最大限度，会立即引起吸毒者中枢神经系统的抑制，同时呼吸、心跳减慢，严重者会因呼吸衰竭而死亡。这种用量变少的情况持续时间并不很长，随着时间流逝，吸毒者的身体会渐渐对毒品产生耐受性。所谓耐受性，是指长期使用毒品后身体对毒品的敏感性降低，快感减弱，要想达到原来的快感程度，只能不断提高毒品剂量。所以复吸以后，吸毒者对毒品的吸食或者注射量会越来越大，频率也日益增加。这也是毒品的致命危害之一，它让吸毒者一步一步越陷越深，直至最后走向死亡。

以上是吸毒用量加大的变化趋势，但是具体到每个吸毒者又有不同的情况。例如，有些人觉得戒毒时受了很多痛苦，其毒品的用量也必然增大；有些人复吸后产生自暴自弃的想法，觉得自己没用，戒不了毒品，不如干脆堕落到底，对毒品的用量也不再加以控制。

三、吸毒方式的变化

吸食毒品的方式大体可以分为以下四种：

（一）通过呼吸道吸入毒品

（1）追龙。将毒品粉末倒在锡纸上，用打火机点燃，在锡箔纸下加热使毒品产生烟雾，同时嘴含吸管，并在纸上来回移动，一面加热一面将烟雾吸入呼吸道。

（2）与香烟同吸。将毒品卷入香烟内（有的是特制的含毒香烟），使毒品随着香烟烟雾一起吸入呼吸道。

（3）烟枪吸毒。将毒品装上专用烟枪，再用火点燃，吸其烟雾。

（二）黏膜摩擦吸食毒品

将毒品在口腔黏膜或鼻黏膜上摩擦，使毒品通过黏膜而吸收。

（三）吞服毒品

将毒品直接吞入口中，通过胃肠道吸收，进入血液循环。

（四）注射毒品

（1）静脉注射。在杯（或瓶）中倒入适量毒品粉末，加水溶解。注射部位皮肤消毒后，用注射器抽取毒品溶解液，从静脉注入。

（2）动脉注射。其方法与静脉注射法相同，所不同的是从动脉注入。

（3）其他注射法。皮下注射、肌肉注射、指甲下注射，这些注射方法与静脉、动脉注射法相同。

初吸者一般来说以使用前三种方式比较多，但是随着复吸，毒品带来的快感越来越小，如果毒品剂量较小或纯度不够，吸毒者便找不到那种飘飘欲仙的感觉，于是很多人转而采用注射方式以寻求一种短暂即逝的快感。静脉注射毒品危害最大，不仅使吸毒者的毒瘾越来越重，而且极易感染其他疾病，如有的吸毒者注射毒品时，一时找不到蒸馏水稀释，就用自来水或抽自己的血液来稀释，注射器也不消毒，这样极容易感染一些传染病。吸毒者还常常共用一个注射器，造成交叉感染。所以，吸毒者中肝炎、结核、艾滋病等传染病病发率很高。此外，静脉注射若掌握不好，过量的话很容易造成死亡，有的吸毒者还将一些不适于静脉注射的片剂、粉剂混入水中供静脉注射，如果注入不溶解颗粒而造成血管栓塞，后果将不堪设想。我国艾滋病患者中90%以上是因为静脉注射毒品而感染的。

任务二　毒品复吸的心理预防

一、强化主动的戒毒动机

动机对行为具有激励、调节和维持的作用，对违反动机的行为有停止的作用。要戒毒成功，必须不断强化戒毒动机。戒毒者在戒毒所时，由于隔断了和外界的自由交往，毒品无法获得，加上药物治疗和法制教育，吸毒动机得到一定程度的抑制。走出戒毒所后，可以自由与外界交往，毒品比较容易获得，原来被抑制的吸毒动机又重新活跃起来，如果再遇到家庭、社会的歧视和不信任，就业无门，精神空虚，稽延性戒断症状，身体感到严重不适，自己缺乏正确解决各种困难和挫折的能力，情绪的困扰，原来的“粉友”的诱惑等各种主客观方面的冲击和干扰，这个时候，主观上强烈的戒毒动机就显得非常重要了。

戒毒动机是通过理智的思考而建立起来的。据有关研究，吸毒人员入所戒毒的动机各不相同，可归纳为以下六种：

（1）真心戒毒型。认识到吸毒的危害，体会到吸毒将受到社会的谴责和家人的冷遇，体会到自己吸毒给家人带来的痛苦，真心要戒掉毒瘾。

（2）强迫戒毒型。在亲人的强迫或苦劝下戒毒，或者为了躲避公安机关的禁毒大行动，或因毒品暂缺，被迫戒毒。

（3）寻找快感型。长期滥用毒品，耐药性增加，需要不断加大毒品用量，才能产生快感，经济负担重，对身体伤害大，戒断一段时间再复吸才能获得快感。

（4）自身保护型。因身体疾病，营养不良，担心继续吸食会死亡，想通过戒毒恢复体质，以利再吸。

（5）缓解拮据型。毒品价格昂贵，长期吸毒，已坐吃山空，又无固定经济来源，通过戒毒来缓解经济拮据，一旦有钱重新再吸。

（6）谋求获利型。吸毒者往往是以贩养吸，想通过到戒毒所戒毒，多结识一些"朋友"，出去以后，向这些人推销毒品。

以上六种类型的戒毒动机中，只有第一种是属于真心戒毒，其他五种都是属于虚假戒毒，或者前者称为主动戒毒，后者为被动戒毒。动机正确、主动、正面，对于保持操守有重大影响。对于在强制性戒毒机构戒毒的戒毒人员，其戒毒动机绝大部分是被动的。因此，在强制戒毒期间需要通过教育和心理辅导，改变他们被动的戒毒动机，以保持较高的操守率。戒毒人员回归社会后，需要保持强烈的、主动的戒毒动机，这样才能在戒毒过程中，克服各种主客观方面的困难和挫折，抵制住各种诱惑和暗示，把戒毒行动坚持下去，做到彻底戒断。

二、战胜吸"最后一口"的诱惑

有些吸毒者在戒断了一段时间后，在心瘾的驱使或毒友的引诱下，认为已经戒了这么长时间，吸"最后一口"了一下心愿，认为吸"最后一口"不会上瘾，吸"最后一口"后就戒掉，便轻易地吸了"最后一口"，然后又会吸第二个"最后一口"，再第三个"最后一口"……结果很快导致复吸。

吸"最后一口"是向心瘾的妥协。戒毒过程中，心瘾是不断出现的，戒毒动机强、意志坚定时可以控制心瘾；当事人情绪低落、内心虚空的时候，戒毒动机就会发生动摇，就难以驾驭心瘾，从而向心瘾妥协。从戒毒一下子转变为吸毒，当事人心里难以接受，这和已有的对毒品的认知是矛盾的，必须寻找一个合理化的过渡办法，便产生了"吸最后一口后一定戒掉"的自欺欺人的方法。如果主观上不是自我欺骗的话，那也是一种侥幸心理。因为毒品是用它的双刃剑对人进行毒害，一方面吸食它后，会使人产生一种刻骨铭心的欣快感；另一方面，中断它后，会产生痛苦不堪的戒断症状。戒毒初期通过生理脱瘾，急性戒断症状已经消除，但稽延性戒断症状及心瘾仍然存在，随着戒毒时间延长，稽延性戒断症状会慢慢减轻，心瘾也会慢慢减弱，但是，当当事人遇到主客观困难与挫折，又无力解决，情绪苦恼时，心瘾会暂时增强，这时如能战胜它，心瘾就会减弱；这时如果用毒品来满足它，那么旧日吸毒后产生的全部刻骨铭心的欣快感会被重新记忆起来，并且由于戒断一段时间，人体对毒品的耐受性降低，吸食或注射比原来量少的毒品，都会产生欣快感。“吸最后一口”是对心瘾的强化，吸“最后一口一定戒”必然成为空谈。此时，当事人会产生另一种认知策略来原谅自己，就是“隔几天用一次药不会上瘾，自己能控制好”，实际上用药的时间间隔越来越短，用药的量越来越大，复吸已不可避免了。

三、纠正错误认知

吸毒人员文化水平普遍较低，逻辑思维能力差，不能透过现象看本质，透过原因看结果，不能辩证地看问题，对吸毒、戒毒、复吸，对自己、人生、生命，对家庭、社会等方面都存在着错误的认识，人的认知会影响情绪和行为，不良的情绪和行为都来源于基本认知上的错误。要改变吸毒者的情绪和行为，首先要改变其错误认知。吸毒者对吸毒、戒毒、复吸的错误认知主要表现为：

1. 对毒品与吸毒的错误认知

认为吸毒是身份和财富的象征，吸毒是勇敢的行为，是敢于向禁区挑战；认为吸毒是天下最快乐的事情；认为吸毒能减肥、能美容、能治病；认为吸毒能使人忘记一切痛苦与烦恼；认为自己的自控能力强、素质好，吸毒不会成瘾，即使成瘾也能戒掉，等等。

2. 对戒毒的错误认知

最初戒毒时认为戒毒很容易，但经过戒毒—复吸几次反复以后，对戒毒持悲观态度，认为一辈子都无法戒毒；认为戒毒跟一般治病差不多，仅限生理症状一个方面，认为生理脱瘾，没有急性的戒断症状就是戒毒，没有认识到戒毒是一个包括脱毒、康复、后续照管三个互相区别又紧密联系的过程，缺一不可，否则容易导致戒毒失效，走向复吸；由于吸毒是违法的不光彩的事，吸毒时瞒着家人，戒毒也瞒着家人，认为戒毒不能依靠家庭；由于急性戒断期的症状依靠药物控制，使认为无论什么症状都要靠药物解决，如稽延性戒断症状，严重时可以用些药物来控制，但主要是依靠生活有规律，改善营养，加强体育锻炼，多参加有益的娱乐活动，自身的调节比药物更重要；认为戒断后少和人交往就能保持操守，戒毒后不要和原来吸毒的朋友交往，但不是说交往越少越好，要积极主动地去建立健康的交往圈子，才能经常从朋友那里获得信息，减少自己的苦闷感、孤独感，当自己有困难时也能向这些朋友诉说，争取帮助。

四、应对高危情境

高危情境可分为客观和主观两个方面。客观方面，吸毒者戒毒后虽然已经一两个月甚至半年以上不再吸毒，但一旦看见原来吸毒的朋友，看到原来的吸毒环境和吸毒工具，或者听到别人谈论吸毒的感受，都会触景生情，出现渴求感，这时如果以还“心愿”作借口，谓之吸“最后一口”，就会使条件反射得到强化，诱发继续吸毒的内在驱动力，使戒毒成果前功尽弃，导致复吸。如果此时能控制自己，不吸所谓的“最后一口”，条件反射就会减弱，就能保持操守。主观方面，体验到负面情绪，遇到困难和挫折没有应对能力，感到空虚无聊，体验到躯体的痛苦（如严重失眠、骨骼肌肉疼痛）等，或过度愉快的体验、手中有一大笔钱等，他们缺乏正确的对策，联想到过去吸毒的固有经验，用吸毒的方式来解决，或者是乐而忘忧，吸毒是为了“喜上加喜”，在兴奋的激情下导致“再吸一口”。

对于客观的高危情境，可采用暴露疗法。暴露疗法可以用吸毒工具，如锡纸、针筒、针头、白色粉末等作为实物刺激；用吸毒的图片影响作为图像刺激；用谈论吸毒的感受作为语言刺激。以小组为单位，让当事人暴露在这些刺激性的情境中，引起条件反射的各种反应，激起对毒品的渴求感，并要求每个人报告这些反应，主持讨论者记录下这些反应，由于在戒毒所得不到毒品的强化，这些条件反射就会逐渐被削弱，这从几次试验的结果，每个人所报告的反应时呈逐渐减弱的趋势中可得到证明，渴求感也会逐渐降低，使之逐渐耐受并适应这样的刺激。走向社会后，遇到类似的刺激就会产生抵抗诱惑的能力，克制住吸“最后一口”的冲动。

暴露疗法主要运用以下三种治疗技术：

(1) 情景诱发技术。主要运用实物，尽可能具体、逼真。

(2) 想象诱发技术。主要运用图片、影像和语言暗示，激发相关联系。

(3) 自我心理分析技术。分析“心理苛求”的强度及引起的主客观因素。

围绕上述内容，积极开展相关的主题活动、游戏活动，组织小组讨论会、全体集会等，帮助戒毒人员提高应对高危情境的能力。

五、抵制心理渴求

戒毒中的难点是心瘾问题，也就是难以抵制对毒品的心理渴求。大部分吸毒者戒毒后，躯体依赖性即生理上的毒瘾基本消除，虽然还有稽延性戒断症状，但是适当用些药物，注意生活规律，加强体育锻炼，一般情况下，能自我控制，但心瘾，即精神依赖性，往往无法摆脱，这是毒品对中枢神经系统作用产生的一种特殊的精神效应，这种精神效应强迫吸毒者不顾一切地寻求毒品满足自己的欲望，如同本能的内驱力将整个身心、思维都投向毒品，寻求一种欣快感和舒适宁静的精神效应。这种欲望在非常强烈的时候，只要有人提供一点小小的诱惑，心理上稍稍有点松动，就会重蹈覆辙，投入毒品的怀抱。精神依赖的顽固性是戒毒后再次复吸的主要原因。吸毒人员说“断得掉，忘不掉”，这些人总是想着再吸“最后一口”。

要抵制心理渴求，必须不断强化戒毒动机，对毒品危害性要有充分的认识，重建认知建构，重建人生观、价值观，以正确的人生观、价值观作为指导，把抵制心理渴求深化为抗拒毒品的潜意识，真心和决心热爱生命，拒绝毒品，形成一种能和心理渴求抗衡的精神力量，在心理渴求强烈的时候，才能权衡利弊，比较得失，才能冲破心理渴求的羁绊，自己做自己的主人。

记录心理渴求的体验，通过观察心理渴求感的变化，可以体会到渴求感有一个上升、达到高峰然后减弱的过程，根据自己心理渴求感的变化，绘制心理渴求感曲线图，掌握心理渴求感变化的规律，只要不予强化，心理渴求感就会逐步减弱，从而认识到心理渴求不是不可战胜的，克服即时满足（如对毒品的满足），学会延时满足（对戒毒需求的满足）。

六、负面情绪调节

负面情绪是吸毒者开始吸毒的诱因之一，他们在吸毒前往往在工作、恋爱、婚姻、升学或升职以及家庭生活、生意经营、人际关系等方面遭到挫折或失败，在情绪低落，心境抑郁、苦恼，生活空虚的情况下，听别人说毒品是解决一切烦恼的良药，借吸毒来寻求心理的解脱；吸毒以后，毒品不仅损害他们的身体健康，也对他们的精神造成伤害，每次吸毒后，当欣快、舒适、宁静的感受体验过后，随之而来的是一种抑郁、焦虑、失落等情绪低落的感觉。为了克服这种感觉，他们再次吸毒，促使他们的负面情绪越发严重；他们戒毒以后，负面情绪是引发复吸的因素之一。稽延性戒断症状，除了身体不适外，还有心理方面的表现，主要是负面情绪，如易激怒、焦虑不安、抑郁、苦闷、空虚等，苦不堪言，心理脆弱，此时若遇到就业受阻、家人的冷落歧视、婚姻破裂、社会不接纳等挫折，或毒品、毒友的诱惑，就很难坚持住，容易造成复吸。负面情绪调节可以用发泄疗法和情感疗法。

（一）发泄疗法

吸毒者在人生旅途中往往会遇到很多不愉快的事情，经历各种挫折，面对社会的歧视、家人的伤心和失望，他们丧失了自信与自尊，有较强的抑郁感、焦虑感。对生活的失望和无奈，也有较强的愤怒和不满被有意地压抑在内心。这些消极情绪会干扰他们对他人、对自己作出正确的评价。所以要让他们把这种消极能量释放出来。

1. 发泄疗法的具体实施过程

在心理医生主持下，按每组 8～12 人围坐成一个圆圈，手中不可持有任何东西，不可触碰他人，不可擅自离席，但每个人可以任意谩骂，包括说各种脏话，但必须坐在椅子上，不得站立。当事人宣泄了自己的苦恼和愤怒之后，心理会获得一定的平衡，促使其冷静地考虑问题；也可以反过来看到自己的不足，以利于其转化。

2. 治疗技术

（1）激发发泄动机；

（2）提供发泄工具，掌握发泄方法；

（3）严格遵守行为规则，保证安全。

可设计相应的主题活动、游戏活动、家庭作业，按计划执行。

（二）情感疗法

情感疗法除了在和他人的互动中宣泄自己的情感外，还要学会正确评价引起情感的事件，情感是伴随人的思维而产生的。情绪的困扰是因不合理的思维而造成的，只有正确地评价自己、评价他人、评价客观事件，才能认识负面情绪产生的原因，才能排遣与调节负面情感。

1. 情感疗法的具体实施过程

采用小组活动的方式进行，每组 5～10 人不等，小组成员在小组中分享彼此的喜悦、悲伤和痛苦，彼此要加深了解，相互信任和接纳，在充满理解和关爱的氛围中宣泄内心的压力，依次讲出自己深藏在心底的秘密和痛苦。如在生活中遇到的不公正的待遇，愿望受阻，被人误解，事业上或情感上的挫折，吸毒的原因和经历，戒毒的过程，今后的打算，与亲人的关系以及违法的事情。心理医生可适当控制，引导当事人探索更深层次的问题，从而正视这些问题，找出解决问题的办法，制订治疗计划。

2. 治疗技术

（1）批判片面性的思维方法，学会全面性地分析问题；

（2）学会换位思考；

（3）学会调节负面情绪的方法。

任务三 毒品复吸的行为预防

一、正确行为塑造

吸毒者往往屡戒屡吸，这是由于在吸毒过程中受到正负强化作用而造成的。吸毒后产生的舒适、欣快、万物皆空的感觉是一种正强化；毒瘾发作时产生的戒断反应是一种非常痛苦的过程，如万蚁噬骨、万箭穿心，苦不堪言，这是一种负强化作用。为了吸毒，他们可以不工作、不吃饭、不睡觉，作息时间全部颠倒，行为完全脱轨。要使吸毒者重新获得正常的行为方式，获得自尊与自信，恢复决心与毅力，可采用行为塑造疗法。

1. 行为塑造疗法的具体实施

要求吸毒者遵守一定的行为规则，完成一定的学习与训练任务。成绩优良者用代币作为正强化物，如用记分卡、筹码作为象征性的物品，代币具有现实生活中的钱币的功能，可换取多种多样的奖励物品或让当事人参与其感兴趣的活动。用代币作为强化物可以不受时间和空间的限制，可以连续强化。犯错误或不及格者可以用对质或碰撞会的方式作为负强化物，对当事人进行批评或攻击，使其认识错误，下决心改正错误。通过这种正负强化的作用，使当事人正确的行为得到恢复和加强。

要引导吸毒者以小组为单位挖掘各人自吸毒后各方面的错误行为，包括自己的日常生活以及对待家人、对待工作、对待社会的错误行为，分析批判错误行为。

2. 治疗技术

（1）奖励正确行为。如遵守行为规则，努力完成学习与训练任务，认真进入角色，勇于剖析自己，用记分或奖励等办法给予肯定和强化，使正确行为得以持续和巩固。这是正强化的作用。

（2）惩罚错误行为。如不遵守行为规则，不努力完成学习和训练任务，不认真进入角色，不勇于剖析自己，用扣分或批评、指责等办法给予惩罚，使错误行为减少或不再发生。这是负强化的作用。

（3）自信心训练。吸毒者往往缺乏自信，通过训练大声地讲话，大胆地提出自己的建议和主张，不断增强他们的自信心。

（4）角色扮演。通过角色扮演，学习重新认识自己在家庭人际关系中应有的角色行为。

二、建立健康的交往圈子

很大一部分吸毒者是在朋友的影响和带动甚至是诱骗下开始第一次吸毒的，交友不慎使得许多人尤其是青少年陷入了毒品的深渊而不能自拔。交往是人的基本需要之一，每个人都生活在各种各样的群体而非真空中，缺乏正常社会交往的人往往会产生孤独感，个人社会化会受到影响。交往圈子对个人的影响是不容忽视的，一个健康的、积极向上的交往圈有利于个人的进步和发展，而畸形的交往圈却是导致戒毒者复吸的重要原因，因此，建立健康的交往圈对防止复吸极为重要。建立健康的交往圈要做到以下四个方面：

（1）对原有的毒友圈子的人坚决说“不”；

（2）面对社会歧视不气馁，以诚感人；

（3）学会交往的技巧；

（4）培养自信心。

三、建立平衡的生活方式

戒毒的最终目的是使戒毒人员能够回归社会，恢复正常的工作、学习和生活。但很多人戒毒后没有工作，失去家庭的信任和温暖，遭受亲友的歧视，生活空虚无聊，缺乏明确的生活目标，因此也就无法恢复正常的生活。所以，要使戒毒者长期保持操守，必须通过行为塑造疗法帮助其建立一种平衡的生活方式，鼓励戒毒人员寻找新的精神寄托，参加一些替代性的活动，转移其对毒品渴求的注意力。

对吸毒者的生活模式起决定作用的是强迫性滥用毒品。强迫性滥用毒品影响到吸毒者的起居和行为方式。在经济上，筹钱购买毒品成为第一需要；在日常生活中，吸毒又成为第一需要。吸毒的意念和行为占据了他们的全部生活。使用毒品压倒一切，其他如饮食、睡眠、工作、学习、健康、自尊自爱、家庭的责任和义务等都可以抛弃。随着吸毒时间的延长，吸毒量的不断增加，生活方式就会发生明显的改变，如昼夜颠倒、饮食习惯改变、生活卫生习惯改变等。要重新建立平衡的生活方式，应该做好以下三点。

1．养成有规律的生活习惯

吸毒者的生活可以说是暗无天日，正常的生活规律完全被打乱，没有一日三餐，也没有昼夜之分，他们的生活基本上就是拿货——吸毒——睡觉。戒毒回归人员要想预防复吸，就必须形成正常的生活规律，努力做到以下六点：① 按时进餐，养成一日三餐的习惯，即使在胃口不好的情况下也要试着吃一点；② 合理搭配营养，多吃水果和新鲜蔬菜，补充充足的蛋白质、钙质以及维生素；③ 经常参加体育锻炼；④ 经常和家人、朋友沟通交流；⑤ 尽量避免出入娱乐场所，如舞厅、酒吧、夜总会等，以免放松对自己的警戒；⑥ 培养良好的兴趣爱好。

2．树立目标，转移对毒品的注意力

吸毒者吸毒成瘾后，几乎将所有的精力都放在了毒品上，将原来的事业、家庭、兴趣爱好全都抛之脑后，毒品成了他们生活的全部。当戒毒人员解除强制性戒毒措施回归社会后，由于心瘾作怪，很容易将注意力放在毒品上。因此，要想彻底戒断毒品，必须树立新的生活目标，转移对毒品的注意力，摆脱毒魔对身体和大脑的控制，树立一个自己感兴趣的新的生活目标，如学一门技术、为家人做一件有意义的事情等，把精力和时间都放在为新目标的实现而努力中，这样，对毒品的渴求就会慢慢淡忘，对毒品的注意力就会慢慢退到次要地位。久而久之，戒毒者就能控制心理渴求。

一位曾经的吸毒者在戒毒过程中萌生了写一本书的念头，他想把自己走上吸毒之路的原因、吸毒给自己和周围人带来的危害以及戒毒经历写出来，一方面整理一下自己的心路历程，另一方面也想现身说法，介绍毒品的危害，警告世人不要尝试毒品以及帮助吸毒者成功戒断毒品。因此，从戒毒所出来以后，他就把全部的精力投入到他的创作中，在这个目标的激励下，他克服了种种困难，终于写成了一本有关戒毒过程和体验的书，当然也成功地彻底戒断了毒品，重新过上了正常的生活。

从上述事例中，我们可以知道树立一个目标对戒毒者彻底戒掉毒品有着极为重要的价值。因此，每一个戒毒者都要从实际出发，选择一个切实可行的目标来激励自己。但要注意，这个目标必须是现实的、可行的，如果目标超出个人的能力范围或者是客观条件不成熟，这不仅不利于戒毒者戒断毒品，反而会因为由此带来的负面情绪（如自责、挫败、焦虑等）而增加戒毒者复吸的风险。

3. 积极创造条件就业

对戒毒者来说，工作不仅意味着一份经济收入，更重要的是工作能让戒毒者回归社会，在一个相对健康的群体环境中慢慢地改变自己的思维和行为习惯，过上正常人的生活。因此，一方面，戒毒者本人应不断充实自己，积极创造条件就业，摒弃以前的生活恶习，用自己的双手创造生活；另一方面，戒毒者的亲友、所在社区以及社会各界也要积极为戒毒者创造就业的机会，解决戒毒者的就业问题。

【相关案例】

从吸毒女到百万富姐①

10年前，文静因为受朋友的影响染上了毒瘾，10年来，她屡次戒毒又屡次复吸，直到她遇到知心爱人，才真正实现了蜕变，并发奋创业，成为当地有名的富姐。近日，文静来到省白马垅劳教所，用自己的经历现身说法，鼓励吸毒的女同胞脱离“毒海”，回归社会，重塑人生之路。

很小的时候，文静父母便离婚了。她和哥哥、妹妹一道，与住在郴州市的外婆相依为命。1994年，因所在企业效益不佳，时年24岁的文静办理了停薪留职手续，四处打工谋生。在一些不良朋友的影响下，她与男友先后被海洛因所俘虏。吸毒半年后，文静不想再这样度日。她找到在株洲市做生意的母亲，要求自愿戒毒，母亲十分赞同。10天后，文静戒毒成功。但回到郴州老家后，一些毒友拿出海洛因给她“接风洗尘”，她又吸上了。家人对此伤透了心，准备将她送到当地公安局看守所。但外婆极力反对，此后，她四处流浪，不敢回家。

1998年7月，文静被送入省白马垅劳动教养管理所，接受一年半的劳教。当月月底，外婆因病逝世，文静未能送终，成为其终生憾事。

外婆的逝世，让文静心灵受到了强烈的震撼。她暗下决心，一定要戒掉毒瘾。1999年7月，她走出劳教所，重归社会。为了告别毒品，她没有回郴州老家，而是去湘潭市，投靠开办砖厂的父亲。

同年9月，文静结婚了。不久，她和丈夫李征来到母亲所在的株洲打工谋生。小两口在株洲搭建了自己的“安乐窝”。然而好景不长，2000年，文静意外发现李征有外遇，她毅然与李征离了婚，回到父亲身边，开始在砖厂上班。

2002年，在一次聚会中，文静认识了陈勇。陈勇告诉文静，他不在乎她的过去，只在乎她的现在和将来。文静再次走进婚姻的殿堂，与陈勇喜结连理。婚后，他俩接手父亲的砖厂，开始自己创业。通过夫妻俩联手打拼，一家小小的砖厂，年创利润竟高达百万元。文静成了“富婆”，小日子蒸蒸日上。（文中人物均系化名）

① 广东禁毒网. http://www.gdjd.gov.cn/html/1/ArContent/20091126/20091126174019.html.

参考文献

一、著作类

[1] 施红辉，李荣文，蔡燕强．毒品成瘾矫治概论．北京：科学出版社，2009.

[2] 蔡燕强．戒毒矫治康复手册．广州：暨南大学出版社，2006.

[3] 石起才．毒品复吸的原因与预防．苏州：苏州大学出版社，2008.

[4] 陈度，石起才．吸毒人员心理与行为矫治．苏州：苏州大学出版社，2008.

[5] 殷明．吸毒与戒毒成功因素分析．苏州：苏州大学出版社，2008.

[6] 韩丹．城市毒瘾——吸毒行为的社会学研究．南京：东南大学出版社，2009.

[7] 姜祖桢．戒毒与康复治疗．中央司法警官学院暂编教材．

[8] 广东省戒毒管理局编印．脱瘾教育指导手册，2009.

[9] 高文英，姚伟章．警察法学教程．北京：中国人民公安出版社，2005.

[10] 周雨臣，柏建国．劳教人员习艺劳动．北京：中国政法大学出版社，2009.

[11] 国家食品药品监督管理局，中华人民共和国公安部，中华人民共和国卫生部．麻醉药品品种目录，2007.

[12] 国家食品药品监督管理局，中华人民共和国公安部，中华人民共和国卫生部．精神药品品种目录，2007.

二、论文类

[1] 何勇，张继思．浅谈强制隔离戒毒人员中 HIV 感染者的集中管理和教育．

[2] 谢仁谦．戒毒诊断评估方法探讨．中国药物滥用防治杂志，2009，15（2）．

[3] 朱秀忠．强制隔离戒毒工作管理初探—兼解读《禁毒法》立法精神．http：//www. ahljj. gov. cn/201001/22195. html.

[4] 袁中林．强制隔离戒毒工作面临的管理难题和对策研究．http：//www. xysfj. gov. cn/Article-show-asp？Article. . . ，2010－06－17.

[5] 韩力农．论《禁毒法》所体现的现代法治精神——以强制隔离戒毒为视角．北大法律信息网，2008.

[6] 杜新忠．浅谈戒毒措施——学习《禁毒法》的体会．杜新忠戒毒网．http：//www. jhak. com.

[7] 陈旭春．浅谈强制隔离戒毒所的戒毒管理．http：//ms. newssc. org/system/20100224/000817513－html.

[8] 海剑，高叙法．毒品成瘾之谜．http：//dailynews. sina. com. cn，1999－06－25.

[9] 毒品为什么能够使人迷恋或成瘾原因．http：//www. china. com. cn/health/

zhuanti/yldpzasm/...，2008－06－26.
[10] 2009年戒毒康复专题——我国的戒毒体制和劳教戒毒概述，法制网，2009.
[11] 汤永强．当前强制隔离戒毒工作认识上的几个误区及对策．http：//myalone-home. blog. suhu. com/.
[12] 王奎．强制隔离戒毒新特点初探．http：//jdb. gygov. cn/gyjdw/4110100908463882240/20090907/207163. html.
[13] 肖斌．《禁毒法》视野下的强制隔离戒毒工作政策研究．http：//daxiaobin. blog. tianya. cn/.

后　记

2008年6月1日，《中华人民共和国禁毒法》正式实施，本书可谓是“应运而生”。“应运而生”有两层意思：其一，本书是依据《禁毒法》等最新的法律法规编写而成；其二，本书根据最新的戒毒实践经验（《禁毒法》颁布实施后，“强制隔离戒毒制度”正式诞生，各劳动教养管理场所亦加挂“强制隔离戒毒场所”的招牌，并在原劳动教养戒毒的基础上积极开展和摸索强制隔离戒毒工作），并做了大量的走访和调研工作后编写而成。本书虽说是“应运而生”，但在“生”之前却有着充分的孕育过程，就在《禁毒法》颁布实施之前，我们已经在学院开设了吸毒违法行为矫治课程，并在劳动教养戒毒的理论和实践经验基础上编写了校内自编教材，本书便是在原来自编教材的基础上，根据最新的法律制度和实践经验编写而成的。

本书在编写过程中，得到了领导的关心和同行朋友们的支持。广东省司法厅党委委员、广东司法警官职业学院书记何流明同志拨冗为本书作序，并对本书提出了宝贵的意见；我们在走访调研过程中，得到了同行朋友们的大力支持，特别是广东省强制隔离戒毒所，该所马元熙副所长在百忙之中担任本书主审，认真审阅了全书，并提出了很多中肯的专业意见和建议；另外，学院的其他同事，特别是学院教材建设工作委员会委员在审定本书过程中，提出了大量建设性的修改意见，在此一并感谢。当然，所有的谢忱都难免挂一漏万，恕无法一一列明。

本书的编写分工如下：

李岚：单元四项目一，单元五项目一、项目三。

梁志东：单元一，单元二，单元四项目二。

张敏发：单元三，单元五项目二、项目四，单元六。

全书由李岚统稿，马元熙主审。

由于编者水平有限，舛误难免，盼本书的读者和同行朋友们指正。

编　者

2011年3月